suhrkamp taschenbuch
wissenschaft 2321

Die Entstehung der menschlichen Moral gehört zu den großen Rätseln der Wissenschaft. Gestützt auf jahrzehntelange empirische Forschungen, rekonstruiert Michael Tomasello die Entwicklung des einzigartigen menschlichen Sinns für Werte und Normen als einen langfristigen Prozess. Dieser beginnt vor einigen hunderttausend Jahren, als die frühen Menschen gemeinsame Sache machen mussten, um zu überleben; und er endet beim modernen, ultrakooperativen *homo sapiens sapiens. Eine Naturgeschichte der menschlichen Moral* ist der derzeit wohl umfassendste Versuch zu verstehen, wie wir das geworden sind, was nur wir sind: genuin moralische Wesen.

Michael Tomasello ist Professor für Psychologie und Neurowissenschaft an der Duke University. Von 1998 bis 2018 war er Co-Direktor des Max-Planck-Instituts für Evolutionäre Anthropologie in Leipzig. Für sein Werk erhielt er zahlreiche Auszeichnungen, u. a. den Hegel-Preis, den Max-Planck-Forschungspreis und den Helmuth-Plessner-Preis. Zuletzt sind im Suhrkamp Verlag erschienen: *Warum wir kooperieren* (eu 36), *Die Ursprünge der menschlichen Kommunikation* (stw 2004) und *Eine Naturgeschichte des menschlichen Denkens* (2016).

# Michael Tomasello
# Eine Naturgeschichte der menschlichen Moral

Aus dem Amerikanischen
von Jürgen Schröder

Suhrkamp

Titel der Originalausgabe:
A Natural History of Human Morality
Die Originalausgabe in englischer Sprache,
die dieser Übersetzung zugrunde liegt,
erschien erstmals 2016 bei Harvard University Press



Bibliografische Information der Deutschen Nationalbibliothek
Die Deutsche Nationalbibliothek verzeichnet diese Publikation
in der Deutschen Nationalbibliografie; detaillierte bibliografische
Daten sind im Internet über http://dnb.d-nb.de abrufbar.

Erste Auflage 2020
suhrkamp taschenbuch wissenschaft 2321

Umschlag nach Entwürfen
von Willy Fleckhaus und Rolf Staudt
Satz: Satz-Offizin Hümmer GmbH
Druck: Druckhaus Nomos, Sinzheim
Printed in Germany
ISBN 978-3-518-29921-0

*Für* Chiara, Leo, Anya *und* Rita

# Inhalt

# Vorwort

*Eine Naturgeschichte der menschlichen Moral* ist das Pendant zu meinem Buch von 2014 *Eine Naturgeschichte des menschlichen Denkens.* Die parallelen Titel sind deshalb sachgerecht, weil ich in beiden Bänden dieselbe zweistufige Abfolge der Evolution des menschlichen Soziallebens vorschlage: zuerst neue Formen der Zusammenarbeit und dann neue Formen der Kulturgestaltung. Im ersten Band versuchte ich, die für die Spezies einzigartigen Weisen des Denkens auszubuchstabieren, die aus diesen neuen Formen des Gesellschaftslebens entstanden. Im vorliegenden Buch versuche ich nun zu erläutern, wie diese neuen Formen des Gesellschaftslebens die Art und Weise strukturierten, in der Frühmenschen sich an moralischen Handlungen beteiligten, die ihre eigenen Interessen den Interessen anderer entweder unterordneten oder sie als diesen gleichwertig behandelten, und sich dazu sogar ein Stück weit verpflichtet fühlten. Diese moralische Einstellung oder Haltung behielt – und behält – bei den tatsächlichen Entscheidungen von Einzelpersonen natürlich nicht durchweg die Oberhand, aber sie macht diese Entscheidungen, wie auch immer sie ausfallen mögen, zu moralischen Entscheidungen.

Ich habe meine Gedanken für dieses Buch in etwa im Laufe der letzten fünf Jahre gesammelt, wobei am Anfang ein Seminar über die Entwicklung der menschlichen Kooperation stand, das ich im Herbst 2009 hier am Max-Planck-Institut für Evolutionäre Anthropologie abhielt, woran sich ein ähnliches Seminar über die Entwicklung der menschlichen Moral im Winter 2012/2013 anschloß. Viele interessante und fruchtbare Diskussionen in diesen Seminaren haben mein Denken über diese Themen bedeutend geformt, und ich danke all jenen, die daran teilnahmen. Außerdem hatte ich in derselben Zeit eine Reihe sehr hilfreicher Diskussionen mit Sebastian Rödl, der mir bei einigen schwierigen philosophischen Begriffen half.

Darüber hinaus las eine Reihe von Leuten frühere Manuskriptfassungen und lieferte sehr hilfreiche Kommentare dazu. Insbesondere wurde die eine oder andere Fassung von Ivan Cabrera, Robert Hepach, Patricia Kanngiesser, Christian Kietzmann, Berislav Marusic, Cathal O'Madagain und Marco Schmidt gelesen. Ich danke ihnen allen für ihre äußerst hilfreichen Kommentare und Vorschläge. Besonders danken möchte ich Neil Roughley und Jan Engelmann, die sich mit mir und dem Manuskript besonders tiefgehend und mehrmals auseinandersetzten. Mit Sicherheit ist der Text aufgrund all ihrer Kenntnisse viel schlüssiger geworden. Außerdem danke ich Andrew Kinney, Richard Joyce und einem anonymen Gutachter von Harvard University Press für ihre Kommentare zum Manuskript.

Schließlich gebührt wie auch schon beim ersten Band meine tiefste Dankbarkeit Rita Svetlova, mit der ich ausführlich die wichtigsten Ideen besprochen habe – und andere, bei denen sie mir half, sie fahren zu lassen –, was dem Endprodukt sehr zugute kam. Ich widme dieses Buch ihr und unseren Kindern.

1

# Die Interdependenzhypothese

Die Verpflichtungen, die uns mit der Gesellschaft verbinden, sind nur wegen ihrer Gegenseitigkeit zwingend; ihr Wesen ist, daß man bei ihrer Erfüllung nicht für andere arbeiten kann, ohne für sich selbst zu arbeiten.

JEAN-JACQUES ROUSSEAU, *Der Gesellschaftsvertrag*

Kooperation tritt in der Natur in zwei grundlegenden Formen auf: als altruistische Hilfe, bei der eine Person zugunsten einer anderen Person Opfer bringt, und als wechselseitige Zusammenarbeit, bei der alle Beteiligten gewisse Vorteile haben. Die einzigartig menschliche Variante der Kooperation, die wir als Moral kennen, tritt in der Natur in zwei analogen Formen auf. Einerseits kann eine Person Opfer bringen, um einer anderen Person zu helfen, und dies auf der Grundlage solcher selbstloser Motive wie Mitgefühl, Anteilnahme und Wohlwollen. Andererseits können miteinander interagierende Personen nach einer Möglichkeit suchen, damit alle einen ausgeglicheneren Nutzen haben, und zwar auf der Grundlage solcher unparteiischer Motive wie Fairneß, Billigkeit und Gerechtigkeit. Viele klassische Schilderungen in der Moralphilosophie erfassen diesen Unterschied, indem sie ein Wohltätigkeitsmotiv (das Gute) mit einem Gerechtigkeitsmotiv (das Richtige) kontrastieren; und viele moderne Darstellungen fassen den Unterschied, indem sie eine Moral des Mitgefühls einer Moral der Fairneß entgegensetzen.

Die Moral des Mitgefühls ist am grundlegendsten, da die Sorge um das Wohlergehen anderer die notwendige Bedingung alles Moralischen ist. Die evolutionäre Quelle der mitfühlenden Anteilnahme besteht mit größter Sicherheit in der elterlichen Fürsorge für die Nachkommen, die auf der Verwandtschaftsselektion beruht.

Bei Säugetieren bedeutet das alles mögliche, von der Versorgung der eigenen Nachkommen mit Nahrung durch Säugen bzw. Stillen – was durch das »Liebeshormon« von Säugetieren, Oxytocin, reguliert wird – bis zu deren Schutz vor Raubtieren und anderen Gefahren. In diesem Sinne zeigen im Grunde alle Säugetiere eine mitfühlende Anteilnahme, zumindest für ihre Nachkommen, aber bei manchen Arten auch für ausgewählte Gruppen, die nicht zu ihren Verwandten gehören. Im allgemeinen ist der Ausdruck des Mitgefühls relativ unkompliziert. Es mag zwar eine gewisse kognitive Komplexität bei der Bestimmung geben, was für die eigenen Nachkommen oder andere gut ist, aber sobald das entschieden ist, ist Hilfe eben Hilfe, wobei der einzige ernsthafte Konflikt darin besteht, ob das Mitgefühl, das den Hilfeakt motiviert, stark genug ist, um irgendwelche eigennützigen Motive, die außerdem noch beteiligt sind, zu überwinden. Hilfeakte, die durch mitfühlende Anteilnahme motiviert sind, sind frei vollzogene, altruistische Akte und werden in ihrer reinsten Form nicht von einem Gefühl der Pflicht begleitet.

Im Gegensatz dazu ist die Moral der Fairneß weder ebenso grundlegend noch ebenso unkompliziert – außerdem mag sie durchaus auf die menschliche Spezies beschränkt sein. Das Grundproblem besteht darin, daß es in Situationen, die Fairneß verlangen, typischerweise eine komplexe Interaktion zwischen kooperationsbezogenen und wettbewerbsorientierten Motiven mehrerer Individuen gibt. Der Versuch, fair zu sein, bedeutet, daß man versucht, ein gewisses Gleichgewicht zwischen all diesen Motiven herzustellen, und um dies zu bewerkstelligen, gibt es normalerweise viele Möglichkeiten, die auf vielen verschiedenen Kriterien beruhen. Menschen treten somit in solche komplexen Situationen ein mit der Bereitschaft, moralische Urteile darüber ins Feld zu führen, was die beteiligten Personen, einschließlich sie selbst, »verdienen«,[1] aber sie sind auch zugleich mit stärker auf Strafe bezogenen moralischen Einstellungen gegenüber unfairen anderen bewaffnet, beispielsweise Groll oder Empörung. Darüber hinaus besitzen sie noch andere moralische Einstellungen, die zwar nicht gerade strafbezogen sind, aber doch streng, durch die sie danach trachten, Interaktionspartner für ihre Handlungen rechenschaftspflichtig zu machen, indem sie sich auf zwischenmenschliche Urteile von Verantwortlichkeit, Verpflichtung, Verbindlichkeit, Vertrauen, Respekt, Schuldigkeit, Tadel und Schuld berufen. Die Moral der Fairneß ist daher viel komplizierter als die Moral des Mitgefühls. Außerdem, und wahrscheinlich damit zusammenhängend, führen ihre Urteile typischerweise ein Gefühl der Verantwortlichkeit oder Pflicht mit sich: Es ist nicht nur so, daß ich allen Beteiligten gegenüber fair sein will, sondern es ist auch so, daß man allen Beteiligten gegenüber fair sein *soll*. Allgemein gesagt: Das Mitgefühl ist reine Kooperation, wohingegen Fairneß eine Art von Kooperativierung des Wettbewerbs ist, bei der die einzelnen Personen nach ausgewogenen Lösungen für die vielen und miteinander im Konflikt stehenden Ansprüche suchen, die sich aus den verschiedenartigen Motiven mehrerer Beteiligter ergeben.

Unser Ziel in diesem Buch besteht darin, eine evolutionäre Erklärung für die Entstehung der menschlichen Moral zu liefern, und zwar sowohl in puncto Mitgefühl als auch in puncto Fairneß. Wir gehen von der Annahme aus, daß die menschliche Moral eine Form der Kooperation ist, insbesondere diejenige Form, die entstand, als Menschen sich an neue und für die Spezies einzigartige Formen der sozialen Interaktion und Organisation angepaßt haben. Weil *Homo sapiens* ein ultrakooperativer Primat ist und vermutlich auch der einzige moralische, nehmen wir weiter an, daß die menschliche Moral ebenjene einzigartigen artspezifischen und proximalen Mechanismen umfaßt – psychologische Prozesse der Kognition, sozialen Interaktion und Selbstregulation –, die es den Menschen ermöglichen, in ihren besonders kooperativen sozialen Arrangements zu überleben und zu gedeihen. Vor dem Hintergrund dieser Annahmen besteht unser Versuch in diesem Buch darin, erstens auf der Grundlage experimenteller Forschung so detailliert wie möglich anzugeben, wie die Kooperation von Menschen sich von der Kooperation ihrer nächsten Primatenverwandten unterscheidet; und zweitens ein plausibles evolutionäres Szenario dafür zu entwerfen, wie eine solche einzigartige menschliche Kooperation die menschliche Moral hervorbrachte.

Der Ausgangspunkt sind nichtmenschliche Primaten, insbesondere die nächsten lebenden Verwandten der Menschen, die Menschenaffen. Wie bei allen sozialen Spezies sind Menschenaffen, die in derselben sozialen Gruppe leben, im Hinblick auf ihr Überleben voneinander abhängig – sie sind interdependent (Roberts, 2005) –, und deshalb ist es für sie sinnvoll, einander zu helfen und füreinander zu sorgen. Außerdem formen Menschenaffen wie viele Primatenspezies langfristige prosoziale Beziehungen zu spezifischen anderen Angehörigen ihrer Gruppe. In manchen Fällen bestehen diese Beziehungen zu Verwandten, aber in anderen bestehen sie zu nichtverwandten Gruppenmitgliedern oder »Freunden« (Seyfarth und Cheney, 2012). Weil sie ihre biologische Fitness befördern, sind die Individuen von diesen besonderen Beziehungen abhängig, und deshalb investieren sie in sie, indem sie beispielsweise bevorzugt ihre Freunde lausen oder sie beim Kampf unterstützen. Der evolutionäre Ausgangspunkt unserer Naturgeschichte der menschlichen Moral ist daher das prosoziale Verhalten, das Menschenaffen im allgemeinen denen gegenüber zeigen, von denen sie abhängig sind, nämlich gegenüber Verwandten und Freunden.

Tomasello et al. (2012) liefern eine Darstellung der Evolution der einzigartig menschlichen Kooperation, die sich darauf konzentriert, wie die Frühmenschen von diesem Ausgangspunkt bei den Menschenaffen aus immer stärker im Hinblick auf kooperative Unterstützung voneinander abhängig wurden. Die Interdependenzhypothese – deren grundsätzlichen Rahmen wir hier übernehmen – besagt, daß dieser Vorgang sich in zwei entscheidenden Schritten vollzog, wobei bei beiden neue ökologische Umstände eine Rolle spielen, die die Frühmenschen zu neuen Weisen der sozialen Interaktion und Organisation zwangen: zuerst Zusammenarbeit und dann Kultur. In diesen neuen sozialen Umständen schnitten diejenigen Individuen am besten ab, die diese wechselseitigen Abhängigkeiten erkannten und entsprechend handelten, also eine Art kooperativer Rationalität ausbildeten. Obwohl die Angehörigen vieler Tierarten auf unterschiedliche Weisen voneinander abhängig sind, beruhten die Interdependenzen der Frühmenschen somit auf einem neuen und einzigartigen Repertoire proximaler psychologischer Mechanismen. Diese Mechanismen versetzten die Individuen in die Lage, mit anderen einen pluralen Akteur, ein »wir« zu erzeugen, wie er beispielsweise auftritt, wenn es darum geht, was »wir« tun müssen, um ein Beutetier zu fangen, oder wie »wir« unsere Gruppe gegen andere Gruppen verteidigen sollten. Die zentrale These des vorliegenden Erklärungsversuchs ist, daß es die Fertigkeiten und die Motivation waren, mit anderen ein interdependentes, im Plural handelndes »wir« zu konstruieren – das heißt sich mit anderen an Akten *geteilter Intentionalität* (Bratman, 1992; 2014; Gilbert, 1990, 2014) zu beteiligen –, die die menschliche Spezies von der strategischen Kooperation zur echten Moral getrieben haben.

Der erste Schritt fand vor Hunderttausenden von Jahren statt, als eine Veränderung der Ökologie die Frühmenschen vor die Alternative stellte, gemeinsam mit einem Partner auf Nahrungssuche zu gehen oder zu verhungern. Diese neue Form der Interdependenz bedeutete, daß die Frühmenschen jetzt ihr Mitgefühl über die Verwandten und Freunde hinaus auf Partner ausdehnten, mit denen sie zusammenarbeiteten. Um ihre gemeinschaftlichen Aktivitäten kognitiv zu koordinieren, entwickelten sie Fertigkeiten und Motivationen einer *gemeinsamen Intentionalität*, wodurch sie imstande waren, zusammen mit einem Partner ein gemeinsames Ziel zu bilden und gemeinsam mit ihm über Dinge in ihrem persönlichen gemeinsamen Hintergrund Bescheid zu wissen (Tomasello, 2014). Auf der individuellen Ebene hatte jeder Partner bei einer bestimmten gemeinschaftlichen Aktivität (zum Beispiel Antilopen jagen) eine eigene Rolle zu spielen, und im Lauf der Zeit entwickelte sich ein auf den gemeinsamen Hintergrund bezogenes Verständnis der idealen Art und Weise, wie jede Rolle im Sinne des gemeinsamen Erfolgs gespielt werden mußte. Diese Rollenideale des gemeinsamen Hintergrunds kann man sich als die Urform sozial geteilter normativer Standards vorstellen. Diese idealen Standards waren unparteiisch in dem Sinne, daß sie angaben, was jeder Partner, wer auch immer von uns es sein mag, seiner Rolle entsprechend tun muß. Die Unparteilichkeit der Rollenstandards zu erkennen bedeutete zu erkennen, daß man selbst und der andere in dem gemeinschaftlichen Unternehmen eine gleichwertige Stellung und Bedeutung innehaben.

Im Kontext der Partnerwahl, in dem alle Individuen Verhandlungsmacht hatten, führte diese Anerkennung der Gleichwertigkeit von Selbst und anderem dazu, daß sich die Partner gegenseitig respektierten. Und da es für sie entscheidend war, Trittbrettfahrer auszuschließen, entwickelte sich auch die Einsicht, daß nur kollaborative Partner (und keine Trittbrettfahrer) die Beute verdienen. Das Gesamtergebnis war, daß Partner dahin gelangten, einander zu achten, sich als zweitpersonale Handelnde zu betrachten, die gleichermaßen anspruchsberechtigt sind (siehe Darwall, 2006). Sie waren nun in der Position, eine gemeinsame Verpflichtung zur Zusammenarbeit zu bilden (siehe Gilbert, 2003). Der Inhalt einer gemeinsamen Verpflichtung bestand darin, daß jeder Partner sein Rollenideal erfüllen werde und daß beide Partner die legitime Autorität besitzen, den anderen darüber hinaus zurechtzuweisen, falls seine Leistung hinter dem Ideal zurückbleiben sollte. Der Sinn für gegenseitige Achtung und Fairneß im Umgang mit Partnern bei den Frühmenschen entsprang also hauptsächlich einer neuen Art kooperativer Rationalität, bei der es sich als sinnvoll erwies, die eigene Abhängigkeit von einem Kollaborationspartner anzuerkennen – bis hin zu dem Punkt, an dem zumindest ein Teil der Kontrolle über die eigenen Handlungen an das selbstregulierende, durch eine gemeinsame Verpflichtung erzeugte »wir« abgegeben wurde. Dieses »wir« war eine moralische Kraft, weil beide Partner es als legitim betrachteten, da sie es selbst eigens zum Zweck der Selbstregulierung geschaffen hatten, und da beide ihren Partner so sahen, daß er der Zusammenarbeit wirklich würdig war. Sie fühlten sich daher gegenüber dem anderen für den gemeinsamen Erfolg verantwortlich, und sich vor dieser Verantwortung zu drükken bedeutete praktisch, auf die eigene kooperative Identität zu verzichten.

Auf diese Weise erzeugte die Beteiligung an gemeinsamen intentionalen Tätigkeiten – die sowohl die Anerkennung von Partnern als gleichwertige zweitpersonal Handelnde als auch die kooperative Rationalität der Unterordnung des »ich« unter das »wir« im Rahmen einer gemeinsamen Verpflichtung hervorbrachte – eine in evolutionärer Hinsicht neue Form der Moralpsychologie. Diese beruhte nicht auf dem strategischen Vermeiden von Strafe oder Angriffen auf den eigenen Ruf von »denen«, sondern vielmehr auf einem echten Versuch, sich im Einklang mit unserem »wir« tugendhaft zu verhalten. Und so wurde eine normativ konstituierte Gesellschaftsordnung geboren, in der kooperativ rationale Akteure nicht nur darauf achteten, wie Personen tatsächlich handeln, oder darauf, wie ich gerne hätte, daß sie handeln, sondern vielmehr darauf, wie sie handeln *sollten*, wenn sie einer von »uns« sein wollen. Schließlich lief das Ergebnis all dieser neuen Weisen, sich in gemeinsamen intentionalen Tätigkeiten zu einem Partner in Beziehung zu setzen, für die Frühmenschen auf eine Art *natürlicher, zweitpersonaler Moral* hinaus.

Der zweite Evolutionsschritt in dieser hypothetischen Naturgeschichte – der mit dem Auftauchen von *Homo sapiens sapiens* vor etwa 150 000 Jahren begann – wurde von einer sich ändernden Demographie ausgelöst. Als die Gruppen moderner Menschen größer zu werden begannen, spalteten sie sich in kleinere Verbände auf, die auf der Stammesebene immer noch in sich geschlossen waren. Eine Stammesgruppe – nennen wir sie eine Kultur – konkurrierte mit anderen derartigen Gruppen um Ressourcen und funktionierte daher als ein großes, interdependentes »wir«, insofern alle Gruppenmitglieder sich mit ihrer Gruppe identifizierten und ihre arbeitsteiligen Rollen erfüllten, die das Überleben und Wohlergehen der Gruppe zum Ziel hatten. Bei den Mitgliedern einer solchen Kulturgruppe waren daher das Mitgefühl und die Loyalität zu ihren Kulturgenossen auf besondere Weise ausgeprägt, wohingegen sie Außenseiter als Trittbrettfahrer oder Konkurrenten betrachteten, die daher die Vorteile der Kultur nicht verdienten. Um ihre Gruppenaktivitäten kognitiv zu koordinieren und ein gewisses Maß an sozialer Kontrolle in motivationaler Hinsicht zu gewährleisten, entwickelten die modernen Menschen neue kognitive Fertigkeiten und Motive der *kollektiven Intentionalität* – was die Schaffung kultureller Konventionen, Normen und Institutionen ermöglichte (siehe Searle, 1995) –, die auf einem *kulturellen* gemeinsamen Hintergrund beruhten. In diesem Sinne konventionelle Kulturpraktiken waren mit Rollenidealen verknüpft, die insofern völlig »objektiv« waren, als jeder innerhalb des kulturellen gemeinsamen Hintergrunds wußte, wie eine beliebige Person, die eine von »uns« wäre, diese Rollen im Hinblick auf den kollektiven Erfolg zu spielen hätte. Sie stellten die richtigen und die falschen Weisen dar, wie man etwas tat.

Im Unterschied zu den Frühmenschen mußten die modernen Menschen ihre größten und bedeutendsten sozialen Verpflichtungen nicht erst schaffen; sie wurden vielmehr in sie hineingeboren. Am wichtigsten ist jedoch, daß die Menschen ihre Handlungen selbst regulieren mußten, und zwar vermittels jener sozialen Normen der Gruppe, deren Verletzung nicht nur von den davon betroffenen Personen getadelt wurde, sondern auch von Dritten. Abweichungen von einer rein konventionellen Praxis signalisierten eine Schwäche des Sinns für kulturelle Identität, aber die Verletzung einer moralischen Norm – die in der zweitpersonalen Moral gründete – signalisierte einen moralischen Verstoß (siehe Nichols, 2004). Moralische Normen wurden als legitim angesehen, weil sich die Person erstens mit der Kultur identifizierte und daher eine Art von Mitverantwortung für sie übernahm und sie zweitens der Ansicht war, daß ihre Kulturgenossen ihre Kooperation verdienten. Mitglieder von Kulturgruppen fühlten sich daher dazu verpflichtet, soziale Normen als Teil ihrer moralischen Identität sowohl zu befolgen als auch durchzusetzen: um zu bleiben, wer man war – in den Augen der moralischen Gemeinschaft und somit auch in den eigenen –, war man gehalten, sich mit den Urteilen über die richtigen und falschen Weisen, die Dinge zu tun, zu identifizieren (siehe Korsgaard, 1996a). Man konnte von diesen Normen nur dann abweichen und dennoch die eigene moralische Identität bewahren, wenn man die Devianz den anderen gegenüber und somit auch vor sich selbst im Sinne der geteilten Werte der moralischen Gemeinschaft rechtfertigte (siehe Scanlon, 1998).

Auf diese Weise erzeugte die Teilnahme am Kulturleben – die sowohl die Erkenntnis hervorbrachte, daß allen Gruppenangehörigen Anerkennung gebührte, als auch das Gefühl, daß die kollektiven Verpflichtungen der Kultur von »uns« für »uns« geschaffen wurden – eine zweite neue Form der Moralpsychologie. Es handelte sich in drei Hinsichten um eine Art vergrößerte Variante der zweitpersonalen Moral der Frühmenschen: die normativen Standards waren völlig »objektiv«, die kollektiven Verpflichtungen waren von allen Gruppenmitgliedern geschaffen worden, und für alle war das Gefühl von Verpflichtung rational im Sinne des Gruppengeistes, insofern es sich aus der eigenen moralischen Identität und der empfundenen Notwendigkeit ableitete, die eigenen moralischen Entscheidungen gegenüber der moralischen Gemeinschaft, sich selbst eingeschlossen, zu rechtfertigen. Am Ende liefen all diese neuen Weisen, in kollektiv strukturierten kulturellen Kontexten zueinander in Beziehung zu treten, für die modernen Menschen auf eine Art von *kultureller und von einem Gruppengeist getragener, »objektiver« Moral* hinaus.

Eine Folge dieses zweistufigen Evolutionsprozesses jenseits der Menschenaffen – zuerst zur Zusammenarbeit und dann zur Kultur – besteht darin, daß die heutigen Menschen unter dem Einfluß von mindestens drei verschiedenen Arten von Moral stehen. Die erste wird einfach von den kooperativen Neigungen der Menschenaffen im allgemeinen bestimmt und ist um ein besonderes Mitgefühl für Verwandte und Freunde herum organisiert: Wenn die Hütte (oder das Haus) brennt, rette ich als erstes mein Kind oder meinen Ehepartner, und zwar ohne darüber nachdenken zu müssen. Die zweite Art ist eine gemeinsame Moral der Zusammenarbeit, bei der ich spezifische Verantwortlichkeiten in spezifischen Umständen gegenüber spezifischen Individuen habe: Die Person, die ich als nächstes rette, ist diejenige, die mit mir zusammen den Brand bekämpft, mit der ich also gegenwärtig kollaboriere (und mit der ich eine gemeinsame Verpflichtung habe), um das Feuer zu löschen. Die dritte ist eine stärker unpersönliche kollektive Moral kultureller Normen und Institutionen, der zufolge alle Mitglieder der Kulturgruppe gleichermaßen wertvoll sind: Ich rette alle anderen Gruppenmitglieder gleichermaßen und unparteiisch vor dem Unglück (oder vielleicht auch alle anderen Menschen, wenn meine moralische Gemeinschaft die ganze Menschheit ist), wobei ich vielleicht den Verletzlichsten von uns (zum Beispiel Kindern) besondere Aufmerksamkeit widme. Die Koexistenz dieser drei verschiedenen Arten von Moral – moralischen Orientierungen oder Haltungen – ist natürlich alles andere als friedlich. Konflikte zwischen ihnen sind die Quelle vieler der verwirrendsten moralischen Dilemmata, mit denen Menschen konfrontiert sind – sollte ich das Medikament stehlen, um meinen Freund zu retten? Sollte ich mein Versprechen halten, wenn dadurch Schaden für unbekannte andere entsteht? – und für die wir anscheinend keine völlig befriedigenden Lösungen haben (Nagel, 1986). Daß solche unlösbaren Unvereinbarkeiten bei den Diktaten der Moral auftreten, deutet auf eine komplexe und nicht ganz einheitliche Naturgeschichte hin, bei der verschiedenen kooperativen Herausforderungen zu verschiedenen Zeiten auf unterschiedliche Weise begegnet wurde.

Die Möglichkeit, daß Menschen mit mehreren verschiedenen und manchmal inkompatiblen Arten von Moral operieren – und daß diese zumindest teilweise auf Prozesse der natürlichen Selektion zurückgehen –, beschwört das Schreckgespenst herauf, das von vielen nachdenklichen Menschen seit der Zeit Darwins gefürchtet wurde, nämlich daß evolutionäre Erklärungen dazu dienen können, die ganze Idee der Moral zu untergraben. Aber das muß nicht so sein. Der springende Punkt lautet: Die letztendlichen Ursachen von Evolutionsprozessen sind unabhängig von den tatsächlichen Entscheidungsprozessen von Personen, die ihre persönlichen Ziele und Werte verwirklichen wollen. Das Lehrbuchbeispiel hierfür ist Sex, dessen evolutionäre Daseinsberechtigung zwar die Fortpflanzung ist, dessen proximale Motivation jedoch meistens in anderem besteht. Die Tatsache, daß diejenigen Frühmenschen, die sich um das Wohlergehen von anderen sorgten und die andere fair behandelten, die meisten Nachkommen hatten, berührt weder meine eigenen persönlichen moralischen Entscheidungen noch meine Identität. Ich bin zwar nur aufgrund meiner evolutionären, kulturellen und persönlichen Geschichte fähig, die englische Sprache zu sprechen, aber dadurch ist nicht festgelegt, was genau zu sagen ich mich zu einem bestimmten Zeitpunkt entschließe. Aufs Ganze gesehen, sollten wir einfach über die Tatsache staunen, daß moralisches Verhalten für die menschliche Spezies irgendwie richtig ist und zum beispiellosen evolutionären Erfolg der Menschen ebenso beiträgt wie dazu, daß jeder einzelne von uns das Gefühl hat, eine persönliche moralische Identität zu besitzen.

Daher möchte ich mit dieser Apologie im Hintergrund eine Geschichte erzählen, eine Naturgeschichte darüber, wie die menschliche Moral entstand. Sie beginnt bei unseren Menschenaffenvorfahren und ihrem Mitgefühl für Verwandte und Freunde, geht dann über zu gewissen Frühmenschen, die in wechselseitiger Abhängigkeit unter gemeinsamen Verpflichtungen und einem Sinn für die Gleichwertigkeit von Partnern miteinander zusammenzuarbeiten anfingen, um schließlich bei den modernen Menschen mit ihren kulturell konstituierten sozialen Normen und einem objektivierten Sinn für richtig und falsch zu enden.

## 2

# Die Evolution der Kooperation

Und wenn sich diese Knappheit (von Ressourcen) nicht durch gemeinsame Tätigkeit lindern ließe, würde sich der Bereich der Gerechtigkeit nur auf die Vermeidung wechselseitig zerstörerischer Konflikte erstrecken und nicht auf die kooperative Erzielung von gegenseitigem Nutzen.

DAVID GAUTHIER, *Morals by Agreement*

Sozialität ist nicht unvermeidlich. Viele Organismen leben praktisch ein völlig einsiedlerisches Leben. Aber viele andere Organismen leben in Gesellschaft, typischerweise wenn sie sehr nah bei anderen ihrer Art bleiben, um soziale Gruppen zu bilden. Die evolutionäre Funktion dieser Gruppenbildung ist in erster Linie der Schutz vor Raubtieren. Eine solche Sozialität à la »Zusammen ist man weniger gefährdet« wird manchmal als Kooperation bezeichnet, da die Individuen sich mit anderen relativ friedlich zusammentun. Aber bei komplexeren sozialen Spezies kann sich die Kooperation auch in aktiveren sozialen Interaktionen manifestieren, wie beispielsweise altruistischer Hilfe und auf Gegenseitigkeit beruhender Zusammenarbeit.

Die gesteigerte Nähe des Soziallebens bringt eine gesteigerte Konkurrenz um Ressourcen mit sich. Bei sozialen Spezies müssen die Individuen täglich aktiv um Nahrung und Paarungspartner konkurrieren. Diese Konkurrenz kann auch zu körperlichen Angriffen führen, was für alle Beteiligten potentiell schädlich ist, und daher ein Statussystem hervorbringen, bei dem Individuen mit geringerer Kampffähigkeit denen mit größerer das überlassen, was diese haben wollen.

Damit sind wir bei den beiden grundlegenden Achsen der Tiersozialität angelangt (Abbildung 2.1): einer horizontalen Achse der Kooperation, die in den (großen oder geringen) Neigungen der Individuen gründet, sich anderen ihrer Art anzuschließen (oder gar mit ihnen zusammenzuarbeiten oder ihnen zu helfen); und einer vertikalen Achse der Konkurrenz, die auf der (großen oder geringen) Macht und Dominanz der Individuen im Kampf um Ressourcen beruht. Die grundsätzliche Herausforderung eines komplexen Soziallebens besteht darin, ein befriedigendes Gleichgewicht zwischen Kooperation und Konkurrenz zu finden.

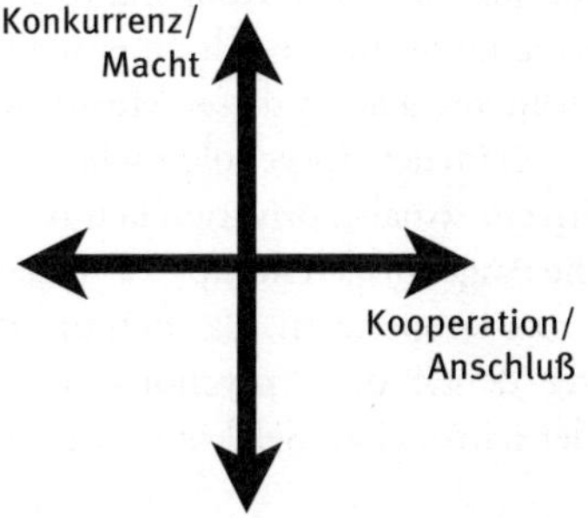


*Abbildung 2.1:* Die beiden Dimensionen des Soziallebens bei komplexen Lebewesen

Innerhalb eines Darwinschen Rahmens erfordert die Konkurrenz natürlich keine besondere Erklärung, die Kooperation aber schon. So zu handeln, daß andere Vorteile davon haben, ist nur unter bestimmten Bedingungen eine stabile evolutionäre Strategie. Die erste Aufgabe in diesem Kapitel besteht deshalb darin, unter Verwendung des Prinzips der Interdependenz als Leitfaden zu untersuchen, wie die Kooperation in der Evolution im allgemeinen funktioniert. Anschließend nutzen wir diesen theoretischen Rahmen, um die Eigenart der Kooperation bei Gesellschaften von Menschenaffen im besonderen zu charakterisieren, und dies mit dem Ziel, die kooperativen Interaktionen des letzten gemeinsamen Vorfahrens von Menschen und anderen Menschenaffen vor etwa sechs Millionen Jahren als Ausgangspunkt für unsere Naturgeschichte der menschlichen Moral darzulegen.

## Grundlagen der Kooperation

Die Kooperation hält für die Theorie der Evolution durch natürliche Auslese eine Vielfalt von Rätseln bereit. Nicht alle davon müssen wir hier lösen. Für den vorliegenden Zweck reicht es aus, nur diejenigen evolutionär stabilen Kooperationsmuster zu bestimmen, die für unsere Untersuchung der menschlichen Spezies relevant sind. Bei der Identifikation dieser Muster wird es uns speziell sowohl um die proximalen (psychologischen) Mechanismen gehen – die kognitiven, sozial-motivationalen und selbstregulativen Prozesse –, die die Angehörigen komplexer sozialer Spezies befähigen, miteinander zu kooperieren, als auch um die Anpassungsbedingungen, unter denen diese psychologischen Prozesse wahrscheinlich von der natürlichen Selektion begünstigt wurden.

### *Evolutionär stabile Kooperationsmuster*

Der gewöhnlichen Evolutionstheorie zufolge kann Kooperation als evolutionär stabile Strategie nur dann aufrechterhalten werden, wenn sie der reproduktiven Fitness der beteiligten Individuen nicht allzu abträglich ist (Altruismus wird von Evolutionsbiologen – humorvoll, aber demonstrativ – definiert als »das, was sich nicht entwickeln kann«). Aber es gibt eine Reihe klassischer Interaktionskategorien, die Möglichkeiten beschreiben, wie Individuen ihr unmittelbares Eigeninteresse zeitweise unterdrücken können, um mit anderen zu kooperieren, ohne dadurch langfristig ihre eigene Existenz und die ihrer Nachkommenschaft aufs Spiel zu setzen. Der Theorie der Multilevel-Selektion zufolge ist es am nützlichsten, von drei Großkategorien auszugehen, die sich hinsichtlich der Ebene unterscheiden, auf der sie operieren: Die Verwandtschaftsselektion operiert auf der Ebene der Gene; die Gruppenselektion setzt auf der Ebene der sozialen Gruppe an; und Gegenseitigkeit und Reziprozität operieren auf der Ebene des einzelnen Organismus. Jede dieser Kategorien kooperativen Verhaltens kann bei verschiedenen Spezies potentiell durch eine breite Vielfalt verschiedener proximaler Mechanismen realisiert werden.

Die Verwandtschaftsselektion ist wohl der grundlegendste Prozeß bei der Evolution der Kooperation. Darwin fragte sich, warum soziale Insekten, etwa Ameisen und Bienen, sich so bereitwillig füreinander aufopfern (bis hin dazu, daß es sogar zeugungsunfähige Helfer gibt). Im Kontext der modernen Genetik lösten Haldane und Hamilton das Problem durch die Feststellung, daß bei sozialen Insekten Individuen, die in derselben sozialen Gruppe leben, mehr Gene miteinander teilen als die Gruppenmitglieder anderer Tierarten. Indem sie anderen helfen, begünstigen die einzelnen Ameisen und Bienen Kopien ihrer eigenen Gene; in einem gewissen Sinne helfen sie sich selbst. Dawkins (1976) trieb diese Ansicht ins Extrem, indem er die gesamte Evolution aus dieser »Genperspektive« betrachtete.

Die proximalen Mechanismen für die Verwandtschaftsselektion sind normalerweise nicht besonders kompliziert. Man muß dazu prädisponiert sein, Dinge zu tun, die anderen helfen (ohne daß man kognitiv versteht, daß man das tut), und dieses Verhalten muß selektiv auf die eigene Sippe gerichtet sein. Diese Selektivität gegenüber Verwandten wird am häufigsten durch räumliche Nähe erreicht. Beispielsweise tun Ameisen und Bienen einfach Dinge, die anderen in ihrer unmittelbaren Umgebung helfen, und selbst kognitiv komplexere Organismen, wie etwa Menschen, identifizieren in den meisten Fällen diejenigen als Verwandte, mit denen sie in enger physischer Nähe aufgewachsen sind (Westermarck, 1891). Diese psychologische Schlichtheit bedeutet, daß die Verwandtschaftsselektion wahrscheinlich nicht die Brutstätte für die vielen komplexen kognitiven Unterscheidungen und Urteile war, die der menschlichen Moral zugrunde liegen. Sie war jedoch höchstwahrscheinlich für die grundlegende prosoziale Emotion des Mitgefühls verantwortlich, da sie im Kontext der Bindung zwischen Eltern und Nachkommen sowie der Hilfe für die eigenen Verwandten entstand. Wie wir bei der Darstellung der Kooperation von Menschenaffen noch sehen werden, hatten dann einige Spezies Gelegenheit, ihr Mitgefühl über Verwandte hinaus auf »Freunde« auszudehnen.

Ein zweiter wichtiger Prozeß bei der Evolution der Kooperation ist, umstrittenermaßen, die Gruppenselektion. Die Theorie der Gruppenselektion nimmt keine Genperspektive auf den Prozeß ein, sondern vielmehr eine Gruppenperspektive, wobei manche Theoretiker sogar anmerken, daß ein vielzelliger Organismus einfach eine Gruppe von kooperierenden einzelligen Organismen ist (Wilson und Wilson, 2008). Die Grundidee lautet: Wenn die sozialen Gruppen einer Spezies jeweils intern genetisch homogen sind und sich zugleich genetisch gut voneinander unterscheiden, dann können diese Gruppen tatsächlich selbst zu Einheiten der natürlichen Selektion werden. Kooperation kommt ins Spiel, weil man sich vorstellen kann, daß soziale Gruppen mit mehr Kooperatoren solche mit mehr Nichtkooperatoren ausstechen. Einzelne Kooperatoren haben daher zwar innerhalb ihrer Gruppe einen Nachteil gegenüber den Nichtkooperatoren (die in den Genuß der Vorteile kommen, ohne dafür zahlen zu müssen), aber ihre Gruppe floriert, und daher haben sie einen Vorteil gegenüber Individuen aus anderen Gruppen derselben Spezies. Die meisten Theoretiker stimmen darin überein, daß Gruppenselektion zwar im Prinzip möglich ist, aber daß es de facto in den meisten Fällen (aufgrund von Einwanderung) zu viel Genfluß zwischen den Gruppen gibt, als daß die Gruppenselektion in mehr als nur ein paar wenigen isolierten Fällen eine mächtige Kraft sein könnte.

Abermals sind die proximalen Mechanismen der Gruppenselektion einfach. Wieder muß man einfach prädisponiert sein, Dinge zu tun, die anderen helfen (ohne unbedingt kognitiv zu verstehen, daß man das tut), und dieses Verhalten muß selektiv auf Gruppenmitglieder gerichtet sein, die auch hier wieder meist durch räumliche Nähe erkannt werden.[1] Obwohl die Gruppenselektion dieses Typs vielleicht keine entscheidende Rolle bei der Evolution der menschlichen Kooperation und Moral gespielt hat, hat doch eine

Variante davon, die als kulturelle Gruppenselektion bezeichnet wird, höchstwahrscheinlich genau das getan, wenn auch recht spät. Die kulturelle Gruppenselektion betrifft nicht in erster Linie die genetische Evolution, sondern vielmehr die kulturelle, da Individuen sich via soziales Lernen nach dem Verhalten der anderen in ihrer Gruppe richten (und damit die Homogenität des Verhaltens fördern), und selbst Einwanderer sich anpassen (wodurch sie das Einwanderungsproblem lösen). Eine sekundäre Phase der Koevolution von Genen und Kultur ist ebenfalls eine mögliche Folge, so daß Individuen, die beispielsweise am besten in der Lage sind, sozial zu lernen, einen Anpassungsvorteil besitzen. Die kulturelle Gruppenselektion wird in späteren Stadien unserer Geschichte von der Evolution der menschlichen Moral eine Schlüsselrolle spielen, da Gruppen, die die Fähigkeit besitzen, die Kooperation unter ihren konstituierenden Mitgliedern zu fördern und anzuregen – etwa durch soziale Normen und Institutionen –, benachbarte Gruppen ausstechen, die in dieser Hinsicht nicht so gut sind.

An dritter Stelle stehen Prozesse der Gegenseitigkeit und Reziprozität, die aufgrund ihres potentiellen Einflusses auf psychologische Mechanismen absolut zentral für meinen Ansatz sind. Diese Prozesse operieren beide sowohl auf der Ebene des individuellen Organismus als auch evolutionär, indem das Individuum durch seine Kooperation irgendwelche »Rückzahlungen« erhält, entweder sofort oder später.

Aus einer evolutionären Perspektive lassen sich Prozesse der Gegenseitigkeit leicht erklären, weil alle kooperierenden Personen einen unmittelbaren Vorteil haben (obwohl es dennoch in manchen Fällen Probleme mit Trittbrettfahrern geben kann). Aus diesem Grund wird in der theoretischen Literatur über die Evolution der menschlichen oder nichtmenschlichen Kooperation der Gegenseitigkeit nur sehr wenig Aufmerksamkeit geschenkt (man konzentriert sich auf den Altruismus). Aber tatsächlich ist die mutualistische Zusammenarbeit für viele der markantesten Eigenschaften der menschlichen kooperativen Kognition und Sozialität verantwortlich. Sie ist in dem Sinne dafür verantwortlich, daß das Bedürfnis nach spezifischen Typen wechselseitiger Zusammenarbeit schon früh in der Evolution des Menschen diejenigen Anpassungsbedingungen erzeugte, unter denen sich eine besonders komplexe Menge proximaler Mechanismen zur Regulation der sozialen Koordination und Kommunikation entwickelte: geteilte Intentionalität (Tomasello, 2009, 2014). Diesen proximalen (psychologischen) Mechanismen wurde in diesem Zusammenhang wenig Aufmerksamkeit der Forschung zuteil, aber sie sind absolut entscheidend – jedenfalls werden wir dafür argumentieren –, um die Evolution menschlicher Kooperation und Moral zu verstehen.

Was die Reziprozität angeht, so ist die klassische Variante der sogenannte reziproke Altruismus (Trivers, 1971): Ich helfe dir oder lasse dir den Vortritt bei dieser Gelegenheit, und du erwiderst meine Gefälligkeit, indem du mir bei der nächsten Gelegenheit hilfst oder den Vortritt läßt, so daß wir beide langfristig einen Vorteil haben. Aber wie funktioniert das psychologisch? Die klassische Wie-du-mir-so-ich-dir-Reziprozität (die manchmal auch als »du kratzt meinen Rücken, und ich kratze deinen« charakterisiert wird) stellt man sich häufig implizit als eine Art von Gesellschaftsvertrag vor, bei dem wir im voraus darüber übereinkommen, uns auf einen zukünftigen Handlungsverlauf zu verpflichten. Obwohl niemand ernsthaft einen Gesellschaftsvertrag für nichtmenschliche Tiere vorschlagen würde, ist es nur schwer zu verstehen, wie Reziprozität ohne so einen Vertrag funktionieren könnte. Das erste Problem ist, daß der reziproke Altruismus überhaupt keine Erklärung für den allerersten altruistischen Akt hat, der dieser Darstellung zufolge auf blindem Optimismus oder Zufall beruhen muß. Das zweite Problem ist der mächtige Impuls, abtrünnig zu werden: Sobald du mir meinen Vorteil verschafft hast, habe ich keinen Anreiz mehr, dir im Gegenzug deinen zu verschaffen; ich sollte mich also einfach zurückziehen, solange ich die Nase vorn habe. Mein einziger Anreiz besteht darin, daß mein reziprokes Handeln dich vielleicht dazu veranlassen wird, mir im Gegenzug einen weiteren Vorteil zu verschaffen. Aber warum sollte es? Du hast ja schließlich denselben Impuls, abtrünnig zu werden, wie ich. Ohne irgendeine Art von Übereinkunft besitzt die Reziprozität an sich keine wirkliche rationale oder emotionale Kraft, um zu altruistischem Verhalten zu motivieren. Indirekte Reziprozität führt zwar die Reputation in das Gesamtbild ein, aber am Ende wird auch sie von denselben beiden Problemen der Motivation des ersten Akts und des Betrugs geplagt.[2]

Zweifellos sind reziproke Verhaltensmuster in der Natur weit verbreitet. Das Problem sind die proximalen Mechanismen, die ihnen zugrunde liegen. Was wir zumindest für den vorliegenden Zweck brauchen, ist eine in psychologischer Hinsicht realistischere Theorie, um die implizite Vertragsauffassung der Reziprozität zu ersetzen. Ein guter Ausgangspunkt ist die Typologie von de Waal (2000), und diesbezüglich am wichtigsten ist die Tatsache, daß er das, was er als kalkulierte Reziprozität bezeichnet, von der emotionalen (oder einstellungsbezogenen) Reziprozität unterscheidet. Kalkulierte Reziprozität ist der implizite Vertrag: Wir führen jeweils Buch darüber, wer was für wen getan hat und hören mit der Kooperation auf, wenn wir mehr geben, als wir bekommen. Es überrascht nicht, daß dieser Typ von Reziprozität in der Natur sehr selten vorzukommen scheint. Häufiger ist die emotionale Reziprozität, insbesondere bei den Säugetieren mit ihrer Neigung zur Bildung langfristiger, auf Emotionen gründender sozialer Beziehungen. Bei der emotionalen Reziprozität gehen Individuen emotionale Bindungen mit denen ein, die ihnen helfen (möglicherweise auf der Grundlage des Mechanismus, durch den die Nachkommen sich an diejenigen binden, die ihnen beistehen und sie beschützen), und dann helfen sie naturgemäß denen, mit denen sie sozial verbunden sind – Verwandten und »Freunden«. Emotionale Reziprozität scheint zwar zumindest bei Primaten und anderen Säugetieren weit verbreitet zu sein, aber die Frage ist, warum Individuen überhaupt freundschaftliche soziale Beziehungen zu Nichtverwandten aufbauen, warum sie diesen Freunden helfen und wie ihre Freundschaften ihre reproduktive Fitness beeinflussen.

Nahezu alle formalisierten Theorien der Kooperationsentwicklung (zum Beispiel Nowak und Highfield, 2011) begreifen das Individuum als asoziale Monade, die sich in dem Bemühen, ihre Gene weiterzugeben, in ständiger Konkurrenz zu allen anderen Mitgliedern ihrer Spezies befindet. Aber obwohl diese Ansicht in einem gewissen Sinn stichhaltig ist, ist sie bezogen auf kognitiv und sozial komplexe Organismen doch unvollständig, ganz zu schweigen davon, daß sie nur wenig an proximalen Mechanismen interessiert ist. Die Hauptsache ist, daß kognitiv und sozial komplexe Organismen in vielfältige soziale Beziehungen und Interdependenzen mit anderen verstrickt sind; und das bedeutet – unter der Annahme, daß diese Beziehungen und Interdependenzen für ihre Fitness wichtig sind –, daß die Hilfe für diese anderen und die Kooperation mit ihnen, ob sie nun reziprok oder anders geschieht, kein Opfer, sondern eine Investition ist.

Betrachten wir Maynard Smith' (1982) berühmte Interaktion zwischen Falken und Tauben. Zwei Individuen einer Spezies, die nichts übereinander wissen, nähern sich einem kleinen Bissen Nahrung. Sie könnten beide kooperieren (»Taube« spielen), und jedes könnte die Hälfte der Nahrung bekommen; aber jedes Individuum ist auch versucht, das andere wegzujagen (»Falke« zu spielen) und alles für sich zu nehmen – obwohl das in einem vernichtenden Kampf enden kann. Sie befinden sich in einem Gefangenendilemma: Um die Nahrungsaufnahme zu maximieren, besteht die beste Strategie für beide darin, Falke zu spielen, und zwar unabhängig davon, was das andere tut, und das unvermeidliche Ergebnis ist ein vernichtender Kampf.[3] Betrachten wir nun aber, wie sich die Situation ändert, wenn die Individuen eine bedeutende soziale Beziehung zueinander haben. Ein Männchen nähert sich der Nahrung zur selben Zeit wie das einzige Weibchen in der Gruppe, das sich mit ihm paaren wird. Da sein zukünftiger Fortpflanzungserfolg völlig in ihren Händen liegt – für die Weitergabe seiner Gene ist es zu 100 Prozent von ihr abhängig –, will es nicht, daß sie Hunger leidet. Sein bevorzugtes Ergebnis ist, daß jeder einen Teil der

Nahrung bekommt. Wenn das Weibchen ebenfalls vom Männchen als Paarungspartner abhängt, dann will es auch nicht, daß das Männchen Hunger leidet. Jetzt sind sie *inter*dependent, und es gibt kein Gefangenendilemma, weil keiner von beiden die Situation bevorzugt, in der er oder sie die ganze Nahrung bekommt und der andere nichts. Sie sorgen sich um das Wohlergehen des anderen.

Die klassische Darstellung von Reziprozität – wie sie in formalen Modellen typischerweise charakterisiert wird – kennt keine solchen Interdependenzen; das heißt, sie erkennt nicht die Wichtigkeit sozialer Beziehungen für kooperative Interaktionen. Und natürlich sind unterschiedliche Typen von Partnern unterschiedlich wichtig. Dementsprechend schlägt Roberts (2005) ein »Stakeholder-Modell« vor, dem zufolge Individuen ein Interesse am Wohlergehen bestimmter anderer Individuen haben, beispielsweise ihrer Paarungs- oder Bündnispartner. Für einen individuellen altruistischen Akt gilt

$$iRV > K,$$

wobei mit $RV$ wie in Hamiltons berühmter Gleichung für die Verwandtschaftsselektion die Reproduktionsvorteile für den Handelnden gemeint sind. Diese müssen größer sein als seine Kosten $K$, wenn die Vorteile durch das Interesse $i$ bedingt sind, das der Handelnde am Empfänger hat (analog zu Hamiltons Verwandtschaftsgradskoeffizient). Die Variable $i$ zeigt einfach an, wie wichtig es für den Handelnden ist, daß der Empfänger am Leben und in guter Verfassung für zukünftige Interaktionen ist. Wie ein Individuum im einzelnen diejenigen identifiziert, von denen es abhängt, und wie abhängig es von ihnen ist, ist eine Funktion der jeweiligen kognitiven Mechanismen, über die die jeweilige Spezies verfügt, und die von einfachen angeborenen Heuristiken bis zu komplexen gelernten Urteilen reichen können.

Man beachte, daß das Stakeholder-Modell eine asymmetrische Anwendung hat: Es sagt mir, ob ich jemandem aufgrund meines Interesses an ihm helfen sollte. Ob er ein Interesse an mir hat oder nicht, ist irrelevant. So könnte ich beispielsweise ein Interesse an einem Alarmrufer haben, da mir seine Leistung regelmäßig dabei hilft, Raubtieren aus dem Weg zu gehen. Daher sollte ich ihm bei Bedarf helfen, für seine Aufgabe in guter Verfassung zu bleiben. Aber natürlich ist es möglich, daß er die Aufgabe, die niemand anders erledigen will, gerade deshalb erledigt, weil ich und andere ihn dafür belohnen. Jetzt haben wir wieder einen Fall von *Inter*dependenz, obwohl in diesem Fall die beiden Abhängigkeiten, um die es geht, unterschiedlicher Natur sind und die relevanten Handlungen zu verschiedenen Zeiten stattfinden. Bei mutualistischeren Tätigkeiten, wie beispielsweise der Paarung, der kooperativen Jagd oder dem Streben nach Dominanz durch Bündnisse, sind dieselben grundlegenden Prozesse der Interdependenz am Werk, nur finden sie gleichzeitig und symmetrischer statt: Wir ziehen zur selben Zeit und auf ähnliche Weise Vorteile aus unserer interdependenten Zusammenarbeit. Später werde ich geltend machen, daß eine interdependente Partnerschaft bei einer wechselseitigen gemeinschaftlichen Tätigkeit eine besonders wichtige Situation sowohl für die Kooperation als auch für den Altruismus ist, und zwar wegen der symmetrischen Stabilität, die dadurch erreicht wird: Jeder hängt vom anderen unmittelbar und akut ab, so daß Betrügereien ihren Reiz verlieren.

Individuen sozial komplexer Spezies hängen auf viele verschiedene Weisen von vielen anderen Gruppenmitgliedern ab und sind interdependent mit Bezug auf sie. Tatsächlich hat Clutton-Brock (2002) geltend gemacht, daß das Wesen des Soziallebens in der Interdependenz besteht (obwohl er diesen Ausdruck nicht verwendet), und schlägt deshalb einen Mechanismus namens Gruppensteigerung (*group augmentation*) vor, der für das Sozialleben im allgemeinen gilt. Wenn mein Wohlergehen von meiner sozialen Gruppe abhängt (beispielsweise beim Schutz vor Raubtieren oder anderen Gruppen), dann liegt es in meinem Interesse, dafür zu sorgen, daß jedes meiner Gruppenmitglieder lebendig und wohlauf ist. Soziale Wesen haben somit zumindest ein kleines Interesse an jedem ihrer Gruppenmitglieder. Das Ergebnis ist, daß das Gesamtinteresse, das ich an jedem Gruppenmitglied habe, die Summe vieler besonderer Interessen ist, die ich an ihm habe: als Alarmrufer, als Bündnispartner, als Gruppenmitglied usw. Daher werde ich für dieses Mitglied einen altruistischen Akt vollziehen, wenn

$$i_1RV_1 + i_2RV_2 \ldots i_kRV_k > K,$$

wobei jeder Term eine Art und Weise repräsentiert, wie ich von ihm abhängig bin, ein Interesse an ihm habe, und zwar jeweils auf seinem eigenen quantitativen Niveau. Um es nochmals zu sagen: Organismen müssen ihr Interesse an anderen offensichtlich nicht kognitiv berechnen, bevor sie handeln; wie immer stellt Mutter Natur geeignete kognitive Heuristiken und andere Abkürzungen bereit, wobei Organismen, die sozial und kognitiv komplexer sind, vermutlich auch diesbezüglich geschickter und flexibler sind.

Dem Stakeholder-Modell zufolge könnte man also sagen, daß die Lebewesen für ihre Freundlichkeit »Rückzahlungen« erhalten, so daß man von so etwas wie »Pseudoreziprozität« sprechen könnte (Bshary und Bergmueller, 2008). Schön. Aber der wichtige Punkt ist, daß *im Unterschied zur klassischen Reziprozität das Verhalten des Altruisten nicht davon abhängt, daß der Empfänger reagiert oder durch die Hilfe auf irgendeine Weise beeinflußt wird (und auch davon, daß der Altruist irgendeine Reaktion dieser Art oder einen Einfluß antizipiert)*. Der Empfänger wird einfach mit dem fortfahren, was er immer schon tut – Alarm schlagen, sich paaren, ein Bündnis- oder Jagdpartner sein oder in der sozialen Gruppe sein –, weil es in seinem Interesse liegt, das zu tun; und zufällig springt dabei, sozusagen als Nebenprodukt, ein Vorteil für den Altruisten heraus. Eine aktivere Vorstellung vom Verhalten des Altruisten ist folglich die einer Art von Investition in den Empfänger; er investiert in dessen Wohlergehen, da das zu seinem eigenen Wohlergehen beiträgt (Kummer, 1979). Dieser Auffassung zufolge läßt sich emotionale Reziprozität am angemessensten als wechselseitige Investitionen zwischen interdependenten Freunden charakterisieren, die einander helfen, und zwar nicht, um vergangene Akte zurückzuerstatten, sondern um in die Zukunft zu investieren. In einigen Fällen mag jedes Individuum vom anderen gerade wegen der von diesem gebotenen Vorteile abhängen, die dieses andere bietet, aber aus einer proximalen Perspektive wird der altruistische Akt nicht durch irgendeinen besonderen früheren Akt motiviert, sondern nur durch das Ziel, die Beziehung aufrechtzuerhalten. Wir könnten die Situation daher begrifflich so fassen, daß die Individuen *symbiotisch* zusammenleben (ein Begriff, der typischerweise nur auf Interaktionen zwischen Spezies angewandt wird), da es keinen Austausch von Gefälligkeiten oder irgend etwas Derartiges gibt, sondern nur Individuen, die versuchen, ihre Fitness direkt zu steigern.

Diese Sicht der Dinge weist nicht die vielen Probleme der Reziprozität auf – insbesondere das Problem der Motivierung des ersten altruistischen Akts oder das Problem des Abtrünnigwerdens –, weil es keine direkte Abhängigkeit altruistischer Akte gibt (obwohl natürlich eine Beziehung im Lauf der Zeit aus vielen Gründen zusammenbrechen kann). Ein Individuum hilft dem anderen das zu tun, was es ohnehin schon aus seinen eigenen Gründen tun würde – und zwar bis zu einem bestimmten mathematischen Punkt. Aber diese Theorie hat natürlich immer noch ein potentielles Problem mit Trittbrettfahrern, weil man die Hilfe hinauszögern kann: Am besten wäre es, jemand anders würde meinem Alarmrufer helfen, so daß ich die Vorteile genießen könnte, ohne irgendwelche Kosten zu haben. Aber wie Zahavi (2003) deutlich gemacht hat, läßt sich genau dieselbe Logik auch auf die Verwandtschaftsselektion anwenden: Es liegt in meinem Interesse, meinem Bruder zu helfen, weil er meine Gene teilt, aber meine erste Präferenz ist, daß jemand anders ihm hilft, so daß ich nicht die Kosten oder Risiken tragen muß. Und daher löst die Interdependenz, wie sie von dem Stakeholder-Modell beschrieben wird, natürlich nicht alle Probleme der Kooperation auf einen Streich; vielmehr ändert sie die Kosten-Nutzen-Analyse beträchtlich, indem sie dieselbe Logik wie die Verwandtschaftsselektion benutzt.

Die Perspektive der Interdependenz integriert also Gegenseitigkeit und Reziprozität auf natürliche Weise, und sie motiviert Reziprozität in einem viel stabileren Sinne als klassische Darstellungen. Außerdem rückt sie den Altruismus in ein neues Licht. Altruismus ist keine unwahrscheinliche Errungenschaft gegen die individualisierenden Kräfte der natürlichen Selektion; vielmehr ist er ein wesentlicher Bestandteil des Soziallebens aller Wesen, die interdependent mit anderen zusammenleben – bis zu einem gewissen (mathematischen) Punkt. Jeder hilft jedem und bekommt Hilfe bis zu einem bestimmten Punkt, weil jeder für jemand bis zu einem bestimmten Punkt auf irgendeine Weise wichtig ist. Diese Auffassung stimmt auch gut mit den vorausblickenden Ansichten Kropotkins (1989) über »gegenseitige Hilfe« überein, die eine entscheidende Rolle im Alltagsleben sozialer Lebewesen spielt, die mehr gegen die Anforderungen der physischen Umwelt kämpfen müssen (manchmal auf kooperative Weise) als gegeneinander.

### *Partnerkontrolle, Partnerwahl und soziale Selektion*

Kooperatoren schneiden am besten ab, wenn sie von anderen Kooperatoren umgeben sind. Sobald daher die Individuen einer Spezies einmal den Weg der Kooperation eingeschlagen haben, können sie aktiv versuchen, andere in ihrer Umgebung so zu beeinflussen, daß sie ebenfalls in diese Richtung gehen. Am unmittelbarsten können sie das durch Akte der sogenannten Partnerkontrolle tun – meistens in Form der Bestrafung von Nichtkooperatoren –, also durch so etwas wie das Gegenteil der positiven Investition in Kooperatoren und Freunde durch Akte der Hilfeleistung. Das Problem mit der Bestrafung besteht darin, daß sie für den Strafenden kostspielig oder zumindest riskant ist, wenn beispielsweise das bestrafte Individuum sich widersetzt. Eine sicherere Alternative, falls sie zur Verfügung steht, ist die sogenannte Partnerwahl, bei der Kooperatoren einfach die Interaktion mit Betrügern vermeiden. Obwohl es in manchen Fällen recht einfach sein mag, Betrügern aus dem Weg zu gehen, erfordert die Partnerwahl bei sozial komplexeren Organismen raffinierte, auf Erfahrung beruhende Urteile darüber, welches von mehreren Individuen den besten Partner abgeben wird. Insgesamt stellen Partnerkontrolle und Partnerwahl wichtige Ergänzungen für den Prozeß der positiven Investition in diejenigen dar, von denen man abhängt. In diesen Fällen versuchen die Individuen aktiv, jene zu beeinflussen, von denen sie abhängen oder abhängen könnten, entweder dadurch, daß sie schlechte Partner zwingen, sich in gute zu verwandeln, oder dadurch, daß sie ihre Partner klug auswählen.

Entweder durch Partnerkontrolle oder durch Partnerwahl entsteht im Lauf der Zeit das, was West-Eberhardt (1979) soziale Selektion nennt. In Darwins (1871) modifizierter Theorie der organischen Evolution wird der Prozeß der natürlichen Selektion durch den Prozeß der sexuellen Selektion ergänzt. Die sexuelle Selektion ist kein völlig neuer Evolutionsprozeß; es ist nur so, daß in diesem Fall die Selektion nicht von der physischen Umwelt geleistet wird (wie bei der klassischen natürlichen Selektion), sondern vielmehr von der sozialen Umwelt. Bei der sexuellen Selektion wählen Individuen des anderen Geschlechts potentielle Paarungspartner anhand von Eigenschaften aus, die solche Dinge wie Gesundheit, Stärke und Fruchtbarkeit anzeigen (stattliche Statur, buntes Gefieder, Jugendlichkeit etc.). Diese Eigenschaften werden daher selektiv zum Zweck der Paarung bevorzugt, und das erhöht die reproduktive Fitness derjenigen, die sie besitzen.

Die soziale Selektion ist einfach nur eine Verallgemeinerung dieses Prozesses. Individuen in der sozialen Gruppe können andere Individuen aus allen möglichen Gründen zusätzlich zur sexuellen Attraktivität bevorzugen, und das kann sowohl das Überleben als auch den Fortpflanzungserfolg des Empfängers beeinflussen. Wenn beispielsweise die Individuen einer sozialen Gruppe den besten Alarmrufern die größten Wohltaten erweisen, dann werden die charakteristischen Eigenschaften guter Alarmrufer – scharfe Wahrnehmung, schnelle Reaktionen, lautes Rufen – bei Alarmrufern sozial selektiert. Wenn Individuen einer sozialen Gruppe Partner zum Lausen brauchen, dann werden Individuen, die gut lausen können und dies mit Begeisterung tun, gemeinsam mit ihren besonderen Eigenschaften selektiert. Bei manchen Interaktionen mag ein Individuum mehr »Hebelwirkung« als andere in dem Sinne haben, daß es ein wichtigerer Partner ist; beispielsweise könnte man von dominanten Individuen erwarten, als Bündnispartner gefragter zu sein als untergeordnete Individuen, weshalb sie von ihren potentiellen Partnern mehr verlangen können als untergeordnete Individuen.

Wir können uns daher die Art sozial komplexer Entscheidungsprozesse, die bei der Partnerkontrolle und der Partnerwahl stattfinden, als eine Art »biologischen Markt« vorstellen (Noe und Hammerstein, 1994).

Obwohl grundsätzlich so gut wie jede körperliche oder Verhaltenseigenschaft der sozialen Selektion unterliegen kann, ist für den vorliegenden Zweck die Kooperation ein Spezialfall. Wenn wir beispielsweise annehmen, daß bei manchen Arten die Zusammenarbeit mit anderen bei der Nahrungssuche für alle Beteiligten wechselseitige Vorteile bringt, dann kann man sich einen biologischen Markt auf der Grundlage von Partnerwahl und -kontrolle vorstellen, auf dem das, was sozial selektiert wird, die Charakteristika guter Kooperatoren sind, zum Beispiel Toleranz gegenüber Partnern in Situationen der Nahrungsaufnahme, Fertigkeiten bei der Koordinierung und Kommunikation mit Partnern, die Neigung, Partnern bei Bedarf zu helfen, und die Tendenz, Trittbrettfahrer zu meiden oder zu bestrafen – und auf dem das, wogegen selektiert wird, natürlich die charakteristischen Eigenschaften von Betrügern und Unfähigen sind.

## *Zusammenfassung*

Zur Vorbereitung auf unsere anstehende Naturgeschichte der menschlichen Moral haben wir kurz alle drei Ebenen der Multilevel-Selektion betrachtet. Die Verwandtschaftsselektion war zweifellos entscheidend bei der Kooperation von Primaten (und schon von Säugetieren), lange bevor Menschen auftauchten, um das emotionale Substrat für den Schutz und die Betreuung der Nachkommen aufzubauen, das anschließend in manchen Fällen auch für den Schutz und die Betreuung von Freunden genutzt wurde. Die kulturelle Gruppenselektion – als Spezialfall der Gruppenselektion ohne deren zugehörige Probleme – spielte sehr wahrscheinlich eine wichtige Rolle gegen Ende des Prozesses, als Kulturgruppen moderner Menschen miteinander um Ressourcen konkurrierten und die kooperativsten (oder moralischsten) Gruppen den Sieg davontrugen.

Aber in unserer angenommenen Naturgeschichte wird sich die Handlung hauptsächlich auf der Ebene des individuellen Organismus abspielen. Der Grund dafür ist, daß unserer Theorie zufolge moralisch zu handeln bedeutet, mit anderen kooperativ zu interagieren, und zwar mittels und durch psychologische Prozesse. Bislang haben wir nichts weiter getan, als den Evolutionsprozessen der Kooperation, die auf dieser Ebene der Individuen stattfinden – insbesondere Gegenseitigkeit und Reziprozität –, einen begrifflichen Neuanstrich zu geben. Wir schlugen vor, daß das Grundlegendste auf dieser Ebene Abhängigkeiten (Symbiosen) zwischen Individuen sind, die durch irgendeinen der vielen verschiedenen proximalen Mechanismen (etwa emotionale Reziprozität bei Säugetieren) mutualistische oder reziproke Kooperationsmuster hervorbringen können. Außerdem motivieren sie die Individuen dazu, für diejenigen zu sorgen oder in sie zu investieren, von denen sie abhängen (Altruismus), und zu versuchen, ihre Partner so kooperativ wie nur möglich zu machen (Partnerwahl und -kontrolle). Diese begriffliche Neufassung kooperativer Interaktionen und Beziehungen auf der individuellen Ebene legt wichtige theoretische Fundamente für die Erklärung des evolutionären Entstehens der menschlichen Moral.

## Kooperation bei Menschenaffen

Vor dem Hintergrund dieses theoretischen Rahmens, bei dem die Kooperation hauptsächlich auf dem Prinzip der Interdependenz beruht, können wir jetzt mit unserer eigentlichen Naturgeschichte der menschlichen Moral beginnen. Das tun wir, indem wir versuchen – so gut, wie wir es vermögen –, das Sozialleben des letzten gemeinsamen Vorfahren des Menschen und anderer Menschenaffen zu beschreiben, der vor sechs Millionen Jahren irgendwo in Afrika lebte. Als zeitgenössische Modelle nutzen wir das Sozialleben der nächsten lebenden Verwandten des Menschen, nämlich der Menschenaffen, insbesondere dasjenige der allernächsten lebenden Verwandten des Menschen, nämlich von Schimpansen und Bonobos (obwohl in Wirklichkeit die überwältigende Mehrheit sowohl der Feld- als auch der experimentellen Forschung mit Schimpansen geschieht). Zunächst sehen wir uns verschiedene Aspekte ihrer sozialen Interaktionen mit Artgenossen in der freien Wildbahn an und anschließend ihr Verhalten in Experimenten, die unmittelbar ihren Sinn für Mitgefühl und Fairneß untersuchen.

### *Sozialität und Konkurrenz*

Schimpansen und Bonobos leben in hochkomplexen sozialen Gruppen, die typischerweise mehrere Dutzend Individuen beider Geschlechter umfassen (sogenannte Vielmännchen- und Vielweibchengruppen). Das Alltagsleben wird durch eine Fission-Fusion-Organisation strukturiert, bei der kleine Gruppen von Individuen eine Zeitlang auf Nahrungssuche gehen, nur um sich danach zugunsten neuer Gruppen wieder aufzulösen. Die Männchen leben ihr ganzes Leben in derselben Gruppe im selben Gebiet; die Weibchen wandern in der frühen Adoleszenz zu einer benachbarten Gruppe aus. Im Laufe ihrer Entwicklung knüpfen die Individuen verschiedene Arten langfristiger sozialer Beziehungen zu anderen. Am wichtigsten ist dabei natürlich die Verwandtschaft, ebenfalls wichtig sind aber auch Beziehungen zu Nichtverwandten, die auf Dominanz und so etwas wie Freundschaft beruhen. Ein Großteil der Komplexität der sozialen Interaktion von Bonobos und Schimpansen ergibt sich aus der Tatsache, daß sie diese Beziehungen auch erkennen und auf sie reagieren, wenn sie zwischen Dritten innerhalb der Gruppe zum Ausdruck kommen. Interaktionen zwischen benachbarten Gruppen sind bei Schimpansen fast gänzlich feindselig, während die Interaktionen mit Fremden bei Bonobos friedlicher ablaufen.

Sowohl Schimpansen als auch Bonobos konkurrieren rund um die Uhr mit anderen Gruppenmitgliedern. Dieses Verhalten findet nicht nur in einem indirekten evolutionären Sinne von Konkurrenz statt, also um Gene weiterzugeben, sondern es wird ganz direkt um Nahrung, Paarungspartner und andere wertvolle Ressourcen gewetteifert. Beispielsweise besteht im Falle der Nahrung die prototypische Situation darin, daß eine Handvoll Individuen zusammen unterwegs sind, bis sie auf einen Früchte tragenden Baum stoßen. Jedes Individuum klettert dann den Baum alleine hoch, besorgt sich einige Früchte und versucht, beim Essen soviel Abstand von den anderen wie möglich zu halten. Ein solcher Kletterwettbewerb, bei dem der Sieger derjenige ist, der zuerst dort ankommt, wird häufig durch einen Kampfwettbewerb ergänzt, bei dem der Sieger derjenige ist, der den Kampf oder Dominanzwettstreit gewinnt, zum Beispiel, wenn ein dominantes Individuum auf dem Baum sich nimmt, was es will, während die untergeordneten Individuen in der Nähe sich fügen. Sowohl Schimpansen- als auch Bonobomännchen konkurrieren und kämpfen auch um den Zugang zu den Weibchen, obwohl diese Konkurrenz bei Schimpansen intensiver ist. Interessanterweise geht es bei beiden Spezies in vielen Konkurrenzsituationen nicht unmittelbar um den Zugang zu einer Ressource, sondern vielmehr darum, daß ein Individuum einfach seine Dominanz gegenüber einem anderen behauptet – was sich dann in einem leichteren Zugang zu Ressourcen verschiedener Art in der Zukunft niederschlägt. Dominanzkämpfe fungieren daher als eine Art Stellvertreter für Kämpfe um Ressourcen.[4]

In kognitiver Hinsicht sind Schimpansen und Bonobos auf Konkurrenz gepolt. So sind sie nicht nur intentionale Akteure, die selbst zweckrationale Entscheidungen treffen, sondern sie nehmen andere ebenfalls als intentionale, Entscheidungen treffende Akteure wahr, mit denen sie konkurrieren müssen. Sie verstehen, daß die Verhaltensentscheidungen ihrer Konkurrenten sowohl von deren Zielen (was sie erreichen wollen) als auch von deren Wahrnehmung der Situation (was sie als Gegebenheiten wahrnehmen) angetrieben werden – eine Art von Wahrnehmung-Ziel-Psychologie (Call und Tomasello, 2008). Um nur ein Beispiel zu nennen: Ein untergeordnetes Individuum wird sich auf ein Stück Nahrung nur dann zubewegen, wenn es prognostiziert, daß das in der Nähe befindliche dominante Individuum sich nicht darauf zubewegen wird, entweder weil es (1) dieses Stück nicht will oder es (2) nicht sieht (oder nicht gesehen hat) (Hare et al., 2000, 2001). Eine Reihe von Untersuchungen hat dokumentiert, daß Menschenaffen sozial-kognitive Fertigkeiten wie diese eher in konkurrenzbetonten als in kooperativen oder kommunikativen Kontexten einsetzen (Hare und Tomasello, 2004; Hare, 2001); es ist eine Art »machiavellischer Intelligenz« (Whiten und Byrne, 1988). Menschenaffen sind im Vergleich zu anderen Primaten besonders geschickt darin, sowohl die physische Welt durch den Gebrauch von Werkzeugen als auch die soziale Welt durch den Einsatz flexibler Kommunikationsgesten (Call und Tomasello, 2007) zu ihrem Vorteil zu manipulieren. Ausstechen durch Überlisten – insgesamt scheint die soziale Kognition von Menschenaffen genau dafür geschaffen zu sein.

Offenkundig müssen Individuen, die in sozialen, durch Dominanzbeziehungen strukturierten Welten leben, lernen, ihren Drang nach unmittelbarer Selbstbelohnung zu kontrollieren. Im Alltag üben Schimpansen und Bonobos ständig Selbstkontrolle aus; so hemmen untergeordnete Individuen ihre Impulse, solche Dinge zu tun, wie sich Nahrung zu nehmen oder Paarungspartner zu verfolgen, sofern sie dadurch mit einem dominanten Individuum in Konflikt geraten würden. In systematischen experimentellen Tests haben Schimpansen ihr Vermögen gezeigt, (1) auf eine kleinere Belohnung eine Zeitlang zu verzichten, um später eine größere Belohnung zu bekommen, (2) eine in der Vergangenheit erfolgreiche Reaktion zugunsten einer neuen zu hemmen, die von einer veränderten Situation erfordert wird, (3) sich für eine stark erwünschte Belohnung zu etwas Unangenehmem zu zwingen, (4) trotz Fehlschlägen am Ball zu bleiben und (5) sich trotz Ablenkungen zu konzentrieren. All dies tun sie ungefähr auf dem Niveau eines dreijährigen Menschenkinds und auf einem geringeren Niveau als sechsjährige Menschenkinder (Herrmann et al., im Druck). Die Fähigkeiten der Schimpansen zur Impulskontrolle, Selbstkontrolle, Gefühlsregulation und Exekutivfunktion – wie diese Fertigkeiten jeweils genannt werden – sind somit eindeutig hinreichend für die Hemmung selbstbezogener Impulse in Situationen, in denen es klug ist, sich anderen zu fügen.

In diesem Zusammenhang ist ebenfalls bemerkenswert und für

die Evolution der Moral vielleicht von besonderer Bedeutung, daß Schimpansen und Bonobos anscheinend grundlegende Emotionen wie Furcht, Wut, Überraschung und Ekel sowohl selbst haben als auch bei anderen erkennen. Obwohl es dazu nicht viele systematische Untersuchungen gibt, meiden die Tiere in ihren natürlichen sozialen Umgebungen doch klarerweise andere, die Wut zeigen, blicken furchtsam um sich, wenn andere Furcht zeigen und untersuchen Dinge, wenn andere sich überrascht zeigen. In Experimenten stellten Buttelmann et al. fest, daß, wenn ein Mensch in einen Eimer sah und Ekel signalisierte, während er bei einem anderen Eimer Zufriedenheit/Vergnügen zeigte, Schimpansen vorzugsweise das wählten, was sich in letzterem Eimer befand.

### *Zusammenarbeit im Dienste der Konkurrenz*

Insgesamt ist also das Sozialleben der Schimpansen und Bonobos ganz unmittelbar und akut durch eine Matrix sozialer Konkurrenz um Nahrung, Paarungspartner und andere Ressourcen strukturiert. Natürlich kooperieren sie auch in mancher Hinsicht, aber in fast allen Fällen liegt der Schlüssel zum Verständnis ihrer Kooperation in ebendieser übergreifenden Matrix sozialer Konkurrenz. So stellen Mueller und Mitani (2005, S. 278) in ihrem Überblick über die Hauptdimensionen des Soziallebens von Schimpansen fest: »Konkurrenz stellt häufig die treibende Kraft hinter der Kooperation von Schimpansen dar.«

Schimpansen, Bonobos und andere Menschenaffen wirken regelmäßig mit Artgenossen in zwei wichtigen Kontexten zusammen. Erstens beteiligen sie sich wie viele Säugetierspezies an verschiedenen Formen der Gruppenverteidigung, wenn sie mit benachbarten Gruppen um Ressourcen und Gebiete konkurrieren. Bei diesen Kampfbegegnungen »mobben« Menschenaffen im wesentlichen ihre Feinde, um sie zu vertreiben, wie es viele Tierarten tun, und das erfordert von ihnen nicht, daß sie in irgendeiner raffinierten Weise zusammenarbeiten. In diesem Kontext machen vor allem kleine Gruppen männlicher Schimpansen aktive »Patrouillengänge« an ihren Gebietsgrenzen und geraten in Konflikt mit allen Angehörigen benachbarter Gruppen, denen sie begegnen (Goodall, 1986). Vermutlich reflektieren diese Akte der Gruppenverteidigung die Interdependenz der Gruppenmitglieder voneinander, zumindest im Sinne der Notwendigkeit der Gruppensteigerung, aber viel vordringlicher im Sinne des Schutzes dieser spezifischen anderen, von denen sie auf verschiedene Weise abhängen.

Zweitens, und erneut wie viele andere Säugetierarten, versuchen Schimpansen und Bonobos, ihre Erfolgschancen bei agonistischen Begegnungen innerhalb der Gruppe durch die Bildung von Bündnissen mit anderen zu verbessern (Harcourt und de Waal, 1992). Diese aggressiven Interaktionen beziehen sich meistens auf den Dominanzstatus selbst, und zwar vermutlich als Stellvertreter für die Priorität beim Erlangen von Ressourcen (beispielsweise wenn ein Bündnis ein Individuum schlicht zwingt, sich von seinem gegenwärtigen Ruheplatz wegzubewegen). Während es bei vielen Affenarten (etwa bei matrilinearen Rhesusaffen) typischerweise Verwandte sind, die einander bei Kämpfen unterstützen, sind es bei den Schimpansen hauptsächlich Nichtverwandte (Langergraber et al., 2007). Diese konkurrenzorientierte Kooperation verlangt von den Individuen zwar, gleichzeitig zwei fortlaufende soziale Beziehungen zu überwachen, aber auch hier tun die Bündnispartner nichts Besonderes, um ihre Handlungen zu koordinieren, außer daß sie Seite an Seite kämpfen. Und auch hier, wie bei vielen Säugetierarten, versöhnen sich die Menschenaffenkämpfer nach den Auseinandersetzungen häufig aktiv miteinander, vermutlich in dem Versuch, die soziale Beziehung wiederherzustellen, von der sie beide abhängen (de Waal, 1989a). In einigen Fällen können auch dominante Männchen intervenieren, um Interaktionen zu unterbinden, in denen sich Bündnisse (die diese Männchen später herausfordern könnten) zu bilden beginnen (de Waal, 1982).

Bei Dominanzkämpfen von Schimpansen und Bonobos ist die Unterstützung durch Bündnisse entscheidend; es zahlt sich aus, gute und mächtige Freunde zu haben. Daher kultivieren einzelne Schimpansen und Bonobos Freundschaften, und zwar recht häufig durch gegenseitige Bündnisunterstützung (de Waal und Luttrell,

1988), aber auch durch andere Verhaltensweisen, zum Beispiel die Fellpflege und das Teilen von Nahrung. So deuten viele Belege darauf hin, daß das Lausen bei Schimpansen sich vorzugsweise auf Bündnispartner richtet (siehe Mueller und Mitani, 2005, für einen Überblick), und über einen längeren Zeitraum hinweg lausen Individuen, die von ihrem Partner bevorzugt gelaust wurden, diesen Partner ebenfalls bevorzugt (Gomes et al., 2009). Darüber hinaus haben Mitani und Watts (2001) gezeigt, daß männliche Schimpansen bevorzugt Fleisch und andere Nahrung mit ihren Bündnispartnern »teilen« (es also größtenteils dulden, wenn diese sich etwas von der Nahrung nehmen). Fügt man dem den Befund von de Waal (1989b) hinzu, daß Individuen, die einander lausen, auch bevorzugt Nahrung miteinander teilen, ist das Ergebnis eine relativ dichte Gesamtheit reziproker Beziehungen unter der goldenen Triade von Fellpflege, Nahrung teilen und bündnishafter Unterstützung.[5] Bedeutsamerweise gibt es nur sehr wenige Belege dafür, daß Menschenaffen sich irgendwie an der Reziprozität von Gefälligkeiten gegenüber anderen beteiligen, so es sich nicht um langfristige Sozialpartner handelt. Bei der einzig relevanten experimentellen Untersuchung stellten Melis et al. (2008) fest, daß zufällig zusammengebrachte Schimpansen einem Individuum, das ihnen gerade geholfen hatte, nicht mehr Hilfe entgegenbrachten als einem, das ihnen nicht geholfen hatte. Sie schlossen daraus, daß trotz deutlicher Belege für langfristige Reziprozitäten »Modelle der unmittelbaren Erwiderung und der detaillierten Buchführung über Austauschvorgänge in der unmittelbaren Vergangenheit (à la ›wie du mir, so ich dir‹, zum Beispiel) wahrscheinlich keine große Rolle bei der Steuerung der sozialen Entscheidungen von Schimpansen spielen.« (S. 951).

Wechselbeziehungen innerhalb der goldenen Triade werden häufig als Beispiele für Reziprozität interpretiert, und auf einer rein deskriptiven Ebene sind sie das auch. Aber de Waal (2000) identifiziert, wie oben angemerkt, mehrere verschiedene proximale Mechanismen, die diesen beobachteten Verhaltensmustern zugrunde liegen könnten. Und das, was ihnen nach Ansicht de Waals und anderer Forscher zugrunde liegt, ist nicht »kalkulierte Reziprozität«

auf Basis einer mentalen Buchführung, sondern vielmehr »emotionale Reziprozität«, bei der die Individuen einfach ein positives Gefühl gegenüber denen entwickeln, die ihnen helfen oder mit ihnen teilen (siehe Schino und Aureli, 2009). Aus Sicht des hier angelegten theoretischen Rahmens geschieht folgendes: Individuen helfen oder teilen mit denen, für die sie die prosoziale Emotion des Mitgefühls empfinden – das heißt denjenigen, von denen sie abhängig sind –, und die Empfänger helfen ihnen oder teilen mit ihnen dann im Gegenzug, weil sie jetzt Sympathien für sie empfinden (auf der Grundlage ihrer eben erst begründeten Abhängigkeit von ihnen). Diese Interdependenz – Sympathie oder Mitgefühl in beiden Richtungen – erzeugt somit reziproke Muster des Helfens und Teilens bei freundschaftlichen Interaktionen (siehe Hruschka, 2010, über Freundschaft aus der Perspektive der Evolution). Für den vorliegenden Zweck ist der entscheidende Punkt, daß *den Reziprozitätsmustern bei Menschenaffen auf der Verhaltensebene nicht irgendeine Art von impliziter Übereinkunft oder Vertrag mit Bezug auf Reziprozität zugrunde liegt, und noch viel weniger irgendeine Art von Urteil mit Bezug auf Fairneß oder Billigkeit, sondern nur das interdependenzbasierte Mitgefühl, das in beiden Richtungen wirkt.* Ein solches Mitgefühl, so werden wir behaupten, ist die einzige prosoziale Einstellung von Menschenaffen und anderen Primaten, und sie entsteht nur in relativ langfristigen sozialen Beziehungen.

Obwohl es nicht viele systematische Untersuchungen zu dem Thema gibt, scheint es doch gerechtfertigt, bei der Bildung von Bündnissen unter Schimpansen und Bonobos ein gewisses Maß an Partnerwahl anzunehmen. Insbesondere scheinen die Individuen, wie eben bemerkt, an guten Bündnispartnern festzuhalten und sie sogar als Freunde zu pflegen (durch Lausen und Teilen von Nahrung). Hier gibt es jedoch eine gewisse Ironie: Während die Individuen ihre Freunde und Bündnispartner auswählen, arbeiten Prozesse der sozialen Selektion in einem wichtigen Sinn der Evolution der Kooperation entgegen. Da das Bündnis selbst sehr wenig Koordination verlangt – jeder Partner leistet einfach sein individuell Bestes im Kampf, während sie parallel agieren –, sind die besten Bündnispartner schlicht diejenigen, die in den Kämpfen dominant sind, Punkt. Was die Partnerwahl bei Bündnissen am unmittelbarsten sozial selektiert, sind folglich die charakteristischen Eigenschaften guter und dominanter Kämpfer und nicht diejenigen von kooperativen und hilfreichen Partnern.

Das allgemeine Bild ist daher, daß der übergreifende Kontext für die Kooperation und Freundschaft bei Schimpansen und Bonobos die auf Bündnissen beruhende Konkurrenz um Dominanz, Nahrung und Paarungsgelegenheiten ist. Das gilt besonders für männliche Schimpansen, bei denen eine solche Konkurrenz am häufigsten vorkommt, aber auch für weibliche Schimpansen und Bonobos. Beispielsweise stellten Williams et al. (2002) fest, daß Schimpansenweibchen bevorzugt mit Freunden auf Nahrungssuche gehen, und zwar zumindest teilweise deshalb, weil es bei Freunden im Vergleich zu Nichtfreunden unwahrscheinlicher ist, daß sie ihnen ihren Erwerb an Ressourcen streitig machen. Mueller und Mitani (2005, S. 317) fassen die Situation folgendermaßen zusammen:

> Die vorherrschendsten Formen der Kooperation unter Schimpansen [...] wurzeln im Konkurrenzkampf unter Männchen. Schimpansenmännchen halten kurzfristige Bündnisse und langfristige Allianzen aufrecht, um ihren Dominanzstatus innerhalb der Gemeinschaften zu verbessern und ihre Gebiete kooperativ gegen fremde Männchen zu verteidigen. Andere hervorstechende kooperative Tätigkeiten, beispielsweise das Lausen und das Teilen von Fleisch, sind mit diesen Zielen strategisch verbunden. Weibchen sind deutlich weniger sozial als Männchen, und sie kooperieren auch nicht so weitgehend. Dennoch beinhalten die auffälligsten Beispiele für Kooperation bei Weibchen ebenfalls Konkurrenzkämpfe, da die Weibchen manchmal kooperieren, um die Kinder von Rivalen zu töten.

Insgesamt leben Schimpansen und Bonobos ihr Leben also eingebettet in einen ewigen Wettbewerb um Ressourcen, so daß sie ständig versuchen, andere auszustechen, indem sie sie bekämpfen, austricksen oder ihnen die Freunde wegnehmen.

Die Bündnisse und Allianzen von Menschenaffen zielen darauf ab, dieselben Nullsummen-Ressourcen zu beschaffen, um die die Individuen konkurrieren. Das bedeutet, daß die Individuen miteinander um den Zugang zu Ressourcen wie beispielsweise Paarungspartner oder Nahrung konkurrieren, und dann steigen Koalitionen von Individuen in denselben Wettbewerb um dieselben Ressourcen ein. Bündnisse und Individuen kämpfen somit um Teile ein und desselben Nahrungskuchens. Es gibt jedoch eine auffällige Ausnahme dieses Nullsummen-Wettbewerbs. Bei manchen, aber nicht allen Schimpansengruppen jagen die Männchen in kleinen sozialen Grüppchen nach kleinen Affen (obwohl weniger häufig, jagen anscheinend auch Bonobos in kleinen Horden nach Affen und anderen kleinen Säugetieren; Surbeck und Hohmann, 2008). Einzeltiere können diese Affen typischerweise nicht alleine fangen, und daher erweitert die Zusammenarbeit praktisch den Nahrungskuchen.

Im Hinblick auf die Koordination ähnelt die Jagd in manchen Fällen (etwa in Gegenden in Ostafrika mit spärlichem Blätterdach) einer Art von Hals-über-Kopf-Verfolgungsjagd, bei der mehrere Individuen einen Affen erspähen und dann parallel jagen. In anderen Fällen jedoch (beispielsweise im westafrikanischen Taï-Wald und im ostafrikanischen Ngongo) ist das Blätterdach des Waldes geschlossen, und die Affen sind ziemlich flink, weshalb eine solche planlose Verfolgungsjagd sinnlos wäre. Hier müssen die Schimpansen einen Affen praktisch umzingeln, um ihn zu fangen, was erfordert, daß die Individuen sich koordinieren (Boesch und Boesch, 1989; Mitani und Watts, 2001). Trotz dieses Umstands ist das wahrscheinlich eine individualistische Koordination: Jeder Jäger versucht für sich, den Affen zu fangen (da der Fänger das meiste Fleisch bekommt), und die Handlungen der anderen werden zu diesem Zweck in Betracht gezogen. Ein Individuum fängt also mit der Verfolgung des Affens an, und die anderen versuchen dann, diesem den Fluchtweg abzuschneiden. Die Beteiligten arbeiten nicht als ein »wir« im Sinne eines gemeinsamen Ziels und individueller Rollen zusammen, um dieses Ziel zu erreichen; vielmehr operieren sie in dem von Tuomela (2007) sogenannten »Gruppenverhalten im Ich-Modus« (Tomasello et al., 2005; siehe Kapitel 3). Das bedeutet, daß typischerweise der Schimpanse, der den Affen gefangen hat, sich mit dem Kadaver davonstehlen wird, wenn er kann. Aber normalerweise kann er das nicht, und daher bekommen alle Beteiligten (und viele Zuschauer) zumindest einen Teil des Fleisches, indem sie den Fänger anbetteln und belästigen (Boesch, 1994; Gilby, 2006).

Die einzelnen Schimpansen und Bonobos hängen während der Jagd selbst eindeutig wechselseitig voneinander ab. Tatsächlich haben Experimente gezeigt, daß Schimpansen in ähnlichen Situationen verstehen, daß sie einen Partner brauchen, um erfolgreich zu sein (Melis et al., 2006a; siehe auch Engelmann et al., im Druck). Aber – und das ist entscheidend für unsere umfassendere Geschichte, der zufolge Menschen zu obligaten gemeinschaftlichen Wildbeutern werden – die einzelnen Schimpansen und Bonobos hängen nicht von der Gruppenjagd auf Affen ab, um zu überleben. Der größte Teil ihrer Nahrung setzt sich aus Früchten und anderen Pflanzen sowie Insekten zusammen. Tatsächlich, und vielleicht überraschend, jagen Schimpansen meistens nicht in der Trockenzeit nach Affen, wenn Früchte und Grünzeug knapper sind, sondern wenn sie reichlicher vorhanden sind, in der Regenzeit (Watts und Mitani, 2002). Vermutlich ist das deshalb so, weil der Zeit- und Energieaufwand für eine Jagd auf Affen mit ungewissem Ertrag dann am sinnvollsten ist, wenn es reichlich Alternativen gibt, falls die Jagd fehlschlägt. Die Gruppenjagd von Schimpansen und Bonobos ist somit zwar für den Augenblick interdependent, aber die Teilnehmer hängen im Hinblick auf die Nahrungsbeschaffung im allgemeinen nicht wechselseitig voneinander ab.

Das Ausmaß, in dem Schimpansen und Bonobos in freier Wildbahn möglicherweise aktiv Kollaborationspartner für die Jagd auswählen – und dadurch potentiell Situationen der Partnerwahl und der sozialen Selektion erzeugen –, ist unklar. Melis et al. (2006) stellten fest, daß Schimpansen in Gefangenschaft relativ wenige Erfahrungen mit ihren Artgenossen benötigten, um zu wissen, welche davon gute Partner für sie waren (um kollaborativ erfolgreich zu sein, das heißt an die Nahrung zu kommen), und sie wählten diese Partner bevorzugt gegenüber anderen aus. Es ist jedoch nicht klar, ob eine Partnerwahl dieses Typs in der freien Wildbahn vorkommt, da das Jagen dort zum größten Teil opportunistisch ist und von bereits bestehenden Gruppen unternommen wird, die zusammen unterwegs sind; da gibt es wenig Gelegenheit für eine Auswahl. Und wenn es Aufrufe zur Rekrutierung anderer für die Jagd gibt, wie von Crockford und Boesch (2003) vorgeschlagen wurde, dann stellen diese keine Partnerwahl dar, weil sie nicht selektiv auf gute Kooperatoren abzielen, sondern vielmehr auf jeden x-beliebigen. Bei der Gruppenjagd von Schimpansen scheint auch nicht so etwas wie Partnerkontrolle am Werk zu sein, da Trittbrettfahrer nicht aktiv von der Beute ausgeschlossen werden (Boesch, 1994).

Eine solche Zusammenarbeit beim Nahrungserwerb ist bei Primaten und anderen Säugetieren eine Seltenheit. Soziale Fleischfresser wie Löwen und Wölfe beteiligen sich zwar an der Jagd in Gruppen, aber das funktioniert hauptsächlich deshalb, weil der Kadaver des Beutetiers zu groß ist, als daß irgendein Individuum ihn hinterher allein für sich selbst beanspruchen könnte, und deshalb kann jeder seinen Hunger stillen, ohne daß aktiv geteilt werden muß (und ohne daß es besondere Bemühungen gibt, Trittbrettfahrer auszuschließen). Soziale Fleischfresser haben sich eindeutig zu einer solchen Jagd in Gruppen entwickelt, da es für sie obligat ist (es gibt keine alternativen Möglichkeiten). Es scheint jedoch unwahrscheinlich, daß Schimpansen und Bonobos sich evolutionär zu Gruppenjägern entwickelten, da das nicht alle Gruppen tun, sondern nur Männchen, und selbst die tun es nur dann, wenn sie von der Struktur des Blätterdachs dazu gezwungen werden. Und alternative Möglichkeiten der Nahrungssuche sind immer vorhanden. In Experimenten, in denen man ihnen die Möglichkeit gibt, sich alleine oder in Zusammenarbeit mit einem Partner Nahrung zu verschaffen, verhalten sich Schimpansen gleichgültig beziehungsweise wählen einfach die Option, bei der sie am meisten Nahrung bekommen(Bullinger et al., 2011a; Rekers et al., 2011). Weitere Belege dafür, daß Schimpansen und Bonobos nicht spezifisch an die gemeinschaftliche Nahrungssuche angepaßt sind – ihre Zusammenarbeit beruht auf allgemeinen kognitiven Fähigkeiten –, werden in Kapitel 3 vorgestellt, wo sie im Hinblick auf eine Vielzahl kognitiver und motivationaler Neigungen zur Zusammenarbeit systematisch mit Menschenkindern verglichen werden.

Obwohl die Gruppenjagd von Schimpansen und Bonobos auf kleine Affen und andere kleine Säugetiere ein spektakuläres Zeugnis für ihre kognitive Flexibilität und Intelligenz ist, sind ihre Fähigkeiten zur Schaffung neuer Ressourcen durch Zusammenarbeit also insgesamt begrenzt. In den Worten von Mueller und Mitani (2005, S. 319):

> Im Vergleich zu Menschen […] fällt der allgemeine Mangel an kooperativem Verhalten von Schimpansen in nichtkonkurrenzbezogenen Kontexten, wie z. B. der Nahrungssuche, auf. Das kooperative Sammeln von Nahrung kommt bei allen menschlichen Wildbeutern regelmäßig vor (z. B. Hill, 2002). Selbst den einfachsten Formen eines solchen Verhaltens, wie wenn beispielsweise Hadza-Männer auf Affenbrotbäume klettern, um Früchte für die unten wartenden Frauen herabzuschütteln […] fehlt es an einem offenkundigen Äquivalent im Verhalten der Schimpansen.

## *Sympathie und Hilfe*

Da unser Hauptfokus auf der Moralität liegt, ist eine Schlüsselfrage bei all diesen Dingen, ob Schimpansen und Bonobos bei irgendeiner dieser kooperativen Tätigkeiten überhaupt irgend etwas Altruistisches in dem Sinne tun, daß ein bestimmter Nutzen für den anderen ihr proximales Ziel ist, während sie selbst nichts weiter davon haben als Kosten. (Ökonomen formulieren die Frage so, ob sie irgendwelche »auf den anderen bezogene Präferenzen« haben, während Moralpsychologen fragen, ob sie irgendeine mitfühlende Anteilnahme mit Bezug auf den anderen haben). Die Beobachtungs- und Korrelationsstudien, die die goldene Triade der Fellpflege, des Teilens von Nahrung und der bündnishaften Unterstützung begründet haben, können diese Frage nicht endgültig beantworten, und auch die Beobachtungen der Gruppenjagd in freier Wildbahn sind dazu nicht in der Lage. Beispielsweise stellt das Lausen nicht nur eine Belohnung für den Gelausten dar, sondern auch für den Lausenden, der dabei gewöhnlich einige Flöhe abgibt. Das Teilen von Nahrung als »geduldeter Diebstahl« oder »Teilen unter Druck« zielt am unmittelbarsten auf die Wahrung des Friedens ab. Wenn Individuen sich an einem in Form von Bündnissen geführten Kampf beteiligen, kann jeder Beteiligte darauf hoffen, daß bei einem Sieg sein Dominanzstatus steigt. Und bei der Gruppenjagd hofft jeder Jäger, daß er den kleinen Affen für sich selbst fängt oder zumindest durch das Anbetteln und Belästigen des Fängers ein paar Stücke Fleisch abbekommt. Der methodologische Punkt besteht einfach darin, daß Beobachtungen in freier Wildbahn und Korrelationsanalysen für sich genommen nicht hinreichend sind, um zu bestimmen, ob ein bestimmtes beobachtetes Verhalten auf den Vorteil der anderen ausgerichtet oder durch Mitgefühl motiviert ist.

Aber in jüngerer Zeit hat eine Reihe experimenteller Untersuchungen die Neigung der Schimpansen erforscht, anderen in instrumentellen Kontexten zu helfen. In methodologischer Hinsicht ist der entscheidende Punkt, daß diese Untersuchungen Kontrollbedingungen enthalten, die sicherstellen, daß der Menschenaffe keine anderen Motive für seine Handlungen hat. In diesen Studien ist der Hilfeakt typischerweise nicht besonders kostspielig, vom Energieverbrauch abgesehen, und findet in Situationen statt, in denen es keine Konkurrenz um Nahrung oder andere Ressourcen gibt. Beispielsweise stellten Warneken und Tomasello (2006) in der ersten solchen Studie fest, daß drei von Menschen aufgezogene Schimpansen einen Gegenstand für einen menschlichen Betreuer holten, der sich außerhalb seiner Reichweite befand, wobei der Betreuer versuchte, nach ihm zu greifen. In identischen Situationen, in denen der Mensch keine Verwendung für den Gegenstand hatte, holten sie diesen jedoch nicht. Da die Situation, in der von Menschen aufgezogene Schimpansen ihren menschlichen Betreuern helfen, eine besondere sein könnte, führten Warneken et al. (2007, Untersuchung 1) eine Folgestudie durch, in der sie gefangenen Schimpansen, die in einer halbnatürlichen Umgebung lebten, ähnliche Aufgaben darboten, die sich auf einen ihnen unvertrauten Menschen bezogen. Die Schimpansen halfen diesen Menschen ebenfalls (mehr als in den Kontrollsituationen) und zahlten sogar gewisse Energiekosten dafür, indem sie ein paar Meter hochkletterten, um den erwünschten Gegenstand zu holen. Bei einer anderen Variante halfen die Menschenaffen einem Menschen, der Futter in der Hand hatte, nicht häufiger als einem Menschen, dessen Hände leer waren, was die Deutung untergräbt, daß ihr Hilfeakt darauf abzielte, den Menschen dazu zu bewegen, ihnen eine Belohnung zu geben. Aber die Hilfe für Menschen ist immer noch nicht der perfekte Test. Daher testeten Warneken et al. (2007, Untersuchung 2) außerdem Schimpansen in Situationen, in denen sie einem Artgenossen helfen konnten. Konkret sah das folgendermaßen aus: Wenn ein Tier versuchte, durch eine Tür hindurchzugehen, konnte ein anderes (aus einem angrenzenden Zimmer) einen Riegel ziehen, um die Tür zu öffnen. Schimpansen halfen einem Artgenossen in dieser Situation auf zuverlässige Weise, auch wenn sie unter Kontrollbedingungen, wenn der erste Schimpanse nicht versuchte, durch die Tür hindurchzugehen (oder wenn er versuchte, durch eine andere Tür zu gehen), den Riegel nicht zogen. Bei einem anderen experimentellen Paradigma stellten Melis et al. (2011b) fest, daß Schimpansen einem Artgenossen sogar dabei halfen, Nahrung zu bekommen. Individuen, die selbst keinen Zugang zu einem Stück Nahrung hatten, klinkten einen Haken aus, um es eine Rampe zu einem Artgenossen hinuntergleiten zu lassen, der sich in einem anderen Zimmer auf der anderen Seite des Flurs befand; und sie taten dies nicht, wenn sich niemand am anderen Ende der Rampe befand. Yamamoto und Tanaka (2009) beobachteten, daß Schimpansen anderen Werkzeuge gaben, die diese brauchten, um an Nahrung zu gelangen, dies aber nicht taten, wenn sie sie nicht brauchten. Und Greenberg et al. (2010) stellten fest, daß Schimpansen auch dann anderen dabei halfen, an Nahrung zu kommen, wenn es keine aktive Aufforderung seitens des hilfebedürftigen Tieres gab (das Bedürfnis aber auf andere Weise offensichtlich war). Der entscheidende Punkt bei all diesen Experimenten besteht wohl darin, daß es dem Helfer klar war, daß er keine Nahrung bekommen konnte – die Hilfe kostete ihn keine Ressourcen.

Bei einem anderen Versuchsaufbau gaben Silk et al. (2005) und Jensen et al. (2006) den Schimpansen die Möglichkeit, an einem Seil zu ziehen, das Futter auf einem Brett nur für sie selbst freigab, oder an einem anderen Seil zu ziehen, das dieselbe Menge Futter sowohl für sie selbst als auch zusätzlich am anderen Ende des Bretts für einen Artgenossen freigab. Die Schimpansen zogen wahllos an beiden Seilen. Sehr wahrscheinlich ging der Mißerfolg der Schimpansen, dem Artgenossen dabei zu helfen, Futter zu bekommen, bei diesem experimentellen Paradigma auf das Konto ihrer Konzentration darauf, daß sie für sich selbst Futter bekommen wollten. Entweder waren sie so erregt, daß sie den anderen Schimpansen ignorierten, oder das Futter auf beiden Seiten des Bretts versetzte sie in einen Modus der Konkurrenz um Nahrung, der die Hilfe hemmte. In beiden Fällen machen die negativen Befunde in dieser Situation nicht die zahlreichen positiven Befunde instrumenteller Hilfe in anderen Situationen zunichte.[6]

Instrumentelle Hilfe scheint darauf abzuzielen, ein anderes Individuum bei kleinen, aber dennoch realen (Energie-)Kosten zu begünstigen. Die evolutionäre Funktion instrumenteller Hilfe mag durchaus dieselbe sein wie beim Lausen und Teilen von Nahrung: Freunde zu kultivieren, insbesondere als Bündnispartner. Ob es sich so verhält, können wir anhand dieser Untersuchungen jedoch nicht entscheiden, da der Empfänger der Hilfeleistung nie systematisch manipuliert wurde, um die Auswirkung auf den Helfenden zu sehen. Dennoch zeigen diese Studien – besonders deutlich aufgrund ihrer Kontrollbedingungen –, daß Schimpansen in manchen Situationen tatsächlich mit dem proximalen Ziel handeln, dem anderen einen Vorteil zu verschaffen. Warneken und Tomasello (2009) liefern weitere Belege für diese Interpretation, indem sie diese Untersuchungen an Schimpansen mit Untersuchungen an menschlichen Kindern in ähnlichen Situationen vergleichen, und in allen Fällen verhalten sich die beiden Spezies sehr ähnlich (obwohl, wie wir in Kapitel 3 sehen werden, menschliche Kinder auch in einer Vielzahl anderer interessanter Kontexte untersucht wurden, in denen Schimpansen nicht untersucht wurden). Eine andere potentiell relevante Beobachtung ist, daß Schimpansen, die nicht an einem Kampf beteiligt sind, den Verlierer nach dem Kampf manchmal »trösten« (obwohl die Funktion und der Mechanismus dieses Tröstungsverhaltens unklar sind; Koski et al. 2007).

Aus dem Hilfeverhalten der Schimpansen könnte man auf eine zugrundeliegende Emotion des Mitgefühls für die Misere des anderen schließen, der die Nahrung oder das Werkzeug nicht erlangen kann, die oder das er begehrt. Für eine solche motivationale Interpretation gibt es zwar in diesen experimentellen Untersuchungen keine Belege, die dafür oder dagegen sprechen, aber es gibt andere Untersuchungen aus jüngerer Zeit, die äußerst eindringliche Belege dafür liefern, daß Helfer Mitgefühl mit denen haben, denen sie helfen. Crockford et al. (2013) stellten fest, daß während einer Episode des Lausens der lausende Schimpanse einen Anstieg des Säugetierbindungshormons Oxytocin zeigt (sowie auch derjenige, der gelaust wird). Und Wittig et al. (2014) stellten auf ähnliche Weise fest, daß der Schimpanse, der während einer Episode des Teilens von Nahrung von dieser Nahrung etwas abgibt (was zugegebenermaßen bei ihren Beobachtungen nur selten geschah), ebenfalls einen Anstieg von Oxytocin zeigt. Wenn man diese Hormonuntersuchungen aus der freien Wildbahn und die Experimente zu instrumenteller Hilfe miteinander kombiniert, scheint das einen sehr guten Beleg dafür zu liefern, daß Schimpansen Mitgefühl mit denjenigen empfinden, denen sie helfen.

Insgesamt gibt es keinen Grund zu glauben, daß es sich hier um irgend etwas anderes handelt als um genuine Hilfeakte. Wenn die Kosten gering sind und es keine Konkurrenz um Nahrung gibt, helfen Menschenaffen einander. Und es gibt zumindest einige Belege – darunter Hilfeakte bei anderen Säugetierspezies wie Ratten (Bartal et al., 2011) – dafür, daß diese altruistischen Akte auf der oxytocinbasierten sozialen Emotion des Mitgefühls beruhen. Natürlich liegen die evolutionären Grundlagen dieser Neigung, anderen zu helfen, in irgendeiner Art von Rückzahlung, das heißt in der Logik der natürlichen Selektion. Aber uns interessieren hier primär die beteiligten proximalen Mechanismen, und in diesem Fall sind unsere besten Belege, daß Schimpansen und andere Menschenaffen eine proximale Motivation in Form des Mitgefühls für hilfsbedürftige andere haben. Dies veranlaßt sie, Hilfe zu leisten, wenn die Kosten nicht zu hoch sind.

### *Kein Sinn für Fairneß*

Die andere zentrale Dimension der Moral zusätzlich zum Mitgefühl ist der Sinn für Fairneß oder Gerechtigkeit, und daher können wir außerdem die Frage stellen, ob die Kooperation von Menschenaffen diesbezüglich irgend etwas Wesentliches aufweist. Es gibt keine experimentellen Untersuchungen an Menschenaffen im Hinblick auf die sogenannte Vergeltungsgerechtigkeit, bei der ein Individuum danach strebt, sein Konto gegenüber dem eines anderen durch Vergeltung à la »Auge um Auge, Zahn um Zahn« auszugleichen (obwohl de Waal [z. B. 1982] über einige Anekdoten mit Bezug darauf berichtet, was er »Vergeltung« nennt). Einer solchen Untersuchung am nächsten kommt die Studie von Jensen et al. (2007), bei der Individuen, denen Nahrung gestohlen wurde, den Dieb an deren Verzehr hinderten. Aber es gibt viele Interpretationen dieses Verhaltens, die nichts mit Fairneß oder Gerechtigkeit zu tun haben. Anders verhält es sich mit Blick auf die Verteilungsgerechtigkeit – wie Ressourcen unter Individuen verteilt werden. Hierzu gibt es zwei Gruppen experimenteller Ergebnisse.

Die erste Gruppe von Befunden stammt aus dem berühmten Ultimatumspiel. Bei diesem Wirtschaftsspiel, das ausführlich an erwachsenen Menschen erforscht wurde, schlägt ein Vorschlagender einem Antwortenden eine Aufteilung von Ressourcen vor. Der Antwortende kann den Vorschlag akzeptieren, in welchem Fall sie beide ihre Zuteilung behalten, oder er kann ihn ablehnen, woraufhin keiner von beiden etwas erhält. In vielen Experimenten lehnen menschliche Antwortende regelmäßig niedrige Angebote ab – etwa 2 bezogen auf eine Gesamtheit von 10 –, obwohl das bedeutet, daß sie leer ausgehen. Der wahrscheinlichste Grund für dieses »irrationale« Verhalten ist, daß der Antwortende das Angebot unfair findet. Er stimmt ihm nicht zu – er läßt sich nicht auf diese Weise übervorteilen –, selbst wenn ihn seine Ablehnung Ressourcen kostet. Sehr häufig sind Antwortende auch wütend auf unfaire Vorschlagende. Eine Variante des Ultimatumspiels in einer nonverbalen Form wurde Schimpansen in zwei Untersuchungen (Jensen et al., 2007; Proctor et al., 2013) und Bonobos in einer Untersuchung (Kaiser et al., 2012) vorgelegt. In allen drei Untersuchungen war das Ergebnis dasselbe: Die Versuchstiere lehnten so gut wie nie irgendwelche Angebote ab, die sich von Null unterschieden. Vermutlich taten sie das deshalb nicht, weil sie sich nicht auf so etwas wie die Fairneß des Angebots konzentrierten, sondern nur darauf, ob es ihnen Nahrung einbringen würde oder nicht.

Die zweite Gruppe relevanter Befunde stammt aus Untersuchungen sozialer Vergleiche. Das Phänomen besteht darin, daß Menschen damit zufrieden sind, eine Zahl X an Ressourcen zu erhalten, solange sie nicht sehen, daß andere mehr bekommen, in welchem Fall sie unglücklich sind. Auch hier ist die Erklärung für ihre Unzufriedenheit vermutlich das Gefühl, unfair behandelt worden zu sein. Brosnan et al. (2005, 2010) berichten von zwei Untersuchungen, die darauf hinauslaufen, daß Schimpansen Nahrung ablehnen, die ihnen von Menschen gegeben wurde (und die sie sonst akzeptieren würden), wenn sie sehen, daß ein anderer Schimpanse bessere Nahrung für dieselbe oder eine geringere Anstrengung bekommt. Aber wenn geeignete Kontrollbedingungen eingeführt werden, verschwindet dieser Effekt. Die notwendigen Kontrollbedingungen sind diejenigen, bei denen der Schimpanse einfach im selben Kontext bessere Nahrung erwartet, was die angebotene Nahrung weniger attraktiv macht. So replizierten Bräuer et al. (2006, 2009) die Untersuchungen von Brosnan et al. mit Kontrollbedingungen dieses Typs (und zogen außerdem, anders als Brosnan et al., die Reihenfolge der Bedingungen in Betracht) und stellten fest, daß Schimpansen Nahrung nicht auf der Grundlage von Vergleichen mit Bezug darauf ablehnten, was ein anderer Schimpanse bekam. Sie lehnten die Nahrung ab, wenn sie frustriert darüber waren, keine bessere Nahrung zu bekommen. Das experimentelle Paradigma zeigt also keine sozialen Vergleiche bei Schimpansen, sondern nur den Vergleich von Nahrung. Diese negativen Ergebnisse wurden in einem anderen Versuchsaufbau von Hopper et al. (2013) erhärtet: »Insgesamt scheinen die Reaktionen der Schimpansen in erster Linie von der Qualität der Belohnungen beeinflußt zu werden, die sie erhielten, und nicht mit Bezug auf die Belohnungen ihrer Partner.« Dieselben negativen Ergebnisse wurden von Brosnan et al. (2001) für Orang-Utans berichtet und außerdem von Bräuer et al. (2006, 2009), die darüber hinaus über uneindeutige Ergebnisse mit einer kleinen Stichprobe von Bonobos berichten.[7]

Es gibt also keine soliden Belege dafür, daß Menschenaffen einen Sinn für Fairneß bei der Aufteilung von Ressourcen haben, ja, es spricht viel dafür, daß ihnen ein solcher Sinn fehlt. (Obgleich wir im Hinterkopf behalten sollten, daß das Ultimatumspiel für nichtsprachliche Lebewesen ein anspruchsvolles experimentelles Paradigma ist, und auch die sozialen Vergleichsstudien sind anspruchsvoll, insofern sie von den Versuchstieren verlangen, ansonsten schmackhafte Nahrung abzulehnen.) Eine weitere potentielle Quelle von Belegen sind die emotionalen Reaktionen von Menschenaffen auf Ereignisse, die potentiell als unfair wahrgenommen werden könnten. Wie wir in Kapitel 3 ausführlicher besprechen werden, ist die prototypische »reaktive Haltung« gegenüber Ungerechtigkeit Groll. Ein Grund, weshalb die Befunde von Brosnan et al. (2005, 2010) so unwiderstehlich zu sein scheinen, liegt in den von den Autoren häufig gezeigten Videos von einem kleinen Affen, der abgelehnte Nahrung wütend aus seinem Käfig wirft. Vor dem Hintergrund unserer Analyse dieser Untersuchungen ist es äußerst unwahrscheinlich, daß dieser emotionale Ausdruck einen Groll darüber darstellt, daß ein Artgenosse unfairerweise ein besseres Stück Nahrung erhält. Er könnte auch seine Wut über die menschliche Experimentatorin ausdrücken, weil sie ein schlechtes Stück Nahrung ausgegeben hat, wo sie doch ein gutes Stück hätte ausgeben können. Wenn das stimmt, dann würde der emotionale Ausdruck seine Wut auch mit einem bestimmten sozialen Inhalt versehen, etwa so etwas wie: »Ich bin wütend darüber, daß du mich ohne Mitgefühl behandelst.« Roughley (2015) glaubt in der Tat, daß Wut mit dieser Art von Inhalt vernünftigerweise Groll* genannt werden kann, wobei der Asterisk anzeigt, daß es kein eigentlicher Groll ist, aber dennoch ein Schritt auf dem Weg dorthin. Es ist ein Schritt auf dem Weg dorthin sowohl deshalb, weil der Inhalt die prosoziale Emotion des Mitgefühls einschließt, als auch deshalb, weil er eine bestimmte Art von sozialer Beziehung voraussetzt, beispielsweise Freundschaft. Ich bin nicht nur einfach über Dinge im allgemeinen wütend oder über ein Lebewesen dort drüben, sondern über meinen Freund, mit dem ich eine Beziehung unterhalte (auch wenn sie interspezifisch ist), weil er mich auf diese schlechte Weise behandelt. Um Verwirrung zu vermeiden, wollen wir das soziale Wut nennen.

Das Fazit ist: Während die prototypische reaktive Einstellung des Grolls von einer Person gegenüber einer anderen zum Ausdruck gebracht wird, um gegen eine unfaire (oder sonstwie unverdiente) Behandlung zu protestieren, erleben Menschenaffen möglicherweise etwas, was der sozialen Wut nahekommt. Das wäre ein erster Schritt, der die allgemeine Säugetieremotion der Wut in eine spezifisch soziale Form der Wut darüber verwandelt, von jemandem schlecht (ohne Mitgefühl) behandelt worden zu sein, zu dem man in einer wertvollen sozialen Beziehung steht. Echter Groll würde auf die Entstehung neuer Typen moralischer Urteile mit Bezug auf Verdienst, Fairneß und Respekt warten müssen.

## Verwandtschafts- und freundschaftsbasierte Prosozialität

Zusammengefaßt läßt sich sagen, daß das Überleben und Gedeihen von Menschenaffen wie bei allen sozialen Spezies von den Gruppengenossen abhängt. Gleichzeitig konkurrieren sie aber mit diesen um Ressourcen. Das Gleichgewicht, in dem sich die Menschenaffen eingerichtet haben, ist folgendes: Wenn es um unmittelbar wertvolle Ressourcen wie Nahrung oder Paarungspartner geht, bestimmt Konkurrenz, die von Dominanzregeln strukturiert wird, die Agenda. Individuen arbeiten auch in Bündnissen zusammen, um solche Ressourcen in einem Nullsummenspiel gegen andere Individuen zu erlangen. Wie viele andere Primatenspezies auch nutzen Menschenaffen vielfältige Arten prosozialer Interaktionen, wie beispielsweise das Lausen oder das Teilen von Nahrung (und möglicherweise instrumentelle Hilfe), um Freundschaften jenseits der Verwandtschaft zu schließen und zu erhalten. Diese Freunde können ihnen Unterstützung durch Bündnisse und andere Vorteile verschaffen. Die prosozialen Akte in solchen freundschaftlichen Interaktionen sind wahrscheinlich durch die prosoziale Emotion des Mitgefühls motiviert, aber der übergeordnete konkurrenzielle Kontext bedeutet, daß die soziale Selektion der Partner sich hauptsächlich auf Dominanz und Kampffähigkeit konzentriert.

Vom Gesichtspunkt der Kooperation aus betrachtet am außergewöhnlichsten ist im Vergleich mit anderen nichtmenschlichen Primaten die Gruppenjagd von Schimpansen und Bonobos auf kleine Säugetiere. Dieses Verhalten ist außergewöhnlich, weil es außerhalb der ansonsten allumfassenden Matrix der Intragruppen-Konkurrenz um eine einzige Gesamtheit von Nullsummen-Ressourcen stattfindet. Andere nichtmenschliche Primaten beteiligen sich typischerweise überhaupt nicht an gemeinschaftlichen Tätigkeiten, die darauf abzielen, Ressourcen verfügbar zu machen, die den Individuen nicht zur Verfügung stehen. (Es gibt einige wenige Berichte über bestimmte Affenarten, zum Beispiel Kapuzineraffen, die bei manchen günstigen Gelegenheiten kleine Säugetiere, etwa Eichhörnchen, angreifen oder umzingeln [Rose et al., 2003].) Daher können wir die Gruppenjagd von Schimpansen und Bonobos als eine Art von »missing link« beim Übergang zur obligaten gemeinschaftlichen Nahrungssuche des Menschen betrachten. Schimpansen und Bonobos hängen im Hinblick auf ihre Existenz jedoch nicht von diesem Gruppenjagdverhalten ab, und deshalb sind sie im Hinblick auf den Erwerb ihrer lebenserhaltenden Ressourcen nicht wie die Menschen in einem allgemeineren Sinn von anderen wechselseitig abhängig – und bei dieser Gruppenjagd gibt es wenig oder gar keine Partnerwahl oder Partnerkontrolle. Andere Hinsichten, in denen die Gruppenjagd von Menschenaffen keine Ähnlichkeit mit der von Menschen hat, werden in Kapitel 3 ausgeführt.

Stellen wir uns nun also die letzten gemeinsamen Vorfahren von

Menschenaffen und Menschen nach dem Modell zeitgenössischer Schimpansen und Bonobos vor. Sie hätten in komplexen sozialen Gruppen mit einer relativ intensiven Konkurrenz um Ressourcen gelebt, die durch soziale Beziehungen der Dominanz und Freundschaft strukturiert gewesen wären, und gelegentlich hätten sie in kleinen Gruppen nach verschiedenen Arten kleiner Beutetiere gejagt. Vor dem Hintergrund anderer Untersuchungen solcher Dinge wie der Kognition und Emotionen von Menschenaffen können wir daher die psychologischen Voraussetzungen der Moral, die sehr wahrscheinlich kennzeichnend für den letzten gemeinsamen Vorfahren von Menschen und Menschenaffen waren, folgendermaßen zusammenfassen:

– *Kognition:* (1) Fähigkeit zu individueller Intentionalität für das Treffen flexibler und sachkundiger Entscheidungen, die einen »instrumentellen Druck« mit sich bringen, die beste und effizienteste Verhaltensalternative zu wählen (Zweckrationalität); und (2) Fähigkeiten zum Verstehen und manchmal auch zur Vorhersage der intentionalen Zustände und Entscheidungsprozesse anderer, und zwar hauptsächlich zu dem Zweck, mit ihnen zu konkurrieren (siehe Tomasello, 2014, zu einem Überblick).
– *Soziale Motivation:* (1) Die Fähigkeit, langfristige soziale Beziehungen der Dominanz und Freundschaft mit Gruppenmitgliedern zu knüpfen und dieselben sozialen Beziehungen bei bekannten Dritten zu erkennen; (2) die Fähigkeit, elementare Emotionen zu haben und auszudrücken als Reaktion auf wichtige soziale Ereignisse, unter anderem soziale Wut, und diese Emotionen bei anderen zu erkennen; (3) die Fähigkeit, intentional zu kommunizieren (Tomasello, 2008); und (4) die auf Mitgefühl beruhende Motivation, anderen instrumentell zu helfen, insbesondere Verwandten und Freunden.
– *Selbstregulation:* (1) Die Fähigkeit, den Drang zur unmittelbaren Selbstbelohnung aus Gründen der Klugheit zu kontrollieren, etwa um Konflikte mit einem dominanten Tier zu vermeiden; und (2) die Fähigkeit, mit anderen zusammenzuarbeiten, um neue Ressourcen zu erschließen, die außerhalb der gewöhnlichen Null-

summen-Ressourcen liegen, welche den Individuen zur Verfügung stehen. Diese Fähigkeit hängt unter anderem davon ab, den Impuls zu unterdrücken, die Beute individuell zu jagen.

Unsere vorgestellten gemeinsamen Vorfahren hätten also gewisse raffinierte Formen der Kognition und Sozialität gehabt – darunter Formen der Kooperation und Prosozialität –, aber keinen sozial normativen Sinn für Fairneß oder Gerechtigkeit mit Bezug darauf, wie sie andere behandeln »sollten« oder wie andere sie behandeln »sollten«.

Damit sitzen wir theoretisch gesehen zwischen den Stühlen. Einerseits haben Theoretiker wie Jensen und Silk (2014; Silk, 2009) Zweifel, daß nichtmenschliche Primaten überhaupt irgendwelche prosozialen Gefühle oder auf andere bezogene Präferenzen haben. Aber wir haben hier die experimentellen Belege dafür skizziert, daß die instrumentelle Hilfe bei Menschenaffen das Eigentliche ist und darauf abzielt, anderen dabei zu helfen, ihre Ziele zu erreichen, motiviert von so etwas wie der prosozialen Emotion des Mitgefühls. Jensen und Silk haben die Untersuchungen der instrumentellen Hilfe so interpretiert, daß sie auf einer Art von Zwang oder Nötigung beruht, die von dem Individuum ausgehen, das Hilfe braucht. Aber es gibt keine zwingenden Belege für diese Sichtweise, und in der Untersuchung von Greenberg et al. (2010) wurde eigens nach einem solchen Zwang gesucht, aber gefunden wurde er nicht.

Andererseits glaubt de Waal (1996, 2006), daß viele nichtmenschliche Tiere, aber vor allem Menschenaffen die Wurzeln menschlicher Moral aufweisen, was nicht nur einen Sinn für Mitgefühl einschließt, sondern auch einen Sinn für Reziprozität als Vorläufer von Anliegen der Fairneß und Gerechtigkeit. Wir haben hier Belege zusammengefaßt, die den ersten, das Mitgefühl betreffenden Teil des Vorschlags stützen, aber es gibt keine Stütze für den zweiten Teil des Vorschlags. Die Reziprozität von Menschenaffen, so würden wir geltend machen, ist kein Vorläufer der menschlichen Vorstellungen von Fairneß und Gerechtigkeit. Wie de Waal selbst deutlich macht, besteht das Problem darin, daß die Reziprozität, um die es hier geht, nur eine auf Emotionen beruhende Reziprozität ist. Aus der Perspektive der Interdependenzhypothese ist emotionale Reziprozität einfach eine weitere Manifestation von Mitgefühl: Freunde sind durch Mitgefühl motiviert, Freunden auf verschiedene Weisen zu helfen, und das zeigt sich häufig in beiden Richtungen (aufgrund der *Inter*dependenz). Obwohl Mitgefühl eine notwendige Voraussetzung für so etwas wie Fairneß sein mag – um fair zu sein, muß man bis zu einem gewissen Grad Anteil am Schicksal des anderen nehmen –, ist es keine hinreichende; für Fairneß brauchen wir noch einige andere psychologische Zutaten. Und unsere Behauptung lautet hier, daß nichtmenschliche Primaten im Grunde keine dieser anderen psychologischen Zutaten besitzen.

Es stellt sich also die Frage, welche anderen Fähigkeiten und Motivationen nötig sind, damit wir zu so etwas wie einem menschlichen Sinn für Fairneß oder Gerechtigkeit als zweitem Hauptpfeiler der menschlichen Moral gelangen. Die Beantwortung dieser Frage wird zwar eine komplexe evolutionäre Geschichte erfordern, die sich über den gesamten übrigen Teil des Buches erstreckt, aber wir können den Weg für diese Geschichte ebnen, indem wir uns zu Beginn auf zwei grundlegende Einsichten des großen Gesellschaftstheoretikers David Hume berufen. Die erste ist, daß es keine Fairneß oder Gerechtigkeit in einer sozialen Gruppe geben kann, die Individuen enthält, die andere ungestraft völlig beherrschen und ihnen ihren Willen aufzwingen können; für Fairneß muß es einen gewissen Sinn für Gleichheit geben, der die sozialen Interaktionen strukturiert. Hume sagt:

> Gäbe es eine Gattung von Lebewesen, die mit dem Menschen zusammenlebte, und die, obwohl vernunftbegabt, uns doch sowohl an Körperkraft als auch an Geistesstärke so weit unterlegen wäre, dass diese Wesen zu keinem Widerstand fähig wären, und uns auch niemals, selbst auf die stärkste Herausforderung hin, die Wirkung ihres Unmuts fühlen lassen könnten, so wäre, denke ich, die unvermeidliche Folge, dass wir uns durch das Gesetz der Menschlichkeit gebunden fühlen sollten, diese Wesen freundlich zu behandeln, ohne jedoch eigentlich irgendwelchen Einschränkungen der Gerechtigkeit zu unterliegen. [...] Unsere Beziehung zu ihnen

wäre nicht gesellschaftlich zu nennen, da dies einen gewissen Grad an Gleichheit voraussetzt, sondern wäre absolute Herrschaft auf der einen und unterwürfiger Gehorsam auf der anderen Seite. (1751/2002, S. 21f.)

Man ersetze »Menschen« durch Menschenaffen mit hohem Dominanzstatus und »unterwürfiger Gehorsam« durch Menschenaffen mit einem untergeordneten Dominanzstatus, und wir erfassen die wichtigste Kraft im Sozialleben von Menschenaffen: physische Macht und Dominanz. Dominante Individuen mögen zwar Mitgefühl für ein anderes empfinden, das Hilfe braucht, wenn es sie wenig kostet, aber wenn es um die Konkurrenz um Ressourcen geht, warum sollten die dominanten Tiere ihre instrumentellen Neigungen gegenüber den Untergeordneten einschränken, die über keinerlei Druckmittel verfügen, um die dominanten zögern zu lassen? Nein, um die ersten Schritte auf dem Weg zu Fairneß und Gerechtigkeit zu tun, brauchen wir Wesen, die ihre Interessenkonflikte auf der Grundlage von etwas anderem als roher Gewalt und Dominanz lösen können. Um jenen anderen großen Gesellschaftstheoretiker des 18. Jahrhunderts, Jean-Jacques Rousseau, zu zitieren: »Die Stärke ist eine körperliche Macht. Ich kann nicht einsehen, welche moralischen Verpflichtungen sie haben soll.« (1762/1977, S. 65)

Humes zweite Einsicht besteht darin, daß es keine Fairneß oder Gerechtigkeit zwischen Personen geben kann, die völlig selbstgenügsam in dem Sinne sind, daß sie alles, was sie brauchen, selbst beschaffen; um ein Interesse an Fairneß und Gerechtigkeit zu haben, müssen Personen ein Gefühl für ihre Abhängigkeit voneinander haben:

> Wäre die Menschengattung von der Natur so geschaffen, dass jeder Einzelne in sich alle Fähigkeiten vereinigte, die notwendig sind sowohl für sein eigenes Überleben als auch für die Fortpflanzung seiner Art [...] so wäre, das liegt auf der Hand, ein derart einsames Lebewesen ebenso unfähig zu Gerechtigkeit wie zu gesellschaftlichem Umgang und Gespräch. Wo gegenseitige Rücksichtnah-

me und Schonung keinerlei Zweck erfüllen, da würde sich auch niemals ein vernünftiger Mensch von ihnen leiten lassen. (1751/2002, S. 22f.)

Das ist natürlich nichts anderes als eine prägnante Ex-negativo-Formulierung unseres Prinzips der Interdependenz: Personen, die keine anderen brauchen, brauchen auch keine Fairneß und Gerechtigkeit. Schimpansen und Bonobos hängen zwar in bestimmten Hinsichten voneinander ab, aber nicht, um die elementaren Ressourcen zu erlangen, die sie zum Überleben und Gedeihen brauchen; zudem sind sie sich sehr wahrscheinlich dort, wo sie voneinander abhängen, dessen nicht gewahr. Eine entscheidende Aufgabe in unserer anstehenden Naturgeschichte wird daher die Frage sein, wie Frühmenschen auf bestimmte neue und besonders akute Weisen wechselseitig voneinander abhängig und sich dieser Interdependenz auch bewußt wurden, so daß sie in ihren rationalen Entscheidungsprozessen eine Rolle spielte. Das Ziel ist zu zeigen, wie ihre interdependenten Interaktionen miteinander – insbesondere die proximalen psychologischen Mechanismen, die diesen interdependenten Interaktionen zugrunde liegen, den Sinn für ein »wir« als pluraler Akteur eingeschlossen – die Frühmenschen dazu veranlaßt haben, einen neuen und für die Spezies einzigartigen Sinn für Fairneß und Gerechtigkeit auszubilden.

Wir können also annehmen, daß die letzten gemeinsamen Vorfahren von Menschen und Menschenaffen zumindest ein Stück weit prosoziale Wesen waren, das heißt mit Bezug auf Verwandte und Freunde und im übergreifenden Kontext der Konkurrenz innerhalb der Gruppe. Obwohl er bescheiden ist, läßt sich dieser Ausgangspunkt nicht ignorieren, weil de facto ein großer Teil der menschlichen Moral in einem sehr weiten Sinne auf dieser Art von Mitgefühl für bestimmte andere beruht, insbesondere Freunde und Familienmitglieder. Die Menschen haben diese moralische Dimension nicht hinter sich gelassen; sie haben einfach noch einige andere Formen der Moral *on top* entwickelt, die sie dazu geführt haben, für eine breite Vielfalt anderer Menschen zu sorgen und jene zu respektieren, mit denen sie weniger innig vertraut sind – und zwar nicht nur, weil sie mit ihnen mitfühlen, sondern weil sie das Gefühl haben, daß sie so handeln sollten.

3

# Zweitpersonale Moral

Die Position, Ansprüche und Forderungen aneinander als freie und rationale Personen zu stellen, ist etwas, zu dem wir immer dann gemeinsam verpflichtet sind, wenn wir den Standpunkt der zweiten Person einnehmen.

STEPHEN DARWALL, *The Second-Person Standpoint*

Trotz der Tatsache, daß sie in kooperativen sozialen Gruppen leben und sich prosozial gegenüber Verwandten und Freunden verhalten – und natürlich würdige Ziele unserer moralischen Anteilnahme sind –, sind Schimpansen selbst keine moralischen Akteure. Wir gestatten ihnen nicht, sich frei in unserer Mitte zu bewegen, weil wir befürchten, daß sie unsere Kinder angreifen, unser Essen stehlen, unser Eigentum zerstören und allgemein verheerenden Schaden ohne Rücksicht auf irgend jemand anderen anrichten werden. Und wenn sie alle diese antisozialen Dinge täten, würde sie niemand dafür tadeln oder sie für verantwortlich halten. Warum nicht? Warum sind sie keine moralischen Akteure? Die Daten, die in Kapitel 2 vorgestellt wurden, deuten darauf hin, daß die Antworten auf diese Fragen nicht einfach sind, wie etwa, daß sie nicht zweckrational handeln, daß sie nicht die Ziele und Wünsche anderer verstehen, daß sie keine Gefühle empfinden oder den emotionalen Ausdruck anderer nicht verstehen, daß sie überhaupt keinerlei Prosozialität zeigen oder daß sie ihre Impulse nicht kontrollieren, wenn es nötig ist. Zumindest in einigen Situationen sind sie zu all diesen Dingen nämlich durchaus in der Lage.

Nein, die Antworten auf diese Fragen – die vielen und verschiedenartigen Gründe, warum Schimpansen keine moralischen Akteure sind – sind eingebettet in die ganze komplizierte Geschichte, die wir gleich darüber erzählen werden, wie Menschen allmählich zu ultrasozialen, ultrakooperativen und schließlich zu moralischen Menschenaffen wurden. Die leitende Idee ist, daß Menschen von einem Ausgangspunkt bei den Menschenaffen damit begannen, erste Schritte auf einem moralischen Weg zu machen, als sie sich an bestimmte neue Formen des Soziallebens anpaßten, zunächst insbesondere an bestimmte neue Formen der interdependenten gemeinschaftlichen Tätigkeit. Im Gefolge von Gesellschaftsvertragstheoretikern von Hobbes bis Rawls nehmen wir entsprechend an, daß die natürliche Heimstätte der menschlichen Moral – mit besonderem Bezug auf Fragen der Fairneß und Gerechtigkeit – in der kooperativen Tätigkeit zum gegenseitigen Nutzen liegt. »Die Urszene der Moral«, sagt Korsgaard (1996b, S. 275), »ist keine solche, in der ich etwas für dich tue oder du etwas für mich tust, sondern eine, in der wir etwas gemeinsam tun«.

Unser Argument lautet, daß die Beteiligung an bestimmten Arten mutualistischer, gemeinschaftlicher Tätigkeiten Individuen selektierte, die in der Lage waren, gemeinsam dyadisch als Verbundakteur, als ein »wir«, zu handeln. Das erforderte von beiden Partnern, daß sie die Fertigkeiten und Motivationen hatten, die notwendig für die Erzeugung eines gemeinsamen Ziels waren, das von gemeinsamer Aufmerksamkeit geleitet wurde, was dann ihre individuellen Rollen und Perspektiven strukturierte (das heißt: gemeinsame Intentionalität; Tomasello, 2014). Aus evolutionärer Perspektive betrachtet, bestand das Problem darin, daß die Gruppenjagd des letzten gemeinsamen Vorfahren von Menschen und anderen Menschenaffen (heutige Schimpansen dienten dabei als Modell) nicht genug oder nicht die richtige Art von Interdependenz erzeugte (die Individuen konnten aussteigen und sich immer noch wacker schlagen) oder nicht genug oder nicht die richtige Art von Partnerwahl aufwies, um die Sache zu forcieren (die Individuen konnten sich beteiligen oder nicht, wann immer sie Lust dazu hatten). Was nötig war, um die Individuen ihre Interdependenz von einem Partner erkennen und auf sie vertrauen zu lassen und auf diese Weise ein gemeinsames intentionales »wir« zu bilden, waren gemeinschaftliche Tätigkeiten, von denen jeder absolut abhängig war, ohne Ausweichmöglichkeiten, sowie ein System der Partnerwahl und -kontrolle, das jeden jedem gegenüber rechenschaftspflichtig machte, um Kollaborationspartner mit dem Respekt zu behandeln, den sie verdienten. Was als Kontext für die Entstehung gemeinsamer Intentionalität notwendig war, war die *obligate* (zwangsläufige) gemeinschaftliche Nahrungssuche mit verschiedenartigen und robusten Mitteln der Partnerwahl und Partnerkontrolle.

Unser Vorschlag wird lauten, daß die Frühmenschen bei gemeinsamen intentionalen Tätigkeiten ursprünglich aus rein strategischen Gründen zusammenarbeiteten, indem sie andere als eine Art »soziales Werkzeug« einsetzten, um ihre eigenen Interessen zu fördern. Ihre Zusammenarbeit war daher das, was Gesellschaftstheoretiker kontraktistisch nennen würden. Aber im Lauf der Zeit, so werden wir geltend machen, begünstigten interdependente gemeinschaftliche Tätigkeiten, die durch gemeinsame Intentionalität strukturiert wurden, bei den Beteiligten eine neue Art von kooperativer Rationalität. Sie begannen zu verstehen, daß bestimmte gemeinschaftliche Tätigkeiten mit Rollenidealen verknüpft waren – mit sozial normativen Standards –, die für alle von ihnen unterschiedslos galten, was eine Art von Äquivalenz zwischen dem Selbst und dem anderen implizierte (siehe Nagel, 1970). Durch die Anerkennung dieser Äquivalenz entstanden ein gegenseitiger Respekt zwischen Partnern und ein Sinn für die wechselseitige Verdienstlichkeit der Partner, wodurch zweitpersonale Akteure geschaffen wurden (siehe Darwall, 2006). Diese waren in der Position, gemeinsame Verpflichtungen zur Zusammenarbeit einzugehen und gemeinsam ihre Zusammenarbeit selbstzuregulieren (siehe Gilbert, 2014). Die gemeinsame intentionale Tätigkeit war jetzt etwas, was Gesellschaftstheoretiker kontraktualistisch nennen würden, da sie durch eine tatsächliche Übereinkunft zwischen zweitpersonalen Akteuren konstituiert wurde. Das Ergebnis können wir als zweitpersonale Moral bezeichnen: eine dyadische Moral von persönlichen Interaktionen zwischen den zweitpersonalen Akteuren »ich« und »du« (perspektivisch definiert), die zusammenarbeiten und sich jeweils dem anderen gegenüber verantwortlich fühlen als ein gemeinsam verpflichtetes »wir«. Diese neue Moral existierte nur innerhalb des gemeinschaftlichen Engagements selbst oder im Hinblick auf ein solches Engagement, und nicht in anderen Lebensbereichen. Außerhalb dieser besonderen gemeinschaftlichen Kontexte sind die sozialen Interaktionen der Frühmenschen wahrscheinlich nahezu vollständig menschenaffenartig geblieben.

Die Vorgehensweise in diesem Kapitel ist folgende: Zuerst schauen wir uns die neuen Formen interdependenter Zusammenarbeit der Frühmenschen an und wie diese eine Ausweitung der mitfühlenden Anteilnahme und Hilfe hervorbrachten – die erste Moral des Mitgefühls. Um die erste Moral der Fairneß zu charakterisieren, sehen wir uns anschließend drei Gruppen psychologischer Prozesse an. An vorderster Stelle stehen die kognitiven Prozesse der gemeinsamen Intentionalität, die die gemeinschaftlichen Tätigkeiten der Frühmenschen mittels einer neuen Form eines pluralen Akteurs (»wir«) strukturierten. An zweiter Stelle kommen die sozialinteraktiven Prozesse des zweitpersonalen Handelns, die im Kontext der Partnerwahl und -kontrolle seitens der Frühmenschen entstanden und bei den Beteiligten ein Gefühl für gegenseitigen Respekt und Verdienstlichkeit erzeugten. An dritter Stelle stehen die selbstregulativen Prozesse, die durch gemeinsame Verpflichtungen angestoßen werden und das Ziel haben, die Zusammenarbeit bis zum Abschluß aufrechtzuerhalten, das heißt eine gemeinsame Selbstregulation, die für jeden Partner eine Reihe von Verantwortlichkeiten gegenüber dem anderen hervorbrachte.

Obwohl heute keine Wesen mehr existieren, die mit den frühesten Moralisten, die wir uns hier ausmalen, identisch sind, können wir in methodischer Hinsicht dennoch verschiedene Stränge empirischer Forschungen an kleinen Kindern, die zum größten Teil drei Jahre alt oder jünger sind, als relevant anführen. Zwei- und dreijährige Kinder sind zumindest halbwegs geeignete Analoga, würden wir behaupten, weil sie sich unmittelbar mit anderen an dyadischen Interaktionen und Beziehungen beteiligen – ihr »Interaktionsmotor« für persönliche Begegnungen ist gestartet (Levinson, 2006) –, aber sie haben anscheinend nur wenige soziale Fertigkeiten, falls überhaupt welche, um in Gruppen als solchen zu operieren. Kinder in diesem Alter haben folglich einige für die Spezies einzigartige

Fertigkeiten und Motivationen zum moralischen Handeln und Urteilen mit Bezug auf andere, aber sie nehmen noch nicht aktiv an den sozialen Konventionen, Normen und Institutionen ihrer Kulturgruppe teil.

## Zusammenarbeit und Hilfe

Wir beginnen mit den Ursprüngen der (im Vergleich zu anderen Menschenaffen) expansiveren Hilfe der Frühmenschen und ihrem Sinn für mitfühlende Anteilnahme gegenüber anderen. Das bedeutet, daß es uns in diesem Abschnitt darum geht, wie aus der Prosozialität der Menschenaffen gegenüber Verwandten und Freunden die Moral des Mitgefühls der Frühmenschen wurde. Sie entstand, wie wir argumentieren werden, im Kontext einer allgemeinen »Zähmung« der Spezies und einer neuen gemeinschaftlichen Möglichkeit, elementare Ressourcen zu beschaffen.

### *Selbstdomestizierung*

Der erste Schritt in Richtung menschliche Moral war Addition durch Subtraktion. Was subtrahiert werden mußte, war insbesondere der nahezu totale Verlaß auf Dominanz – entweder durch Individuen oder durch Bündnisse –, um alle jedwede Streitigkeiten zu entscheiden. Die Individuen mußten weniger aggressiv und tyrannisierend werden, wenn sie gemeinschaftlich auf Nahrungssuche gehen und die Beute am Ende friedlich teilen wollten. Der Vorschlag lautet, daß dies schon bald nach der Entstehung der Gattung *Homo* vor etwa zwei Millionen Jahren durch eine Transformation geschah, die man sich als eine Art von Selbstdomestizierung vorstellen kann (Leach, 2003; Hare et al., 2012).

Diese Transformation war höchstwahrscheinlich das Ergebnis dreier miteinander verschränkter Prozesse. Erstens begannen die Frühmenschen, sich durch Paarbindungen fortzupflanzen. Diese (für Menschenaffen) neue Form der Paarung hatte viele kettenreaktionsartige Wirkungen auf menschliche Emotionen und Motive. Chapais (2008) weist darauf hin, daß die Paarbindung, und zwar durch denselben Mechanismus wie das Erkennen von Geschwistern, eine neue Anerkennung von Vaterschaft in beiden Richtungen hervorbrachte: Jeder, der um das Weibchen herumlungert, mit dem ich eine Bindung unterhalte, ist mein enger Verwandter. Obwohl diese neue Form der Bindung viele verzweigte Auswirkungen hatte, ist für den vorliegenden Zweck die Tatsache am wichtigsten, daß die Männchen jetzt alle ihre Nachkommen (sowie Geschwister und Paarungspartner) in der sozialen Gruppe erkannten, und das hat sie wohl dazu geführt, weniger unterschiedslos aggressiv zu sein.

Ein zweiter Teil der Geschichte hatte mit einer neuen Subsistenzstrategie zu tun. Die meisten Theoretiker, die die Bedeutung der gemeinschaftlichen Jagd auf Großwild für die Evolution des Menschen betonen, gehen davon aus, daß es zuvor ein Übergangsstadium gab, in dem die Ausbeutung von Aas dominierte. Die Individuen seien gezwungen gewesen, in einem Bündnis zusammenzuwirken, um die Löwen und Hyänen zu verjagen, die sich an einem Kadaver gütlich taten, bevor sie selbst sich mit dem Aas versorgen konnten (Bickerton und Szathmáry, 2011). Jedes Individuum, das sich dann alles Fleisch selbstsüchtig aneignete, sei dann ins Visier eines neuen Bündnisses geraten, das dieses Individuum stoppen sollte. Boehm (2012) hat hervorgehoben, daß im allgemeinen nahezu alle zeitgenössischen Gruppen von Jägern und Sammlern äußerst egalitär sind und übermäßig dominante Individuen durch Bündnisse anderer rasch auf Normalmaß zurückgestutzt werden. In evolutionärer Hinsicht hätte das bedeutet, daß es eine soziale Selektion gegen Tyrannen, Nahrungsmonopolisierer und andere dominante Individuen gab und somit eine soziale Selektion für Individuen, die in Situationen der gemeinsamen Nahrungsaufnahme anderen gegenüber toleranter waren. Tatsächlich klappt bei heutigen Schimpansen die Zusammenarbeit bei einer experimentell hergestellten Nahrungsbeschaffungsaufgabe am besten, wenn das Paar aus Individuen besteht, die sich in Gegenwart von Nahrung dulden (Melis et al., 2006b).

Obwohl wir nicht genau wissen, wann sich dieses Phänomen entwickelt hat, sind drittens Menschen die einzigen Menschenaffen, die gemeinschaftliche Kinderbetreuung praktizieren (was auch als kooperative Aufzucht bezeichnet wird; Hrdy, 2009). Individuen, die keine Eltern sind und manchmal nicht einmal nahe Verwandte, helfen trotzdem bei der Fütterung und Betreuung des Nachwuchses. Während Väter und Großeltern offensichtliche evolutionäre Grundlagen für ihre Hilfe gehabt hätten, könnten die Nichtverwandten eine Neigung, sich um die Kinder anderer zu kümmern, im Kontext der gemeinschaftlichen Nahrungssuche entwickelt haben. Bei zeitgenössischen Jägern und Sammlern können Frauen beim Sammeln von pflanzlicher Nahrung viel produktiver sein, wenn sie nicht für mehrere Kinder gleichzeitig sorgen müssen. Daher könnten wir spekulieren, daß sich die kooperative Kinderbetreuung parallel zur gemeinschaftlichen Nahrungssuche entwickelte, und zwar als Arbeitsteilung zur Steigerung der Nahrungsproduktion unter der Annahme, daß die Sammlerin ihre Ausbeute mit den Betreuern teilt. Kooperative Aufzucht betreibende nichtmenschliche Primaten, zum Beispiel Marmosetten und Tamarine, scheinen eine Reihe prosozialerer Neigungen im Vergleich zu anderen kleinen Affen zu haben, und einige Theoretiker haben sogar spekuliert, daß die kooperative Aufzucht alleine schon der Hauptinitiator des großen Umfangs prosozialen Verhaltens bei modernen Menschen ist (etwa Hrdy, 2009; Burkart und van Schaik, 2010).

Das Ergebnis dieser drei Vorläuferprozesse war die Evolution von weniger dominanzbasierten sozialen Interaktionen und sanfteren persönlichen Temperamenten, also ein Schritt in Richtung auf Humes erste Einsicht, die einen stärkeren Machtausgleich zwischen den Individuen zum Inhalt hat (siehe Kapitel 2). Dieses in Paarbindungen lebende, Kinder betreuende, relativ tolerante und sanfte Wesen – ein selbstdomestizierter Menschenaffe – war es also, das in die neuen und noch gemeinschaftlicheren Lebensweisen eintrat, die wir als evolutionäre Ursprünge der einzigartig menschlichen Kooperation und Moral postulieren werden.

### *Obligate gemeinschaftliche Nahrungssuche*

Jetzt erfolgte der wirklich entscheidende Schritt. Wie immer in der Evolution war der Auslöser eine ökologische Veränderung. Vor etwa zwei Millionen Jahren, als die Gattung *Homo* in Afrika entstand, erzeugte eine globale Periode der Abkühlung und Austrocknung eine Ausdehnung offener Landschaften und eine Ausbreitung terrestrischer (das heißt bodenlebender) kleiner Affen (zum Beispiel Paviane), die *Homo* im Kampf um viele Ressourcen wahrscheinlich ausstachen. Das bedeutete, daß die bevorzugten Nahrungsmittel der Frühmenschen (Früchte und andere nahrhafte Pflanzen) knapp wurden und man Alternativen brauchte. Die Ausbeutung großer Kadaver, die von anderen Tieren getötet wurden, wäre für Bündnisse von Individuen eine solche Alternative gewesen.

Aber ab einem bestimmten Punkt starteten die Frühmenschen aktivere Versuche, Großwild zu jagen. Eine gute Hypothese wäre, daß diese Tendenz zur Zeit von *Homo heidelbergensis* (der gemeinsame Vorfahr von Neandertalern und modernen Menschen) vor etwa 400 000 Jahren schon völlig gefestigt war, obwohl sie schon früher begonnen hatte. Beispielsweise gibt es viele Belege dafür, daß diese Wesen gemeinschaftlich und systematisch Jagd auf Großwild machten (siehe Stiner, 2013, zu einer Übersicht). Die Kosten-Nutzen-Rechnung bei dieser und anderen Formen der gemeinschaftlichen Nahrungsbeschaffung war wahrscheinlich die einer Jagd auf zwei Arten von Beutetieren (à la Rousseaus Hirschjagd-Parabel): Man kann sich für eine leicht zugängliche, minderwertige Nahrung entscheiden oder, indem man mit einem Partner zusammenarbeitete, für eine riskantere, aber höherwertige Alternative (Skyrms, 2004). Während andere Menschenaffen den größten Teil ihrer Nahrung hauptsächlich durch auf sich gestellte Anstrengungen erlangten (und immer noch erlangen), beschafften sich die Frühmenschen diese hauptsächlich durch gemeinschaftliche Bemühungen. Und bedeutsamerweise hatten sie keine oder nur wenige zufriedenstellende Alternativmöglichkeiten, wenn die Zusammenarbeit fehlschlug. Die Zusammenarbeit war obligat. Das bedeutete, daß die Individuen viel stärker, akuter und umfassender wechselseitig voneinander abhängig waren als andere Menschenaffen: Sie mußten mit anderen täglich zusammenarbeiten oder verhungern.[1]

Damit die gemeinschaftliche Nahrungssuche überhaupt in Gang kommt, muß jeder Partner sich natürlich einen gewissen Vorteil davon versprechen. Die Gruppenjagd von Schimpansen auf kleine Affen funktioniert also deshalb, weil jedes Individuum hofft, daß es selbst den kleinen Affen fangen wird und darauf zählen kann, auch dann einige Stückchen zu bekommen, wenn ihm dies nicht gelingt. Aber in Situationen, in denen die Beute vom Fänger monopolisiert werden kann, bricht alles zusammen. Beispielsweise boten Melis et al. (2006b) in einer experimentellen Untersuchung Paaren von Schimpansen Futter an, das nur dann erreicht werden konnte, wenn beide Partner gleichzeitig an den beiden Enden eines Seils zogen, das mit einer Plattform verbunden war. Wenn es zwei Futterhaufen gab, einer vor jedem Individuum, waren die Paare häufig erfolgreich. Wenn es jedoch nur einen Futterhaufen in der Mitte der Plattform gab, hatte das Einholen der Nahrung typischerweise zur Folge, daß das dominante Individuum alles Futter für sich beanspruchte. Das entmutigte natürlich das untergeordnete Tier im Hinblick auf zukünftige gemeinschaftliche Bemühungen, und daher brach die Zusammenarbeit im Lauf der Versuche zusammen. In deutlichem Gegensatz dazu bereitete es in einer Untersuchung von Warneken et al. (2011), die so vergleichbar wie möglich mit dieser Studie sein sollte, dreijährigen Kindern überhaupt keine Probleme, wenn das Essen auf einem einzigen Haufen lag; sie arbeiteten erfolgreich über viele Versuchsdurchgänge hinweg zusammen, unabhängig davon, wie das Essen angeordnet war. Die Kinder wußten, daß sie am Ende immer eine allseits zufriedenstellende Aufteilung erzielen konnten, was ihnen auch fast immer gelang (siehe Ulber et al., zur Veröffentlichung eingereicht, zu etwas Ähnlichem bei noch jüngeren Kindern). Als die Frühmenschen gezwungen waren, gemeinschaftlich auf Nahrungssuche zu gehen, so ein plausibles Szenario, waren also diejenigen auf Dauer am erfolgreichsten, die auf natürliche Weise die Beute unter sich in einer wechselseitig zufriedenstellenden Weise aufteilten.

Natürlich konnte die Zusammenarbeit sich auch als schlecht erweisen, wenn die Individuen entweder unfähige oder habgierige Partner auswählten. Die Interdependenz der Frühmenschen bei der Nahrungssuche wurde daher durch ein robustes System der Partnerwahl ergänzt. Wie in Kapitel 2 schon angemerkt wurde, gibt es bei der Gruppenjagd von Schimpansen und Bonobos keine belastbaren Belege für die Partnerwahl. Aber die Frühmenschen standen unter einem viel stärkeren Druck, sorgfältig nach guten Partnern zu suchen und schlechte zu meiden– dies erneut wegen des Mangels an Alternativen–, weshalb die soziale Selektion guter Kollaborateure entstand. Nur Individuen, die gut mit anderen zusammenarbeiten konnten, aßen auch gut und gaben ihre Gene erfolgreich weiter. Und wie wir später noch sehen werden, entwickelten die Frühmenschen auch sehr schlagkräftige Mittel zur Partnerkontrolle, durch die sie versuchten, schlechte Partner in gute zu verwandeln.

Diese scheinbar kleinen Veränderungen von der Gruppenjagd der Menschenaffen zur gemeinschaftlichen Nahrungssuche der Frühmenschen – als die Zusammenarbeit immer obligater wurde und die Partnerwahl und -kontrolle eine immer größere Bedeutung annahmen – krempelten die sozial-ökologischen Anforderungen an die Individuen völlig um. Verschiedene neue Anpassungen an diese Anforderungen werden in den weiteren Abschnitten dieses Kapitels erforscht, der restliche Teil dieses Abschnitt konzentriert sich nun aber auf die grundlegendste: eine quantitative Zunahme und vielleicht auch eine qualitative Änderung der mitfühlenden Anteilnahme, die die Individuen füreinander zeigten.

### *Interesse am Wohlergehen des Partners*

Viele Leute haben spekuliert, daß das Mitgefühl für andere seinen Ursprung in der Sorge um die eigenen Nachkommen hatte. Wie bereits dokumentiert wurde, können Schimpansen und andere Menschenaffen darüber hinaus Mitgefühl für Freunde haben, von denen sie für bündnisbezogene und andere Formen der Unterstützung abhängig sind, und ihnen deshalb helfen. Unser Vorschlag lautet hier schlicht, daß eine tiefergehende und breitere Anwendung mitfühlender Anteilnahme und Hilfe entstand, als die Menschen von einer größeren Vielfalt von Individuen im Kontext obligater gemeinschaftlicher Nahrungssuche stärker wechselseitig abhängig wurden.

Der Hauptpunkt ist folgender: Im Kontext obligater gemeinschaftlicher Nahrungssuche wirft die Hilfe gegenüber dem eigenen Partner unmittelbare Dividenden ab. Wenn mein Partner seinen Speer fallengelassen oder zerbrochen hat, liegt es in meinem Interesse, ihm dabei zu helfen, ihn wiederzufinden oder zu reparieren, da dies unsere Chancen auf gemeinsamen Erfolg verbessern wird. In diesem Kontext hat der Partner, dem geholfen wird, keinen Anreiz, jetzt plötzlich abtrünnig zu werden und wegzulaufen, da die mutualistische Situation, die für ihn von Nutzen sein wird, immer noch wirksam ist. Daher nimmt er die Hilfe an und setzt die mutualistische Zusammenarbeit fort. Es überrascht daher nicht, daß Wildbeuter der Aché-Indianer in Südamerika auf der Jagd für ihre Partner solche Dinge tun wie: ihnen Waffen geben, Pfade für sie freischlagen, Informationen mit ihnen teilen, ihre Kinder für sie tragen, ihre Waffen für sie reparieren und sie in den besten Techniken unterweisen (Hill, 2002). Es gibt keine Berichte über Schimpansen, die einander bei ihrer Gruppenjagd auf kleine Affen helfen, vermutlich weil sie hauptsächlich miteinander konkurrieren, um den Affen zu fangen, obwohl in Experimenten, in denen die Konkurrenz um Nahrung eliminiert wird, auch sie ihrem Partner helfen (Melis und Tomasello, 2013). Rationale Akteure empfinden einen zweckbezogenen Druck, in Richtung auf ihre Ziele (Wünsche) vor dem Hintergrund ihrer Wahrnehmungen (Überzeugungen) zu handeln. Daher empfindet jeder Partner bei einer Zusammenarbeit einen zweckrationalen Druck, seinem Partner bei Bedarf zu helfen, um ihr gemeinsames Unternehmen zu fördern.

Im Unterschied zu den einfachen Fällen, die sich die meisten Modellierer der menschlichen Evolution vorgestellt haben, stellen wir uns hier Situationen vor, in denen menschliches Verhalten hierarchisch organisiert ist, so daß manche Handlungen vollzogen werden, um Ziele auf mehreren Ebenen zu erreichen. Meinem Partner zu helfen mag auf dem Weg zu meinem Unterziel, das Beutetier aus seinem Versteck herauszutreiben, ein Hindernis sein – um ihm zu helfen, muss ich innehalten, was die Sache zumindest verzögert –, aber im größeren Kontext der mutualistischen Tätigkeit, die mein übergreifendes Ziel darstellt, ist diese Unterbrechung unmittelbar vorteilhaft. Und daher dehnte sich bei den Frühmenschen die mitfühlende Anteilnahme und Hilfe über Verwandte und Freunde hinaus auf gemeinschaftliche Partner im allgemeinen aus, unabhängig von jeglicher persönlicher Verbundenheit oder persönlicher Kooperationsgeschichte. Und von Individuen, die einen gewissen Sinn für die Zukunft hatten, verlangte die Logik der Interdependenz, daß sie auch potentiellen Partnern außerhalb der eigentlichen gemeinschaftlichen Tätigkeit halfen, weil sie sie vielleicht in der Zukunft brauchen könnten. Wenn der Partner, mit dem ich täglich Erfolg habe, heute abend Hunger hat, sollte ich ihm etwas zu essen geben, um ihn in guter Form für den morgigen Ausflug zu erhalten. Es ist bemerkenswert, um es noch einmal zu sagen, daß diese Darstellung nicht von Reziprozität im klassischen Sinne abhängt, weil das Individuum für seinen altruistischen Akt nicht durch kostspielig vergoltene altruistische Akte seitens des Nutznießers eine »Rückerstattung« erhält, sondern vielmehr durch seine mutualistische Zusammenarbeit mit ihm, die ihn nichts kostet (sondern ihm nützt) und die er ohnehin leisten würde.

Obwohl Interdependenz ein Teil der evolutionären Logik des menschlichen Altruismus ist, braucht sie keine Rolle in den persönlichen Entscheidungsprozessen des Individuums zu spielen; die proximale Motivation mag einfach darin bestehen, jeder Person mit bestimmten Eigenschaften oder in einem bestimmten Kontext zu helfen. Tatsächlich lassen sich in experimentellen Untersuchungen aus jüngerer Zeit Belege finden, die für diese Möglichkeit sprechen, also dafür, daß Kleinkinder intrinsisch motiviert sind (vielleicht durch mitfühlende Anteilnahme), anderen zu helfen:

– Von einem sehr frühen Alter an sind Menschen hoch motiviert, anderen zu helfen. Schon vierzehn Monate alte Babys helfen

fremden Erwachsenen bei verschiedenen Problemen, wie beispielsweise Gegenstände zu holen, die sich außerhalb der Reichweite des Erwachsenen befinden, Türen zu öffnen und Bücher zu stapeln (Warneken und Tomasello, 2006, 2007). Zweijährige helfen anderen auf diese Weisen selbst dann, wenn die Kosten für sie selbst hoch sind (Svetlova et al., 2010).
- Von einem sehr frühen Alter an sind Menschen intrinsisch motiviert, anderen zu helfen, ohne daß sie externe Anreize brauchen. Zweijährige helfen nicht stärker, wenn ihre Mütter zuschauen oder sie zur Hilfe ermuntern (Warneken und Tomasello, 2013); sie helfen jemandem, der nicht einmal weiß, daß ihm geholfen wird (Warneken, 2013); und wenn sie Belohnungen für ihre Hilfe von außen bekommen und diese Belohnungen dann eingestellt werden, nimmt ihre Hilfe im Vergleich zu Kindern, die nie eine Belohnung erhielten, sogar ab (Warneken und Tomasello, 2008).
- Von einem sehr frühen Alter an ist menschliche Hilfe durch eine mitfühlende Anteilnahme für die Notlage anderer vermittelt. Kleinkinder geben sich einige Mühe, um eine andere Person zu trösten, die Anzeichen emotionalen Kummers zeigt (Nichols et al., 2009), und tatsächlich helfen sie um so wahrscheinlicher, je mehr sie über die Situation des anderen bekümmert sind (Vaish et al., 2009).

Insgesamt scheint es, daß anderen zu helfen für junge Menschen etwas Natürliches ist und durch Empfindungen von Mitgefühl intrinsisch motiviert ist.

Obwohl die proximale Motivation für Hilfe beim Menschen nicht zu beinhalten scheint, die eigene Abhängigkeit vom Empfänger der Hilfe ins Kalkül zu ziehen, gibt es zwei wichtige Sorten von Belegen, die darauf hindeuten, daß Interdependenz trotzdem ein zentraler Teil ihrer evolutionären Grundlage ist. Erstens stellten Hepach et al. (2012) unter Verwendung eines direkten physiologischen Maßes für emotionale Erregung, nämlich Pupillenerweiterung, fest, daß Kleinkinder gleichermaßen zufrieden sind, wenn sie jemandem in einer Notlage helfen, wie wenn sie sehen, daß dieser Person von einem Dritten geholfen wird – und in beiden Fällen sind sie zufriedener, als wenn der Person gar nicht geholfen wird. Das deutet darauf hin, daß ihre Motivation nicht darin besteht, selbst Hilfe anzubieten, sondern nur darin zu sehen, daß der anderen Person überhaupt geholfen wird. In einem wichtigen Sinne bedeutet das, daß ein Interesse an Reziprozität (entweder direkt oder indirekt) nicht die evolutionäre Grundlage für die Hilfe von Kleinkindern sein kann, weil man den Akt selbst vollziehen müßte, um von der Reziprozität zu profitieren, so daß man als Helfer identifiziert werden und später eine Rückerstattung dafür bekommen kann. Aber wenn die proximale Motivation einfach darin besteht, daß der anderen Person geholfen wird, würde das sehr schön zu einer evolutionären Erklärung in Begriffen der Interdependenz passen, der zufolge es mir nicht darum geht, wie der anderen Person geholfen wird, solange ihr geholfen wird; mir liegt eben nur an ihrem Wohlergehen.

Zweitens ist es eine interessante und wichtige Tatsache, daß Menschen besonders motiviert sind, jenen zu helfen, die sich physisch in einer ernsten Notlage befinden, zum Beispiel dem sprichwörtlichen Fremden, der verletzt auf der Straße liegt. Wir sind so akut um sein körperliches Wohlergehen besorgt, daß wir selbst dann, wenn er uns sagt, daß wir zuerst sein Fahrrad von der Straße holen sollen, wir seinen Wunsch ignorieren und zuerst versuchen, die Blutung zu stillen. Uns geht es nicht so sehr darum, seine Wünsche zu erfüllen, als darum, ihm in körperlicher Hinsicht zu helfen (siehe Nagel, 1986). Mehrere Untersuchungen an Kleinkindern stellen eine solche paternalistische Hilfe, wie sie genannt wird, schon von einem recht jungen Alter an fest (zum Beispiel Martin und Olson, 2013). Der entscheidende Punkt ist, daß wir anderen nicht helfen, damit sie bekommen, was sie wollen, sofern das im Konflikt steht mit dem, was sie vom Standpunkt ihres körperlichen Wohlbefindens brauchen. Diese Sichtweise wird auch gestützt durch den Befund von Hepach et al. (2013), daß Kleinkinder einer anderen Person nicht helfen, wenn ihr zum Ausdruck gebrachtes Bedürfnis durch die Umstände nicht gerechtfertigt zu sein scheint (sie beispielsweise wegen einer Bagatelle heult), sondern nur dann, wenn es plausibel erscheint (siehe Smith, 1759/1982). Dieser Befund deutet ebenfalls darauf hin, daß es nicht die persönlichen Wünsche anderer sind, denen Kinder und Erwachsene zu entsprechen versuchen – obwohl sie dies in manchen Fällen tun mögen; vielmehr orientieren sie sich hauptsächlich am Wohlergehen des Hilfeempfängers. Paternalistische Hilfe, die selektiv nur denjenigen erteilt wird, die sie wirklich brauchen, ist natürlich konsistent mit einer evolutionären Logik des Versuchs, potentielle Kollaborationspartner in Form zu halten.

Für unsere allgemeine Erklärung sind auch zwei weitere Befunde signifikant. Erstens, wenn man Kleinkindern Gelegenheit gibt, einem anderen Kind zu helfen, tun sie das im Kontext einer gemeinschaftlichen Tätigkeit bereitwilliger als in einem neutralen Kontext (wohingegen Schimpansen diesen Effekt nicht zeigen; Hamann et al., 2012; Greenberg et al., 2010). Daraus ergibt sich eine recht spezifische Unterstützung für ein evolutionäres Szenario, in dem der ursprüngliche Kontext für die Ausdehnung des menschlichen Altruismus auf Nichtfreunde in der mutualistischen Zusammenarbeit besteht.

Der zweite Befund ist, daß menschliche Babys, nicht aber Menschenaffen einem anderen eher helfen, wenn dieser andere zuvor von einem Dritten »geschädigt« wurde, als wenn das nicht der Fall ist (Vaish et al., 2009; Liebal et al., 2014). Das deutet auf die Möglichkeit einer qualitativ anderen Form von Mitgefühl hin, eine, die nicht darauf beschränkt ist, einem Akteur nur bei seinem instrumentellen Problem zu helfen, sondern in einer wirklichen Einfühlung in ihn in dem Sinne besteht, daß man seine Perspektive einnimmt und sich »an seine Stelle versetzt«. Roughley (2015) bezeichnet dies als »Smithsche Empathie« und führt als Beispiele (im Anschluß an Smith, 1759) die Art und Weise an, in der wir uns angesichts eines toten oder geistig behinderten Menschen unwohl fühlen – obwohl sie selbst sich nicht unwohl fühlen –, was vermutlich darauf beruht, wie ich mich fühlen würde, wenn ich (in meinem gegenwärtigen Bewußtseinszustand) in seiner Situation wäre. Die oben zitierte Studie zur paternalistischen Hilfe kann natürlich ebenfalls in diesem Sinne interpretiert werden: Ich hole ihm nicht das, was er will, sondern das, was ich wollen würde, wenn ich vor dem Hintergrund meines gegenwärtigen Wissens an seiner Stelle wäre. Diese Perspektivenübernahme und Selbstprojektion kommen bei Menschenaffen vermutlich nicht vor, und sie beruhen, wie wir weiter unten argumentieren werden, auf dem einzigartig menschlichen Sinn für die Äquivalenz zwischen Selbst und anderen.

Die erste Komponente unseres ersten Schritts auf dem Weg zur Moral moderner Menschen ist also eine erweiterte mitfühlende Anteilnahme, die sich auch auf Nichtverwandte und Nichtfreunde erstreckt, was dazu führt, daß man ihnen hilft, und möglicherweise auch zu einer qualitativ neuen Smithschen Empathie, bei der das Individuum sich mit einem anderen in dessen Situation identifiziert, und zwar aufgrund eines Sinns für die Äquivalenz zwischen Selbst und anderen. Aufgrund der Interdependenz tragen dieses Mitgefühl und diese Empathie für andere vermutlich zur reproduktiven Fitness auf der evolutionären Ebene bei, aber, um es zu wiederholen, Interdependenz und reproduktive Fitness spielen im entwickelten proximalen Mechanismus keine Rolle. Er beruht einzig und allein auf einem unvermischten Mitgefühl für andere, was dann beim tatsächlichen Treffen von Verhaltensentscheidungen mit einer Vielzahl anderer, unter anderem auch selbstsüchtiger Motive, konkurrieren kann.

Wie rein und mächtig sie auch sein mag, so reicht doch die Sorge um das Wohlergehen anderer allein nicht aus, um den anderen Hauptpfeiler der menschlichen Moral zu erklären: die Moral der Fairneß, die auf einem Gefühl von Pflicht beruht. Bei der Moral der Fairneß geht es nicht darum, anderen zu helfen, sondern vielmehr darum, ihre (und die eigenen) vielen und unterschiedlichen, manchmal auch konfligierenden Anliegen, wie sie in komplexen Situationen zusammenwirken, auszubalancieren. Um diese neue moralische Einstellung zu erklären, werden wir drei zusätzliche Gruppen psychologischer Prozesse bestimmen müssen, die ebenfalls im Kontext der obligaten gemeinschaftlichen Nahrungssuche der Frühmenschen entstanden:

– kognitive Prozesse gemeinsamer Intentionalität;
– sozial-interaktive Prozesse zweitpersonalen Handelns; und
– selbstregulierende Prozesse gemeinsamer Verpflichtungen.

Das tun wir jeweils in den drei folgenden Abschnitten.

## Gemeinsame Intentionalität

In seinem Buch von 1871, *Die Abstammung des Menschen*, schreibt Darwin: »[J]edes Thier, welches es auch sein mag, wenn es nur mit scharf ausgesprochenen socialen Instincten (die elterliche und kindliche Zuneigung hier mit eingeschlossen) versehen ist, [würde] unvermeidlich ein moralisches Gefühl oder Gewissen erlangen [...], wenn sich seine intellectuellen Kräfte so weit oder nahezu so weit wie beim Menschen entwickelt hätten.« (S. 176/S. 68f.) Aus Mangel an detaillierter vergleichender Forschung zu den kognitiven Fähigkeiten von Menschen und anderen Tieren konnte Darwin nicht genau wissen, welche einzigartigen menschlichen »intellectuellen Kräfte« die entscheidenden waren. Aber unserem Vorschlag zufolge – der durch die systematische vergleichende Forschung gestützt wird, über die wir hier berichten – wissen wir jetzt Bescheid, zumindest in groben Zügen. Die einzigartigen menschlichen kognitiven Fähigkeiten, die für die Evolution der menschlichen Moral verantwortlich sind, und zwar vor allem im Hinblick auf einen Sinn für Fairneß und Gerechtigkeit, fallen alle unter die allgemeine Rubrik der *geteilten Intentionalität* oder genauer und dem ersten Schritt in unserer Geschichte angemessen: der *gemeinsamen Intentionalität*, wie sie von einer zusammenwirkenden Dyade verwirklicht wird. Auch wenn sie selbst nicht moralisch (oder fair oder gerecht) sind, lieferten diese Fähigkeiten dennoch die notwendige Grundlage für einen ersten entscheidenden Schritt in diese Richtung.

Eine gemeinschaftliche Tätigkeit, die durch gemeinsame Intentionalität strukturiert ist, besitzt eine Zwei-Ebenen-Struktur von Gemeinsamkeit und Individualität: Jedes Individuum ist sowohl das »wir«, das mit seinem Partner ein gemeinsames Ziel (bei gemeinsamer Aufmerksamkeit) verfolgt, als auch zugleich ein Einzelwesen, das seine eigene Rolle und Perspektive hat (Tomasello, 2014). Die Beteiligung an solchen gemeinsamen intentionalen Tätigkeiten schweißt die Partner psychologisch auf einzigartige Weise zusammen: Sie bilden nun das, was wir einen gemeinsam Handelnden nennen können. Wenn beispielsweise zwei Menschen angesichts eines Regenschauers jeweils zum selben Unterstand laufen, ist das Aufsuchen des Unterstands nicht ihr gemeinsames Ziel, sondern nur dasselbe individuelle Ziel, das sie beide verfolgen (Searle, 1995). Schimpansen, die kleine Affen jagen, verhalten sich so; sie haben kein gemeinsames Ziel, den Affen zu fangen; vielmehr hat jeder das persönliche Ziel, den Affen für sich selbst zu fangen (was dadurch belegt wird, daß sie hinterher versuchen, den Kadaver an sich zu reißen). Im Gegensatz dazu entsteht ein gemeinsam Handelnder, wenn zwei Individuen jeweils beabsichtigen, daß »wir« gemeinsam auf einen einzigen Zweck hin handeln, und sie beide voneinander wissen (sie wissen beide, daß sie beide wissen), daß sie dies beide beabsichtigen (siehe Bratman, 1992, 2014).

Die Bildung eines gemeinsamen Ziels beruht auf einem wechselseitigen Gefühl von Vertrauen – allermindestens auf einem wechselseitigen Gefühl »strategischen Vertrauens«: daß wir beide wissen und gemeinsam wissen, daß wir wissen, welche Handlungen für jeden von uns individuell rational sind, damit wir gemeinsam Erfolg haben. (Weiter unten führen wir den gehaltvolleren Begriff des »normativen Vertrauens« ein, das die Partner zu einem noch stärkeren »wir« auf der Grundlage ihrer expliziten gemeinsamen Verpflichtung zusammenschließt). Kleinkinder sind schon bald nach ihrem ersten Geburtstag in der Lage, mit anderen gemeinsame Ziele auszubilden. Wenn beispielsweise 14 bis 18 Monate alte Kinder mit einem erwachsenen Partner zusammenarbeiten, der dann plötzlich, ohne ersichtlichen Grund mit der Interaktion aufhört, machen sie aktive Versuche, ihn zur Wiederaufnahme seiner Tätigkeit zu bringen, indem sie ihn zum Beispiel herbeiwinken und mit dem Finger zeigen – während Schimpansen in derselben experimentellen Situation nie auch nur den geringsten Versuch unternehmen, ihren Partner zur Wiederaufnahme seiner Tätigkeit zu bewegen (Warneken et al., 2006). Und die Kinder versuchen in diesem Experiment nicht nur, den Erwachsenen als ein »soziales Werkzeug« zu irgendeinem persönlichen Zweck zu aktivieren: Wenn es doch einen äußeren Grund für die Unterbrechung gibt (falls der Erwachsene etwa von einem anderen Erwachsenen gerufen wird), warten die Kinder geduldig auf seine Rückkehr, *auch wenn sie die Aufgabe leicht selbst bewältigen könnten* (wohingegen sie mit dem Versuch fortfahren, ihn wieder für die Aufgabe zu gewinnen, wenn er aus keinem erkennbaren Grund zu kooperieren aufhört; Warneken et al., 2011). Die Versuche, ihn wieder für die Aufgabe zu gewinnen, nehmen somit Rücksicht auf den intentionalen Zustand des Erwachsenen – wenn er weggerufen wird, behält er wahrscheinlich das gemeinsame Ziel bei, aber wenn er grundlos aufgibt, hat er es wahrscheinlich aus den Augen verloren –, und die Kinder versuchen, nicht einfach nur eine Tätigkeit wieder aufleben zu lassen, die Spaß macht, sondern vielmehr ihr verlorengegangenes »wir« wiederherzustellen.

Wenn zwei Individuen gemeinsam handeln, richten sie, epistemisch betrachtet, ihre Aufmerksamkeit natürlicherweise gemeinsam auf Situationen, die für ihr gemeinsames Ziel relevant sind. Gemeinsame intentionale Tätigkeiten haben daher als entscheidenden Bestandteil die gemeinsame Aufmerksamkeit zwischen den Beteiligten. Analog zum obigen Beispiel mit dem Regenunterstand reicht es für gemeinsame Aufmerksamkeit nicht aus, daß zwei Individuen ihre Aufmerksamkeit gleichzeitig auf dieselbe Situation richten; sie müssen sie gemeinsam auf diese Situation richten in dem Sinne, daß sie beide wissen, daß sie sie gemeinsam darauf richten. Nach dieser Definition beteiligen sich Menschenaffen nicht an gemeinsamer Aufmerksamkeit (siehe Tomasello und Carpenter, 2005, zu empirischen Belegen), wohingegen menschliche Babys mit anderen an Episoden gemeinsamer Aufmerksamkeit schon im Alter zwischen neun und zwölf Monaten teilnehmen – und diese Interaktionen die Grundlage für alles mögliche bilden, angefangen bei gemeinschaftlichen Tätigkeiten bis hin zur intentionalen Kommunikation und zum Spracherwerb (Tomasello, 1995). Wenn zwei Individuen gemeinsam bestimmte Dinge durch gemeinsame Aufmerksamkeit erfahren haben, wird diese geteilte Erfahrung zu einem Bestandteil ihres persönlichen gemeinsamen Hintergrunds, so daß wir beide zum Beispiel gemeinsam wissen, was getan werden muß, um Honig zu sammeln. Der persönliche gemeinsame Hintergrund ist ein Teil dessen, was eine soziale Beziehung definiert, und die Individuen greifen ausgiebig auf ihren persönlichen gemeinsamen Hintergrund mit anderen zurück, um viele wichtige soziale Entscheidungen zu treffen (Moll et al., 2008; Tomasello, 2008).

Individuen, die sich als Teil eines »wir« an einer gemeinsamen intentionalen Tätigkeit beteiligen, verlieren dadurch keineswegs ihre Individualität. Auf der Verhaltensebene hat jedes seine eigene individuelle Rolle zu spielen, und im Normalfall kennt jedes beide Rollen. So spielten in einer jüngeren Untersuchung dreijährige Kinder zuerst eine Rolle bei einer gemeinschaftlichen Tätigkeit und wurden dann in die andere Rolle hineingedrängt. Ihre Leistung zeigte, daß sie schon eine Menge über diese andere Rolle gelernt hatten, da sie darin viel geschickter waren als ahnungslose Kinder. Schimpansen hingegen konnten diesen »Mehrwert«, der sich bei den Kindern aus dem Spielen der komplementären Rolle ergab, nicht einstreichen, was darauf hindeutet, daß sie mit ihrem Partner stärker individualistisch interagierten (Fletcher et al., 2012). Bezeichnenderweise verstehen sogar sehr junge Kinder, daß sie die Rollen mit ihrem Partner tauschen können und immer noch einen gemeinsamen Erfolg erreichen, wenn sie den Partner in seiner Rolle simulieren (Carpenter et al., 2005); und abermals gilt das nicht für Schimpansen (Tomasello und Carpenter, 2005). Ein Verständnis der Rollenaustauschbarkeit deutet darauf hin, daß die beteiligten Individuen die gemeinschaftliche Tätigkeit als ganze aus einer »Vogelperspektive« konzeptualisieren, wobei sowohl die Perspektive und die Rolle des Selbst als auch die des Partners dasselbe Repräsentationsformat haben.

Auf der epistemischen Ebene hat jeder Partner in einem Akt gemeinsamer Aufmerksamkeit außerdem seine eigene individuelle Perspektive und weiß auch etwas über die Perspektive seines Partners. Tatsächlich könnte man geltend machen, daß sich einer Sache mit gemeinsamer Aufmerksamkeit zuwenden das ist, was überhaupt erst die ganze Vorstellung einer Perspektive erzeugt: Wir müssen uns gemeinsam auf etwas konzentrieren, damit die ganze Idee von unterschiedlichen Perspektiven auf eine Sache überhaupt aufkommen kann (Moll und Tomasello, 2007a). Solide Belege für diese Interpretation leiten sich von der Tatsache ab, daß Babys nicht registrieren, was andere erleben, wenn sie ihnen einfach aus der Ferne zusehen; sie berücksichtigen die Perspektive des anderen nur dann, wenn sie mit ihm gemeinsam interagieren (Moll und Tomasello, 2007b). Eine solche Perspektivenübernahme ist vermutlich das, was den jeweiligen Partner bei einer gemeinsamen Tätigkeit dazu befähigt, die Rolle des anderen zu überwachen (und vice versa).

Um die unterschiedlichen Perspektiven, und damit auch die Rollen, bei einer gemeinsamen intentionalen Tätigkeit geschickt zu koordinieren, bedarf es einer gewissen Art von Kommunikation. Tomasello (2008) behauptet und liefert Belege dafür, daß gemeinsame intentionale Tätigkeiten tatsächlich die Wiege der einzigartigen Formen kooperativer Kommunikation unter Menschen waren, angefangen bei den natürlichen Gesten des Zeigens, der Gestik und des Mienenspiels. Die kooperative Kommunikation unterscheidet sich von der Kommunikation zwischen Menschenaffen generell durch die Tatsache, daß der Kommunizierende den Empfänger über etwas informiert, das für ihn nützlich oder hilfreich sein wird, und der Empfänger vertraut dieser Information, weil die Kommunikation im Kontext einer mutualistischen gemeinschaftlichen Tätigkeit stattfindet. Wichtig im gegenwärtigen Kontext ist: Wenn etwas explizit kommuniziert wird, ist es für die gemeinsame Aufmerksamkeit und den gemeinsamen Hintergrund der Interagierenden »offengelegt«. Das bedeutet, daß es keine Frage mit Bezug darauf geben kann, diese Information nicht zu kennen, und wenn es zwischenmenschliche Konsequenzen hat, kann man folglich keine Unwissenheit vorschützen. Wenn ich Sie beispielsweise ausdrücklich um Ihre Hilfe bitte, indem ich Kommunikationsmittel verwende, von denen wir beide in unserem gemeinsamen Hintergrund wissen, daß Sie diese verstehen, dann können Sie nicht so tun, als ob Sie nicht wüßten, daß ich Hilfe brauche. Diese »Offenheit« wird später eine entscheidende Rolle in unserer Darstellung bei der Erzeugung derjenigen gemeinsamen Verpflichtungen spielen, die zwischenmenschliche Gefühle des »Sollens« beim gemeinschaftlichen Akt (normatives Vertrauen und zweitpersonale Verantwortlichkeit) hervorbringen. Im allgemeinen ist das Verstehen einer Situation anhand des gemeinsamen Hintergrunds ein integraler Bestandteil beliebiger normativer Dimensionen, die diese Situation aufweisen mag, und offene Kommunikation ist das robusteste Mittel, um ein solches auf den gemeinsamen Hintergrund bezogenes Verständnis zu erzeugen.

Ein entscheidendes Ergebnis all dieser Dinge war, daß die aus zwei Ebenen bestehende kognitive Struktur der gemeinsamen Intentionalität für die Frühmenschen einen neuen Typ sozialer Beziehung über Freundschaft hinaus generierte: die Beziehung, die »ich« als gemeinschaftlicher Partner mit »dir«, meinem gemeinschaftlichen alter Ego, unterhalte, und zwar im Kontext unseres »wir«, diesem gemeinsamen Akteur, der vor unserem persönlichen gemeinsamen Hintergrund auf ein gemeinsames Ziel hinarbeitet (wobei »ich« und »du« natürlich perspektivisch definiert sind). Und so wurde ein neues Ensemble von Figuren geboren, um die sich die Individuen kümmern müssen, wenn sie die Hoffnung hegen, in Akten gemeinsamer Intentionalität erfolgreich zu sein: »ich«, »du« und »wir«, die maßgebliche Ménage-à-trois, aus der die menschliche Moral der Fairneß entsprang.

### *Gemeinschaftliche Rollenideale*

Als frühmenschliche Partner wiederholt miteinander zusammenarbeiteten, entstand zwischen ihnen ein auf einen gemeinsamen Hintergrund bezogenes Verständnis der idealen Art und Weise, wie jede Rolle bei einer bestimmten praktischen Tätigkeit der Nahrungssuche gespielt werden sollte. Wenn beispielsweise eine Zweiergruppe wiederholt bei der Antilopenjagd interagierte, entwickelten sie ein auf den gemeinsamen Hintergrund bezogenes Verständnis dessen, was die ideale Ausübung etwa der Rolle des Jagenden ausmacht. Da diese Ideale nur innerhalb des gemeinsamen Hintergrunds einer bestimmten Dyade im Hinblick auf eine bestimmte gemeinschaftliche Tätigkeit existierten, können wir sie rollenspezifische Ideale nennen: unser Unterziel für jede beliebige Person, die diese Rolle spielt. Und natürlich konnten sich durch eine gewisse Art von Abstraktion auch allgemeinere Ideale entwickeln, die für alle Rollen gleichermaßen gelten, wie sich anzustrengen, die Beute zu teilen und die Zusammenarbeit nicht wegen belangloser Ablenkungen aufzugeben. Als Teil dieses gemeinsamen Hintergrunds wußten die Partner freilich, daß es einen gemeinsamen Mißerfolg geben würde, wenn der eine oder andere von ihnen seine Rolle nicht auf ideale Weise ausübte. Somit lastete auf jedem Partner sowohl ein positiver instrumenteller Druck mit Blick auf den Erfolg als auch ein negativer instrumenteller Druck angesichts des möglichen Mißerfolgs, wobei diese unterschiedlichen Ergebnisse beide Partner mehr oder weniger gleich stark beeinflußten. Und das bedeutete, daß es auch Effekte auf ihr im Plural agierendes »wir« gab, nämlich im Sinne ihrer fortgesetzten Partnerschaft im allgemeinen.

Wir können uns dieses auf den gemeinsamen Hintergrund bezogene Verständnis der idealen Rollenausübung – tugendhaften Ausübung, wenn man so will – so vorstellen, daß es die strategischen Wurzeln sozial geteilter normativer Standards konstituierte. Natürlich sind diese primitiven Rollenideale noch nicht die Art von normativen Standards, denen Moralphilosophen eine solche vorrangige Bedeutung zuschreiben; sie sind immer noch grundlegend instrumentell und lokal. Aber sie sind auch keine einfache Erweiterung individueller Instrumentalität. Vielmehr sind sie eine Art von Sozialisierung individueller Zweckorientierung, was sich an drei kritischen Merkmalen erkennen läßt, die weit über alles in der individuellen Intentionalität anderer Menschenaffen hinausgehen. Erstens ist das Rollenideal nicht einfach das Ziel eines individuellen Akteurs; vielmehr ist es das Unterziel des gemeinsamen Akteurs namens »wir«, da es nur im Kontext eines gemeinsamen Ziels mit koordinierten Rollen Sinn ergibt (eine Antilope zu hetzen hat zum Beispiel nur dann Sinn, wenn jemand weiter vorne wartet, um einen Speer auf sie zu schleudern). Zweitens liegt es im gemeinsamen Hintergrundwissen der Partner, daß Erfolg oder Mißerfolg beim Erfüllen eines Rollenideals nicht nur das Individuum beeinflußt, das die Rolle spielt, sondern auch den geschätzten Partner (»dich«) sowie die langfristigere Partnerschaft (»wir«), die zum instrumentellen Druck auf jeden Partner eine soziale Dimension hinzufügt. Und drittens gibt das Rollenideal an, was ein Akteur in seiner Rolle tun sollte, um zum Erfolg des gemeinsamen Akteurs beizutragen. Zugleich ist es aber auch partnerunabhängig: Es gilt für alle und jeden gleichermaßen, unabhängig von irgendwelchen persönlichen Eigenheiten und/oder sozialen Beziehungen. Ganz allgemein können wir daher sagen, daß die individuelle instrumentelle Rationalität der Menschenaffen zur gemeinsamen Zweckrationalität eines Paars von Frühmenschen sozialisiert wurde, das als gemeinsamer Akteur handelt.

Insgesamt ist es schwierig, sich einen anderen Ursprung der sozial geteilten normativen Standards vorzustellen als diese auf einen gemeinsamen Hintergrund bezogenen Rollenideale bei gemeinschaftlichen Tätigkeiten. Die Hauptalternative ist, daß das Individuum sich irgendwie durch eine Vielheit anderer (oder durch einen besonders mächtigen anderen) unter Druck gesetzt fühlt, auf eine bestimmte Weise zu handeln (siehe etwa von Rohr et al., 2011). Aber dann ist der Standard »ihr« Standard, und die Tatsache, daß ich ihn einhalte, ist eine reine Angelegenheit individueller Instrumentalität oder Strategie mit Bezug auf einen äußeren Zwang. Im Gegensatz dazu gehen die auf einen gemeinsamen Hintergrund bezogenen Rollenideale gemeinsamer intentionaler Tätigkeiten über diese Individualität hinaus, weil sie sozial geteilte Standards sind, die derjenige, der die Rolle ausübt, selbst gutheißt (siehe weiter unten die Bemerkungen zur gemeinsamen Verpflichtung). Werden sie aufrechterhalten, so wird es für das Individuum selbst, aber auch für seinen geschätzten Partner und die Partnerschaft leichter, zum Erfolg zu kommen.

Wie die Partner bei einer gemeinsamen intentionalen Tätigkeit verstehen, was sie tun, ist entscheidend. Bei einer gemeinsamen intentionalen Tätigkeit, so haben wir behauptet, versteht das Individuum, was es tut, aus einer Art »Vogelperspektive«. Es blickt nicht aus seiner Rolle und Perspektive heraus auf das Äußere des Partners und sein Handeln. Vielmehr stellt sich das Individuum während der Zusammenarbeit einerseits vor, daß es in der Rolle des Partners wäre und dessen Perspektive einnähme, und andererseits stellt es sich vor, wie der Partner sich seine Rolle und Perspektive vorstellt. Es kann sich beide Personen in beiden Rollen vorstellen (was auch als Rollentausch bezeichnet wird), weil, wie wir gerade dargelegt haben, es versteht, daß die instrumentellen Anforderungen der Rollen partnerunabhängig sind; was die Erledigung der Aufgabe angeht, so sind alle Personen gleichwertig. (Das heißt nicht, daß es keine individuellen Unterschiede mit Bezug darauf gibt, wie gut eine Rolle ausgeführt wird, sondern nur, daß sich der Erfolg daraus ergibt, daß das Individuum, wer auch immer es sein mag, die Rolle auf die ideale Weise ausführt.) Die Vogelperspektive auf die gemeinschaftliche Tätigkeit ist daher in einem wichtigen Sinne unparteiisch. Es spielt keine Rolle, ob du mein Freund bist, ein Kind, mein Gatte oder ein Experte; es sind die partnerunabhängigen Rollen und ihre erfolgreiche Ausführung, auf die es ankommt, und nicht irgendwelche persönlichen Eigenheiten derjenigen, die sie spielen.

Die Auswirkungen dieser Sichtweise auf die zwischenmenschlichen Beziehungen zwischen Personen waren folgenschwer. Nagel (1970) argumentiert dafür, daß die Anerkennung anderer Personen als Akteure oder Personen, die ebenso real sind wie man selbst – so daß das Selbst nur als ein Akteur oder eine Person unter vielen aufgefaßt wird –, einen Grund dafür darstellt, ihre Anliegen als den eigenen gegenüber gleichwertig zu betrachten. Seine Beschreibung dessen, was wir die »Vogelperspektive« und die Umkehrbarkeit oder Austauschbarkeit von Rollen genannt haben, lautet folgendermaßen: »Wir erkennen in der vorliegenden Situation einen Spezialfall einer allgemeineren Struktur, in der sich die Protagonisten beliebig vertauschen lassen.« (S. 83/117) Dies bildet die Grundlage für das, was Nagel als das elementarste Argument betrachtet, das ein Opfer einem Täter gegenüber vorbringen kann: »Würde es dir gefallen, wenn jemand *dir* das antäte?« (wenn also die Rollen vertauscht wären; S. 82/115). Unsere Behauptung ist hier einfach, daß die Anerkennung der Äquivalenz von Selbst und anderen in der Evolution des Menschen als Einsicht in die instrumentelle Logik gemeinschaftlicher Tätigkeiten entstand, die die Zwei-Ebenen-Struktur aus gemeinsamen Zielen und individuellen Rollen mit zugeordneten Rollenidealen aufweisen.

Entscheidend ist jedoch – und das ist Nagels tiefgründigster philosophischer Punkt –, daß die Anerkennung dieser Äquivalenz an sich *kein* moralischer Begriff und kein moralisches Motiv ist; es ist einfach die Anerkennung einer unausweichlichen Tatsache, die die Lage des Menschen kennzeichnet. Ich könnte diese Einsicht in meinen tatsächlichen Verhaltensentscheidungen ignorieren, ja, ich könnte sogar wünschen, sie wäre falsch. Das spielt aber keine Rolle, denn eine Tatsache ist eine Tatsache. Die Anerkennung der Äquivalenz von Selbst und anderen ist daher in keiner Weise hinreichend dafür, eine faire oder gerechte Entscheidung in den eigenen zwischenmenschlichen Beziehungen zu anderen zu treffen; sie ist einfach nur die Struktur dessen, wie Menschen die soziale Welt verstehen, in der sie leben. Aber obwohl sie nicht ausreicht, um faires und gerechtes Handeln zu motivieren, ist die Auffassung, das Selbst und die anderen seien in einem gewissen Sinne äquivalent, notwendig, wie wir alle seit Aristoteles wissen.

Unserem Ansatz zufolge stellt folglich die Anerkennung der Äquivalenz nicht an sich schon irgendeine Art von moralischer Handlung oder moralischem Urteil dar; vielmehr dient sie dazu, die Grundlagen verschiedener wirklicher Handlungen und Urteile zu transformieren: aus strategischen oder kontraktistischen Grundlagen – Nahrung mit anderen nur wegen der vorhergesagten zukünftigen Vorteile für mich selbst zu teilen – sollen verstärkt moralische oder kontraktualistische Grundlagen werden, bei denen die Individuen Entscheidungen und Urteile zumindest bis zu einem gewissen Grad unparteiisch fällen, wobei das Selbst und der andere sich auf einer grundsätzlich gleichwertigen Ebene befinden. Die Anerkennung der Äquivalenz von Selbst und anderen hatte ihre unmittelbarste Auswirkung auf die neuen Weisen, wie Frühmenschen ihre gemeinschaftlichen Partner behandelten und wie sie erwarteten, von ihnen behandelt zu werden. Insbesondere im Kontext der Partnerwahl veranlasste sie gemeinschaftliche Partner oder potentielle gemeinschaftliche Partner dazu, einander als gleichermaßen würdige Partner mit dem gebührenden Respekt zu behandeln. Diese neuen Weisen der Behandlung von Partnern und potentiellen Partnern konstituierten das, was wir als zweitpersonales Handeln bezeichnen können (siehe den nächsten Abschnitt); es stattete die Frühmenschen mit den Werkzeugen aus, um miteinander wirkliche Gesellschaftsverträge in Form gemeinsamer Verpflichtungen zu schaffen (siehe den übernächsten Abschnitt).

## *Zusammenfassung*

Die Frühmenschen schufen innerhalb ihrer kooperativ interagierenden Zweiergruppen eine neue soziale Ordnung, die gleichzeitig auf zwei Ebenen existierte: Auf der einen Ebene gab es ein »wir«, das im Ausgang von der gegenseitigen Anerkennung der Interdependenz von Partnern (auf der Grundlage von strategischem Vertrauen) erzeugt wurde und das als gemeinsamer Akteur fungieren konnte; auf der anderen Ebene gab es zwei »Iche«, die dieses »wir« konstituierten (wobei jedes den anderen in der Perspektive des »du« auffaßte) und sich in der gemeinschaftlichen Tätigkeit wechselseitig als gleichwertige Akteure betrachteten, die unter dem instrumentellen Druck stehen, einem rollenspezifischen Ideal zu entsprechen. Der auf diese Weise gebildete gemeinsame Akteur hatte somit seine eigene neue Form von Zweckrationalität, die jeden Partner motivierte, dem anderen zu helfen und mit ihm zu teilen. Sobald die Frühmenschen begannen, sich selbst und ihren gleichwertigen Partner als ein gemeinsam agierendes »wir« zu begreifen – und sich darüber den Kopf zu zerbrechen, wie »wir« sich sowohl zu

»dir« als auch zu »mir« verhält –, lagen die Grundprobleme, für die eine Moral der Fairneß die Lösung war, auf dem Tisch.

## Zweitpersonales Handeln

Die intentionalen Tätigkeiten der Frühmenschen waren also in neuen sozialen Hinsichten zweckrational. An diesen Tätigkeiten gab es über das Mitgefühl hinaus zwar nichts spezifisch Moralisches, aber das auf den gemeinsamen Hintergrund bezogene Verständnis partnerunabhängiger Rollenideale (als Vorläufer von sozial geteilten normativen Standards) und die Selbst-anderer-Äquivalenz (als Vorläufer von Unparteilichkeit) waren kooperative Samen, die bald schon moralische Früchte tragen sollten. Damit diese moralische Frucht jedoch Wirklichkeit werden konnte, waren Individuen notwendig, die gründlicher an die obligate gemeinschaftliche Nahrungssuche angepaßt waren, insbesondere an die Herausforderungen der Partnerwahl innerhalb eines größeren Kandidaten-Pools für die Zusammenarbeit. Am wichtigsten war, daß die Frühmenschen lernen mußten, vorteilhafte Partnerschaften einzugehen, und zwar indem sie gute gemeinschaftliche Partner ausmachten und -wählten, indem sie die Bewertungen der anderen vorwegnahmen und daher so handelten, um selbst als Partner wählbar zu sein, und ganz generell, indem sie ihre laufenden Partnerschaften auf zufriedenstellende Weise handhabten und steuerten.

### *Partnerwahl und gegenseitiger Respekt*

Partnerwahl bedeutet, eine Person gegenüber anderen als gemeinschaftlichen Partner auszuwählen, mutmaßlich diejenige, die am kompetentesten (zum Beispiel am sachkundigsten und am körperlich geschicktesten) und kooperativsten (zum Beispiel geneigt, ihren Teil der Arbeit zu tun und nur den ihr zustehenden Teil der Beute zu nehmen) ist. Im Kontext obligater gemeinschaftlicher

Nahrungssuche wäre es natürlich verhängnisvoll, selbst von niemandem gewählt zu werden.

Auf dem Markt der Partnerwahl besteht die elementare »positive« Fertigkeit in der Identifikation guter Kooperationspartner. Interessanterweise haben sowohl Menschenaffen als auch ganz junge menschliche Babys Präferenzen für kooperative Individuen. Beispielsweise entschieden sich in zwei kürzlich durchgeführten Studien Schimpansen und Orang-Utans dafür, auf einen Menschen, der prosoziale Handlungen vollzogen hatte – entweder ihnen oder Dritten gegenüber –, zuzugehen und ihn um Futter anzubetteln, anstatt das bei einem Menschen zu tun, der antisoziale Akte vollzogen hatte (Herrmann et al., 2013). Im selben Sinne zeigen menschliche Babys ähnliche soziale Präferenzen. Beispielsweise ziehen es bereits einjährige und noch jüngere Babys vor, mit Leuten zu interagieren, die »Helfer« anstatt »Behinderer« sind (Kuhlmeier et al., 2003; Hamlin et al., 2007). Die »negative« Variante desselben Prozesses ist das Meiden schlechter Partner. Schimpansen meiden systematisch Partner, mit denen sie zuvor bei gemeinschaftlichen Aufgaben Mißerfolge erlitten haben (Melis et al., 2006a), und menschliche Kleinkinder verweigern einer Person, die sie irgendwie als »gemeiner« wahrnehmen als eine andere, selektiv Hilfe oder Ressourcen (Vaish et al., 2010).

Die Frühmenschen bildeten also bewertende Einstellungen gegenüber dem Kooperationsverhalten anderer Individuen aus. Aber als einzige unter den Primaten wußten sie auch, daß ihre Nächsten ebenso bewertende Einstellungen ihnen gegenüber bildeten – und daher versuchten sie, diesen Prozeß zu beeinflussen. So wurde in einem Experiment aus jüngerer Zeit fünfjährigen Kindern die Gelegenheit gegeben, einem anderen fiktiven Kind entweder zu helfen oder es zu bestehlen. In manchen Fällen wurden sie dabei von einem Gleichaltrigen beobachtet, in anderen Fällen waren sie allein im Zimmer. Wie zu erwarten, halfen sie dem anderen Kind mehr und bestahlen es weniger, wenn sie von einem Gleichaltrigen beobachtet wurden. Schimpansen in derselben Situation kümmerten sich hingegen nicht darum, ob sie beobachtet wurden oder nicht (Engelmann et al., 2012). In einer anderen Experimentalsituation, die so gestaltet wurde, daß sie der Situation der Frühmenschen strukturell ähnelte, konkurrierten die Individuen sogar miteinander, um hilfreicher und großzügiger zu sein, so daß ein Beobachter sie als bessere Kooperatoren ansehen und als Partner für eine mutualistische Zusammenarbeit wählen würde (Sylwester und Roberts, 2010). Die Frühmenschen, die wir uns hier im Prozeß der Partnerwahl vorstellen, bildeten also nicht nur bewertende Einstellungen gegenüber anderen, sondern sie wußten auch, daß andere dasselbe mit Bezug auf sie taten, weshalb sie sich an einem aktiven und strategischen Prozeß des Impression-Managements beteiligten (Goffman, 1959).[2]

Im Ergebnis wäre es also so gewesen, daß die Frühmenschen mit der Buchführung spezifisch kooperativer und nichtkooperativer Akte begannen, die sie sowohl als Handelnder als auch als Empfänger mit bestimmten anderen erfahren hatten. Und natürlich war jedermann erpicht darauf, mit den kompetentesten und kooperativsten Partnern zusammenzuarbeiten. Das eröffnete einigen Individuen den Vorteil, als Partner stärker gefragt zu sein, und dann diese Beliebtheit als Verhandlungsmacht zu nutzen, um einen besseren Handel abzuschließen. Wie Baumard et al. (2013) sehr systematisch darlegen, sind in einem völlig offenen Markt der Partnerwahl (wo jeder über alle relevanten Informationen verfügt) die kompetentesten und kooperativsten Partner – diejenigen, mit denen man sehr wahrscheinlich am erfolgreichsten ist – am stärksten nachgefragt. Daher könnten sie von einem zukünftigen Partner mehr als die Hälfte der Beute oder die leichteste Rolle oder was auch immer verlangen, weil der »schwächere« Partner ein größeres Interesse daran hätte, daß der »stärkere« auch in Zukunft wieder mit ihm zusammenarbeitet, als umgekehrt. Dieser Ansicht zufolge war der Markt hochkompetitiv.

Aber es gibt auch andere Arten von Märkten unter anderen Bedingungen. Beispielsweise wird der Wettbewerb nicht so scharf sein, wenn es eine Menge guter Alternativen für die Nahrungsbeschaffung gibt, die keine außergewöhnlichen Partner erfordern – jeder x-beliebige kommt dafür in Frage –, oder wenn die gemeinschaftliche Nahrungssuche in den meisten Fällen opportunistisch mit denen beginnt, die sich in der Nähe befinden, was die verfügbaren Wahlmöglichkeiten stark einschränkt. Aber am wichtigsten im vorliegenden Kontext ist die Tatsache, daß ein völlig offener Markt nicht funktionieren würde, wenn die Informationen über die Partner nur aus unmittelbaren persönlichen Erfahrungen mit diesen gewonnen werden könnten, es also nicht so etwas gäbe wie eine Reputation auf der Grundlage von Tratsch; dann wäre es für einzelne Individuen äußerst schwierig, eine große Verhandlungsmacht über andere auszuüben, da jeder dessen Reputation anders einschätzen würde. Mit Bezug auf diesen letzten Punkt machte Tomasello (2008) geltend und legte Belege dafür vor, daß die Frühmenschen zu dieser Zeit noch über keine konventionelle Sprache verfügten, sondern nur über natürliche Gesten des Zeigens und des Gebärdenspiels (wie oben erwähnt), mit denen es extrem schwierig gewesen wäre, komplexe narrative Informationen über das vergangene Verhalten der Partner mitzuteilen. Zusätzlich zu alledem ist zu bedenken: Wenn die Frühmenschen so sehr am Schicksal ihrer Partner interessiert waren, wie wir es hier schildern, dann hätte ein Individuum seine Verhandlungsmacht über gute Partner nicht zu deren Nachteil ausgeübt. Im Prinzip hätten also alle Individuen auf diesem eingeschränkteren Markt unabhängig von ihren Fertigkeiten gewußt, daß sie über eine Verhandlungsmacht verfügten, die der Verhandlungsmacht der verschiedenen Partner, von denen sie abhingen, grosso modo ähnlich war.

Auf dem informationsärmeren, egalitären Markt, den wir uns hier ausmalen, kam es folglich einfach darauf an, einen Partner zu finden, der Erfolg versprach, und solche Partner, die zudem alle mehr oder weniger die gleiche Verhandlungsmacht besaßen, gab es relativ viele. Angesichts von Individuen, die nicht anders konnten, als einen Kollaborationspartner in einem gewissen Sinne als gleichwertig zu betrachten, wäre das psychologische Ergebnis ein Respekt vor Partnern und eben auch ein *gegenseitiger Respekt* unter Partnern (was Darwall [1997] »Anerkennungsrespekt« nennt). Dieser gegenseitige Respekt hätte somit eine strategische Komponente gehabt – jeder Partner erkannte die gleiche Verhandlungsmacht des anderen an –, aber eben auch eine nichtstrategische Komponente, die auf einem echten Sinn für Äquivalenz zwischen Partnern (zwischen dem Selbst und dem anderen) beruhte, die alle Individuen als Ergebnis ihrer Beteiligung und Anpassung an gemeinsame intentionale Tätigkeiten anerkannten. Gemeinsam führten diese beiden Komponenten – die strategische und die genuine – zu einem »wechselseitigen Respekt zwischen wechselseitig rechenschaftspflichtigen Personen« (Darwall, 2006, S. 36). Und so entstanden zweitpersonale, kooperative Akteure, die sich in ihrer Gleichwertigkeit wechselseitig respektierten, und zwar auf der Grundlage ihrer Beteiligung sowohl an der gemeinschaftlichen Tätigkeit selbst (partnerunabhängige Rollenideale führten zu einem Sinn für die Äquivalenz von Selbst und anderen) als auch auf dem breiteren Markt der Partnerwahl (auf dem beide die gleiche Verhandlungsmacht hatten).

### *Partnerkontrolle und gegenseitige Verdienstlichkeit*

Bei der Partnerwahl versucht man, einen guten Partner ausfindig zu machen und ihn zu engagieren. Bei der Partnerkontrolle versucht man, das Verhalten eines nicht perfekt kooperativen Partners zu verbessern, beispielsweise durch Bestrafung oder andere Mittel. In einem begrenzten Pool potentieller Partner hätte die Fähigkeit, einen schlechten Partner in einen guten zu verwandeln, offensichtliche Anpassungsvorteile gehabt.

Eine besonders wichtige Situation für die Partnerkontrolle bei der gemeinschaftlichen Nahrungssuche der Frühmenschen, wäre der Versuch gewesen, Trittbrettfahrer in Schach zu halten. Das ist jedoch keine Selbstverständlichkeit. Bei der Gruppenjagd von Schimpansen auf kleine Affen ist das Trittbrettfahren weit verbreitet – Individuen, die nichts zur Gruppenjagd beitrugen, bekommen dennoch Fleisch – und die Beteiligten versuchen nicht, es zu kontrollieren. Boesch (1994) berichtet, daß Schimpansen zwar mehr Fleisch bekommen, wenn sie wirklich an der Jagd teilnehmen und nicht nur zuschauen, aber die Zuschauer bekommen immer noch eine Menge. Diese Verteilung ist höchstwahrscheinlich nicht das Resultat irgendeiner Art von Belohnung für die Teilnahme, sondern einfach der Tatsache geschuldet, daß die Jäger näher beim Fänger sind, wenn der Fang vollzogen wird, und daher schneller am Verzehr teilhaben, wohingegen die Zuschauer später dazukommen und dann ihren Zugang zum Fleisch von außerhalb des unmittelbaren Konsumentenkreises erbetteln und durch Belästigungen erzwingen müssen. Diese Interpretation wird durch ein vor kurzem durchgeführtes Experiment gestützt, das genau diese Situation nachahmen sollte. Das Ergebnis war, daß Schimpansen, die die Beute »gefangen« hatten, nicht mehr Nahrung mit anderen gemeinschaftlich Mitwirkenden teilten als mit Nichtmitwirkenden, wenn ihr Abstand zur »Tötungsstätte« experimentell kontrolliert wurde (Melis et al., 2011a). Im Gegensatz dazu teilten menschliche Kinder als »Fänger« in einer ähnlichen Situation stärker mit den gemeinschaftlich Mitwirkenden als mit den Nichtmitwirkenden, und zwar unabhängig davon, wo diese sich zum Zeitpunkt des Fangs befanden; sie schlossen Trittbrettfahrer aktiv aus (Melis et al., 2013).

Bei den Frühmenschen, die wir hier schildern, war das Trittbrettfahren ursprünglich kein Problem, weil die Anzahl der verfügbaren Individuen dieselbe war wie die Anzahl, die für den Erfolg der Nahrungsbeschaffung notwendig war – nämlich zwei –, und daher war es selbstzerstörerisch, wenn man in seiner Anstrengung nachließ: Wenn ich meine Aufgabe nicht erledige, wird keiner von uns beiden etwas zu essen haben. Jedoch konnten andere nach der Erlegung eines Tieres hinzukommen, und diese waren im wesentlichen Konkurrenten – von außerhalb der Zusammenarbeit –, weshalb Menschen an einem bestimmten Punkt auch die Tendenz zur Abschreckung von Trittbrettfahrern entwickelten, die sie dadurch zu kontrollieren versuchten, daß sie ihnen einen Teil der Beute verweigerten. Man kann sich vorstellen, daß solche Versuche zum Ausschluß von Trittbrettfahrern die ursprünglichen Vergeltungsakte waren: Du hast nicht bei der Zusammenarbeit mitgewirkt, deshalb bekommst du auch keinen Anteil von der Beute. In diesem Fall werden alle mitwirkenden Partner als äquivalent oder gleich angesehen, aber nicht die Nichtmitwirkenden.

Der Prozeß des Ausschließens von Trittbrettfahrern ermöglicht die Aufteilung von Ressourcen auf der Grundlage einer bestimmten Art der Verdienstlichkeit. Das einfachste Verteilungsschema besteht darin, daß die Beteiligten mehr oder weniger gleiche Anteile bekommen, die Nichtbeteiligten hingegen nichts, und tatsächlich haben Kleinkinder eine sehr starke Tendenz, die Beute einer Zusammenarbeit gleich aufzuteilen (Warneken et al., 2011; Hamann et al., 2011; Ulber et al., zur Veröffentlichung eingereicht). Aber in Extremfällen könnten auch Grade der Beteiligung berücksichtigt werden. Eine Person, die spät dazukam und sich an der Zusammenarbeit nur im letzten Teil – aber auf ganz entscheidende Weise – beteiligte, könnte beispielsweise einen Teil der Beute verdienen. Und Kinder teilen in manchen Extremfällen die Ressourcen unter den gemeinschaftlichen Partnern auf der Basis des Arbeitsaufwands und -beitrags auf (Hamann et al., 2014; Kanngiesser und Warneken, 2012). Der vorliegenden evolutionären Hypothese zufolge wäre der Ausschluß von der Beute (oder von einem Teil der Beute) die einzige unmittelbare Strafe gewesen, die ursprünglich an Bummler und Trittbrettfahrer ausgeteilt wurde, und diesen Ausschlußprozeß darf man gewiß strategisch nennen. Allerdings waren, wie wir betont haben, die Frühmenschen an diesem Punkt außerdem zu einer nichtstrategischen Anerkennung der Äquivalenz oder Gleichheit von Partnern, ganz besonders von Selbst und anderen, in der Lage. Folglich können wir uns noch einmal eine Kombination strategischer und nichtstrategischer Erwägungen vorstellen – den strategischen Ausschluß von Trittbrettfahrern und die genuine Anerkennung der Gleichwertigkeit von Partnern (des Selbst und des anderen) –, was zu so etwas wie einem aufkeimenden Sinn für die relative *Verdienstlichkeit* von Individuen beim Teilen der Beute führt, und zwar auf der Grundlage ihrer Beteiligung an der Jagd. Individuen, die keinen Beitrag leisteten, verdienen auch keinen Teil der Beute; und Individuen, die einen Betrag leisteten, verdienen gleiche Anteile an der Beute (mit einem gewissen Spielraum für Abstufungen).

Unsere Darstellung hat bisher zwei miteinander verbundene, aber verschiedene soziale Schauplätze berücksichtigt. Einerseits gibt es die dyadischen Interaktionen, die frühmenschliche Individuen mit Kollaborationspartnern hatten: »Ich« bezogen auf ein »du« als Teile eines »wir«. Andererseits gibt es den größeren Pool potentieller Partner in der sozialen Gruppe als ganzer in Situationen der Partnerwahl. Für ein Individuum in diesem größeren sozialen Pool war es wichtig, als kompetenter Kollaborationspartner wahrgenommen zu werden, also gute, auf die Nahrungssuche bezogene Partnerschaften mit mehreren Individuen zu unterhalten (in Ermangelung einer gänzlich öffentlichen Reputation). Man kann es auch so sagen: Das Individuum benötigte eine soziale Identität als kompetenter Partner– als kompetenter zweitpersonaler Akteur –, der den gleichen Respekt für andere verdienstvolle Partner zeigte.

Indem die Frühmenschen eine soziale Identität schufen, erzeugten sie zugleich ein persönliches Identitätsgefühl. Als spezifische Anwendung ihres Verständnisses von Rollentausch und Rollenaustauschbarkeit verstanden die Frühmenschen beide Rollen im Bewertungsprozeß und welche Beziehung sie zueinander hatten: Sie bewerteten Partner und wußten, daß sie ihrerseits bewertet wurden. Das Ergebnis war, daß ein Individuum sich in ein zweites hineinversetzen konnte, wenn es dieses bewertete oder es umgekehrt von diesem bewertet wurde. Im Ergebnis gelangte nicht nur jeder der Partner zu der Ansicht, daß Trittbrettfahrer keinen Anteil an der Beute verdienten, sondern das Individuum konnte in einer gegebenen Situationen auch zu dem Urteil gelangen, daß es selbst keinen Anteil an der Beute verdiente. Diese Austauschbarkeit der Rollen bei der Bewertung von Partnern verknüpfte die eigene soziale Identität in der Gruppe als kompetenter Kollaborationspartner mit dem eigenen Gefühl für personale Identität. Das Gefühl für personale Identität der Frühmenschen beruhte also auf einem wesentlich unparteiischen Urteil, das das Selbst nicht gegenüber den anderen bevorzugte. Ich beurteile mich selbst so, wie ich andere beurteilen würde, weil ich nicht anders kann, sofern ich mich selbst und die anderen als grundsätzlich gleichwertig ansehe und ich in allen meinen Urteilen, die nicht nur andere, sondern auch mich selbst betreffen, ganz selbstverständlich die Rollen tausche.

Der Prozeß der Ausbildung einer kooperativen Identität begann bei den Frühmenschen bereits in der frühen Kindheit. Jedes Kind fing damit an, voller Ehrfurcht die mächtigen und kompetenten Erwachsenen zu betrachten, die schwierige und interessante Dinge taten. Das kleine Kind besaß keine der Fähigkeiten, die fürs Mitmachen notwendig waren, und es wußte das. Als es älter wurde, gewann es an Kompetenzen und Wissen, die man für bestimmte gemeinschaftliche Tätigkeiten haben mußte. Indem es versuchte, sich zu beteiligen, bat es die Erwachsenen indirekt um Anerkennung durch Einbeziehung (Honneth, 2014). Und es wußte, daß diese Anerkennung nur von denen kommen konnte, die es darum bat, weil ihr Urteil das einzige war, das zählte. (Wenn man als kompetenter Schachspieler akzeptiert werden will, ist die Anerkennung der eigenen Mutter von geringer Bedeutung). Das sich entwickelnde Kind suchte nach Achtung und Anerkennung als kompetenter gemeinschaftlicher Partner – als zweitpersonaler Akteur, der Respekt verdient –, und mit dessen Gewährung wurde es zu einem integralen Bestandteil seiner kooperativen und damit auch seiner persönlichen Identität. (Wir reservieren den Begriff der *moralischen Identität* für unseren nächsten Evolutionsschritt, der im Kontext einer moralischen Gemeinschaft – nicht nur einer strukturierten sozialen Gruppe – stattfindet, die alle Aspekte des Lebens der Individuen beherrschte.) Da das Individuum mit den anderen zusammenarbeiten oder andernfalls verhungern mußte, war die Art und Weise, wie die anderen es sahen – und sein daraus resultierendes Gefühl der persönlichen kooperativen Identität –, eine Sache von Leben und Tod.

Als die Individuen zu zweitpersonalen Akteuren wurden und darauf angewiesen waren, als Partner ausgewählt zu werden, war es wichtig, den anderen sowohl die eigene kooperative Identität als auch die eigene Anerkennung ihrer kooperativen Identität zu signalisieren. Eine wichtige Möglichkeit dazu bestand in der kooperativen Kommunikation durch die sogenannte zweitpersonale Ansprache. Man öffnete den Kanal kooperativer Kommunikation, indem man sich respektvoll und anerkennend an den Empfänger wandte, und diese Ansprache erbat ihrerseits denselben Respekt und dieselbe Anerkennung. Vor dem Hintergrund dieser zweitpersonalen Ansprache und ihrer Bestätigung vertrauten sowohl der Kommunizierende als auch der Empfänger einander. Wenn der Empfänger die zweitpersonale Ansprache wahrnahm, sie aber dann zurückwies, stellte das eine ernsthafte Verletzung ihrer wechselseitigen Annahmen mit Bezug auf Kooperation, Respekt und Vertrauen dar. Die zweitpersonale Ansprache setzte daher zum einen voraus, was es für einen Frühmenschen bedeutete, ein kompetenter gemeinschaftlicher Partner zu sein, zum anderen half sie dabei, gerade diese Eigenschaft zu konstituieren. Sie ermöglichte zudem das Schließen jenes lokalen, zeitweiligen, auf zwei Personen bezogenen Vertrags, der als gemeinsame Verpflichtung bezeichnet wird.

## Gemeinsame Verpflichtung

Die Arten gemeinschaftlicher Tätigkeiten, die bisher geschildert wurden, waren von Haus aus mit Risiken behaftet, weil sie nur auf strategischem Vertrauen beruhten. Ich glaube, daß ich deine Motive kenne, und ich verlasse mich auf dieses Wissen, aber ich könnte mich auch leicht täuschen: Vielleicht liegt deine letzte Mahlzeit noch gar nicht so lange zurück, wie ich dachte, und du bist deshalb unmotiviert; vielleicht bist du der Meinung, daß die Jagd schwieriger wird, als ich dachte, und du erhebst deshalb Einwände; vielleicht läuft dir während der Jagd auch etwas Unerwartetes und Besseres über den Weg, das dich weglockt. Um das Risiko einzugehen, muß jeder von uns dem anderen daher auf eine substantiellere, stärker verpflichtende Weise vertrauen können. Jeder von uns muß das Gefühl haben, daß wir konsequent an unserer Zusammenarbeit festhalten *sollten*, daß wir sie einander wirklich *schulden*.

Es war die tiefste Einsicht jenes einsichtsreichsten aller Gesellschaftstheoretiker, Jean-Jacques Rousseau (die später von Kant und den deutschen Idealisten modifiziert wurde), daß die einzige mögliche Quelle für ein echtes, persönliches Gefühl des »Sollens« meine Identifikation mit und meine Achtung vor einem größeren (möglicherweise auch idealisierten) Gesellschaftskörper ist, zu dem ich selbst gehöre. Ich gewähre der überindividuellen Entität, die das »wir« ist, uneingeschränkt Autorität – legitime Autorität – über »mich«. Und ich werde mich diesem »wir« sogar so weit beugen, daß ich mich deiner Rüge anschließe (entweder offen oder durch ein persönliches Schuldgefühl), wenn du mich wegen meines nichtidealen Verhaltens tadelst, wobei mein Urteil lautet, daß ich diese Rüge in der Tat verdiene. Ich entscheide mich dafür, mich in der Situation am tiefsten mit dem überindividuellen »wir«, statt mit meinem »ich«, zu identifizieren, weil ich andernfalls meine kooperative und damit meine persönliche Identität preisgäbe (siehe Korsgaard, 1996a).

Die ursprüngliche überindividuelle Entität, die die Frühmenschen zu schaffen vermochten, war das »wir«, das durch eine gemeinsame Verpflichtung zwischen zwei gemeinschaftlichen Partnern begründet wurde. Derzeit wird darüber gestritten, ob gemeinsame Verpflichtungen etwas sind, das zu einer gemeinschaftlichen, durch gemeinsame Ziele und Absichten strukturierten Tätigkeit hinzukommt (Bratman, 1992, 2014), oder ob der Begriff eines gemeinsamen Ziels nur als Teil einer bestehenden gemeinsamen Verpflichtung Sinn ergibt (Gilbert, 2003, 2014). Wir glauben, daß es gemeinsame intentionale Tätigkeiten geben kann, in die zwei Individuen einfach »hineinfallen« und dann ein gemeinsames Ziel bilden, und zwar auf der Grundlage ihrer gemeinsamen Interessen und ihres auf den gemeinsamen Hintergrund bezogenen strategischen Vertrauens, daß jeder in seinem eigenen Interesse rational handeln wird (wie oben ausgeführt). Gemeinschaftliche Tätigkeiten, die durch gemeinsame Verpflichtungen initiiert werden, stellen dagegen den Spezialfall dar, in dem wir explizit und offen unsere Verpflichtung gegenüber einander als wechselseitig sich respektierende, zweitpersonale Akteure zum Ausdruck bringen und auf diese Weise »normatives Vertrauen« zwischen uns entstehen lassen. Die

Initiierung einer gemeinschaftlichen Tätigkeit durch einen unverhohlenen und ausdrücklichen Akt kooperativer Kommunikation legt alles offen, so daß die resultierende gemeinsame Verpflichtung durch die kooperativen Identitäten derjenigen, die sie sozusagen unterzeichnen, abgesichert wird. Diese gemeinsame Selbstregulation stellt die Art von »wir > ich«-Kontrolle dar, wie wir sie nennen könnten, die bei ihrer Internalisierung zu einem Gefühl von zweitpersonaler Verantwortung gegenüber dem eigenen Kooperationspartner wird.

### *Die ursprünglichen Vereinbarungen*

Es gibt viele verschiedene Möglichkeiten, eine gemeinschaftliche Tätigkeit zu beginnen. Schimpansen verlassen sich meistens auf eine Anführer-Mitläufer-Strategie. Bei der Jagd auf kleine Affen fängt ein Individuum typischerweise mit der Verfolgung an, und die anderen machen mit. (Das ist auch für die meisten Bündniskämpfe charakteristisch, bei denen meistens ein Individuum bereits losgelegt hat, während sich seine Freunde erst nach und nach einklinken.) Bei einem experimentell konstruierten Hirschjagdspiel übernahmen nahezu alle Paare von Schimpansen eine solche Anführer-Mitläufer-Strategie (Bullinger et al., 2011b). Für den Anführer ist das jedoch riskant, weil es bedeutet, fest mit der Beteiligung der anderen zu rechnen. Tatsächlich sind die häufigsten Anführer bei einer Gruppenjagd jüngere Tiere (Boesch, 1994), die entweder die Eventualitäten nicht kennen oder aber besonders impulsiv sind, sowie besonders impulsive, risikofreudige oder übermäßig zuversichtliche Individuen (*impact hunters*).

Der wichtigste Weg, das Risiko in einer Hirschjagdsituation zu senken, besteht darin, daß die Individuen mit ihrem Partner kommunizieren, bevor sie ihren »Hasen« aufgeben. In experimentell konstruierten Situationen mit einem hohen Risikograd tun das Schimpansen im Grunde nie, während menschliche Kinder es ziemlich häufig tun (typischerweise mit Aufmerksamkeit heischenden Gesten und informativen verbalen Äußerungen, die die Ankunft des

»Hirschs« verkünden; Duguid et al., 2014). Gegeben eine Hirschjagdsituation, in der beide Partner versuchen, das Risiko zu reduzieren, und gegeben gewisse rudimentäre Fertigkeiten kooperativer Kommunikation, kann man sich daher vorstellen, daß die Frühmenschen damit begannen, eine bestimmte Art von Aufmerksamkeit erzeugender Geste oder Vokalisierung zu nutzen, um sich miteinander zu koordinieren, bevor sie ihren Hasen aufgaben: indem sie entweder ihren eigenen Handlungsplan kundtaten oder dem Partner oder der Dyade einen solchen vorschlugen. Solche Kommunikationsakte wären zwar äußerst hilfreich gewesen, um die Dinge in Gang zu bringen, aber eine kommunikative Antwort vom Partner – vielleicht sogar mit einer Verpflichtung – wäre noch besser gewesen. Da jeder Partner sich in derselben riskanten Lage befindet, ist die beste Option für jeden, eine solche Verpflichtung vom anderen zu erhalten, und das Ergebnis ist eine gemeinsame Verpflichtung.

Für auf Normativität fokussierte Gesellschaftstheoretiker stellen gemeinsame Verpflichtungen nicht weniger dar als die »gesellschaftlichen Atome« der einzigartig menschlichen sozialen Interaktion (Gilbert, 2003, 2014). Gemeinsame Verpflichtungen sind sowohl grundlegend als auch wesentlich, weil sie unsere wechselseitige Interdependenz bei der anstehenden gemeinschaftlichen Tätigkeit ausdrücklich anerkennen und versuchen, sie zu administrieren. Sie setzen voraus, daß jede Partei ein zweitpersonaler Akteur mit einer kooperativen Identität ist, dem man auf die erforderliche Weise vertrauen kann, daß er sein rollenspezifisches Ideal erfüllt. Damit man ihm auf die erforderliche Weise vertrauen kann – was wir als normatives Vertrauen bezeichnen werden –, muß ein Individuum nicht nur bestimmte kognitive und körperliche Kompetenzen haben, sondern auch eine kooperative Identität als Ergebnis davon, daß es andere zweitpersonale Akteure entsprechend respektvoll behandelt und Individuen, einschließlich sich selbst, im Hinblick darauf beurteilt, ob sie Lohn oder Strafe verdienen. Und es muß bereit sein, seine kooperative Identität aufs Spiel zu setzen.

Gemeinsame Verpflichtungen kommen ins Spiel, wenn ein Individuum einem anderen eine Art von explizitem kommunikativem

Angebot macht: – laß »uns« X tun! – und dieses andere Individuum das dann akzeptiert, entweder explizit durch seinen kooperativen Kommunikationsakt oder implizit, indem es einfach beginnt, seine Rolle zu spielen (auf der Grundlage des kommunizierten Angebots). Das Initiieren und das Akzeptieren einer Aufforderung zu einer gemeinsamen Tätigkeit nutzen die zweitpersonale Ansprache, setzen eine gegenseitige Einstellung der Kooperation voraus und machen die auf den gemeinsamen Hintergrund bezogenen Annahmen über ihre rollenspezifischen Ideale völlig ausdrücklich und öffentlich. Jedes Individuum fordert das andere absichtlich und öffentlich auf, Pläne – auch riskante – um die Tatsache herum zu schmieden, daß es X tun wird – darauf zu vertrauen, daß es bei der Verfolgung von X schon nicht nachlassen wird, bis beide mit dem Ergebnis zufrieden sind, selbst wenn das Unterfangen anstrengend ist und die Ablenkungen zahlreich sind (Friedrich und Southwood, 2011); daran zu glauben, die Sache durchziehen zu können, ohne befürchten zu müssen, daß der andere das Unternehmen durch seine Mattigkeit oder Nachlässigkeit gefährdet (Scanlon, 1990); und überhaupt sich auf ihn zu stützen.[3] Entscheidend ist zudem die Tatsache, daß gemeinsame Verpflichtungen auch nur durch eine Art von gemeinsamer Vereinbarung beendet werden können. Der eine Partner kann nicht einfach beschließen, daß er nicht länger verpflichtet ist; er muß den anderen bitten, die Verpflichtung zu beenden, und der Partner muß akzeptieren (Gilbert, 2011). Gemeinsame Verpflichtungen sind durch und durch gemeinsam.

Bei sprachbegabten Wesen ist der Prototyp ein Angebot, das mit so etwas wie »Laß uns X tun« beginnt und mit »O. K.« akzeptiert wird (und mit so etwas wie »Tut mir leid, ich muß jetzt X tun. O. K.?« »O. K.« endet). Aber Sprache ist nicht wesentlich; alles, was benötigt wird, ist eine bestimmte Art von kooperativem Kommunikationsakt. Als Warneken et al. (2006, 2007) beispielsweise vierzehn und achtzehn Monate alte Babys zu einer gemeinschaftlichen Tätigkeit aufforderten und dann abrupt die Interaktion abbrachen, versuchten die Babys, den Partner durch Kommunikationsversuche zu reaktivieren, größtenteils durch Zeigegesten oder Winken. Das heißt, sie wandten sich an den Partner in der zweiten Person, boten implizit ein »Laß uns …« an und erwarteten, ja forderten, eine Reaktion einer bestimmten Art. Als Beleg für diese Interpretation ließen Gräfenhain et al. (2009, Untersuchung 1) einen Erwachsenen mit einigen dreijährigen Kindern eine gemeinsame Verpflichtung eingehen – der Erwachsene schlug vor »Laß uns X tun«, und das Kind akzeptierte explizit –, wohingegen bei anderen die gemeinschaftliche Interaktion dadurch begonnen wurde, daß der Erwachsene sich einfach der Tätigkeit des Kindes anschloß. Dann brach der Erwachsene die Interaktion abrupt ab. Kinder, die zur anderen Gruppe gehörten, also der mit der gemeinsamen Verpflichtung, versuchten viel häufiger als Kinder der zweiten Gruppe, den widerspenstigen Partner wiederzugewinnen. Diese Kinder schienen wie folgt zu räsonieren: Wenn »wir« eine gemeinsame Verpflichtung haben, dann solltest »du« so lange wie nötig am Ball bleiben.

Kinder wissen auch, was gemeinsame Verpflichtungen für ihr eigenes Verhalten bedeuten. So verpflichteten sich beispielsweise dreijährige Kinder in einem Experiment aus jüngerer Zeit zu einer gemeinsamen Aufgabe, aber dann erhielt ein Kind unerwartet schon früher Zugang zu seiner Belohnung. Damit der Partner ebenfalls einen Vorteil genoß, mußte dieses Kind die Zusammenarbeit fortsetzen, auch wenn ihm keine weitere Belohnung mehr zustand. Dennoch halfen die meisten Kinder ihrem glücklosen Partner eifrig, so daß am Ende beide eine Belohnung bekamen – und häufiger noch, als wenn der Partner in einer ähnlichen Situation, jedoch außerhalb einer Zusammenarbeit oder einer Verpflichtung, einfach nur um Hilfe bat (Hamann et al., 2012). (Wenn im Gegensatz dazu Paare von Schimpansen in derselben Situation getestet wurden, verließ der erste den anderen und ging alleine weg, um die frühzeitig erhaltene Belohnung auf der Stelle zu verzehren [Greenberg et al., 2010].) In einer Nachfolgestudie stellten Gräfenhain et al. (2013) fest, daß Paare von Dreijährigen, die sich verpflichteten, gemeinsam an einem Puzzle zu arbeiten, signifikant häufiger (als das bei Paaren von Kindern der Fall war, die einfach dieselbe Zeitspanne lang nebeneinander spielten) etwa auf ihren Partner warteten, wenn dieser aufgehalten wurde, Schäden reparierten, die von ihrem Partner verursacht wurden, es unterließen, über ihren Partner zu lästern, und die Rolle ihres Partners übernahmen, wenn dieser nicht dazu in der Lage war. Wenn Kleinkinder eine gemeinsame Verpflichtung mit einem Gleichaltrigen eingehen, helfen und unterstützen sie ihn viel stärker, als wenn sie einfach nur zusammen spielen.

### *Zweitpersonaler Protest*

Der Inhalt der gemeinsamen Verpflichtung ist also, daß jeder Partner seine gemeinschaftliche Rolle gewissenhaft und auf die ideale Weise spielt, bis beide einen Nutzen davon haben. Aber was geschieht, wenn ein Partner das nicht tut? Die Antwort ist, daß er sanktioniert wird, und zwar – ganz wichtig – von »uns«. Das heißt, es gehört zum Wesen gemeinsamer Verpflichtungen, daß »wir« übereinkommen, gemeinsam alle diejenigen zu sanktionieren, die nicht ihr rollenspezifisches Ideal erfüllen. Dies verleiht der Sanktionierung eine legitime, sozial normative Kraft, die als selbstregulatorischer Mechanismus wirkt, um die gemeinsame Tätigkeit trotz individueller Versuchungen und anderer Bedrohungen von außen in der richtigen Spur zu halten. Die normative Kraft der gemeinsamen Verpflichtung ergibt sich somit sowohl aus der positiven Kraft des gleichen Respekts, den jeder Partner für den anderen empfindet – mein geschätzter Partner verdient meine Gewissenhaftigkeit –, als auch aus der negativen Kraft legitimer Sanktionen, verdienter Sanktionen, bei Nichteinhaltung. Um sein Risiko zu reduzieren, *verleiht folglich jeder Partner einer gemeinsamen Verpflichtung dem anderen die Autorität, Sanktionen einzuleiten, wenn diese im Lichte der auf den gemeinsamen Hintergrund bezogenen Standards, die durch die gemeinsamen Verpflichtungen explizit gemacht werden, verdient sind.* Der Rollentausch bei bewertenden Urteilen ist hier entscheidend, da ein nachlässiger Partner sich selbst ebenfalls so beurteilt, daß er Groll und Sanktionen verdient. Jeder an einer gemeinsamen Verpflichtung Beteiligte gewährt also dem anderen, was Darwall (2013) als die »repräsentative Autorität« (die unser »wir« repräsentiert) bezeichnet, um den anderen mit Blick auf irgendwelche Abweichungen von ihren auf den gemeinsamen Hintergrund bezogenen Rollenidealen zurechtzuweisen.

Als Teil dieses Prozesses der gemeinsamen Selbstregulation schmiedeten die Frühmenschen eine kreative Synthese aus Partnerwahl und Partnerkontrolle – auch unter Einsatz von kooperativer Kommunikation –, die wir zweitpersonalen Protest nennen können (und die von Darwall [2006], Smith [2004] und anderen auch als »legitimer Protest« und »moralischer Protest« bezeichnet wurden). Um das zu veranschaulichen, kehren wir zu der experimentellen Situation zurück, in der zwei Individuen zusammenarbeiten, um ein Brett mit einem Futterhaufen in der Mitte zu sich heranzuholen. Schimpansen bewältigten diese Situation in erster Linie auf der Grundlage von Dominanz: Wenn das untergeordnete Tier versuchte, das Futter zu nehmen, griff das dominante Tier es an, und wenn das dominante Tier versuchte, das Futter zu nehmen, ließ das untergeordnete Tier dies einfach geschehen (Melis et al., 2006b). Im Gegensatz dazu taten dreijährige Kinder typischerweise keines von beidem, obwohl sie problemlos dazu in der Lage waren, das eine oder das andere zu tun. Statt dessen geschah am häufigsten folgendes: Versuchte ein gieriges Kind, alle Süßigkeiten zu nehmen, erntete es Protest (Warneken et al., 2011). Das benachteiligte Kind brachte seinen Ärger gegenüber den Handlungen des habgierigen Kindes zum Ausdruck, zum Beispiel dadurch, daß es das andere Kind laut anquäkte oder »Hey« oder »Katie!« rief. Von entscheidender Bedeutung ist folgendes: Wenn keines der Kinder mehr als die Hälfte der Süßigkeiten nahm, gab es keinen solchen Protest, und wenn gegen eine unzulässige Bereicherung protestiert wurde, gab das gierige Kind fast immer nach.

Im Unterschied zu Schimpansen reagieren also Kleinkinder auf Akte der Gier nach einer Zusammenarbeit meistens mit einem Akt kooperativer Kommunikation, der durch eine zweitpersonale Ansprache eingeleitet wird – die Mißfallen ausdrückt. Aber was genau nimmt das protestierende Kind übel? Aus seinen nachfolgenden Handlungen wird klar, daß es dem Protestierenden nicht darum ging, mehr Essen zu bekommen, sondern vielmehr einen gleichen Anteil – er protestierte nur dann, wenn die Aufteilung ungleich war –, und so verstand es auch das gierige Kind. Der Protest gründete also auf dem gemeinsamen Hintergrundsverständnis des idealen Verhaltens gemeinschaftlicher Partner bei der Aufteilung der Beute – nämlich Gleichheit –, wogegen das gierige Kind gerade verstieß. Und daher geht es nicht einfach nur darum, mehr Essen zu bekommen – ansonsten müsste das Kind ja gegen jede andere Aufteilung als 100 Prozent für es selbst protestieren; vielmehr geht es darum, daß das Individuum das bekommt, was es verdient. In den Worten Adam Smith' (1759/2004, S. 143) besteht das Ziel eines von Empörung begleiteten Protests darin, »[den eigenen Partner] fühlen zu lassen, daß die Person, die er beleidigt hat, es nicht verdiente, in dieser Weise behandelt zu werden«. Zweitpersonaler Protest ist somit eine kooperative und respektvolle Reaktion auf die respektlosen Handlungen des Missetäters; er strebt nicht danach, den Partner direkt zu bestrafen, sondern nur danach, ihn über den Groll zu informieren, wobei vorausgesetzt wird, daß er jemand ist, der es eigentlich besser weiß (das heißt, der weiß, daß man andere nicht so – als weniger denn Gleiche – behandelt). Das gekränkte Kind stellt also eine zweitpersonale Forderung: Du mußt anerkennen, daß ich nicht als weniger denn gleich behandelt werden sollte.

Aber warum sollte der Missetäter diese Forderung respektieren? Der Grund ist, daß sie an ihn in der zweiten Person unter der Annahme der Kooperation gerichtet ist, und wenn er tatsächlich kooperativ ist und es auch bleiben will, dann muß er entsprechend reagieren (Darwall, 2006, 2013). Zweitpersonaler Protest ist also ein proleptischer Akt: Er achtet den Missetäter als kompetenten Kooperationspartner, und wenn dieser dem gerecht wird, indem er die Forderung respektiert, dann behält er seine Identität; wenn nicht, dann setzt er seine kooperative Identität aufs Spiel. Der Versuch der Partnerkontrolle, den der zweitpersonale Protest darstellt, wird – falls der Missetäter die Respektlosigkeit durch Nichtbeachtung des Protests noch verschlimmert – somit implizit dadurch abgesichert, daß mit Ausschluß via Partnerwahl gedroht wird: Wenn du dich nicht anständig verhältst, werde ich aussteigen. Aber dazu kommt es nur selten, weil vor allem der Missetäter gar nicht anders kann, als den Protest in einem gewissen Sinne als legitim oder verdient anzusehen: Der Partner, den er benachteiligt und gering geschätzt hat, ist eine Person genau wie er, ihm gleichwertig, eine Person, die im gleichen Maß wie er zur Eroberung der Beute beigetragen hat, und deshalb verdient er den gleichen Anteil an der Beute. Und dann gibt es zweitens und zusätzlich dazu die gemeinsame Verpflichtung, der gemäß beide Partner ihre kooperative Identität auf den Tisch legen (und sich nicht auf Unwissenheit rausreden): Wenn ich mich schlecht verhalte, werde ich mich selbst mittels Rollentausch einer Beurteilung unterziehen und deinen Tadel als verdient bekräftigen.

Es ist bezeichnend, daß der zweitpersonale Protest als Kommunikationsakt in referentieller Hinsicht völlig leer sein kann; ein simples »Hey!« oder ein Quäken genügt. Komplexe Sprache ist nicht notwendig, weil es im gemeinsamen Hintergrundsverständnis der Partner liegt, daß Menschen nicht auf diese Weise respektlos behandelt werden sollten, und deshalb wird nicht mehr benötigt als eine zweitpersonale Ansprache, die Mißfallen zum Ausdruck bringt. So sagen Kinder in diesen Experimenten oft beispielsweise »ich hab' nur eins«, was als Hintergrundwissen voraussetzt, daß es anders sein sollte, und in diesem Kontext wissen wir beide, wie dieses »anders« auszusehen hat. Die kooperative Prämisse der zweitpersonalen Ansprache ist, daß du wahrscheinlich wissen willst, warum ich eine Mitteilung mache, nämlich in diesem Fall, um meinen Groll auszudrücken, im Hinblick auf den du wahrscheinlich etwas tun willst, bevor er eskaliert. Dadurch, daß ich nicht präzisiere, was du tun sollst, sondern nur Protest anmelde, behandle ich dich als einen kooperativen Akteur, der lediglich an das erinnert zu werden braucht, von dem er ohnehin schon weiß, daß er es tun sollte.

Aufgrund seiner Forderung nach Gleichbehandlung kann zweitpersonaler Protest als die expliziteste Manifestation der Anerkennung aller Kooperationspartner als gleichermaßen verdienstvolle Individuen, das heißt als zweitpersonale Akteure mit dem erforderlichen Status zum Eingehen gemeinsamer Verpflichtungen, verstanden werden. Er wird zwar vom benachteiligten Partner bekundet – was vermutlich äußerst natürlich ist –, aber er setzt voraus, daß der Benachteiligende aus freien Stücken die Gültigkeit der Forderung anerkennen und die Situation berichtigen wird. Und tatsächlich ist dies der allgemeinste Punkt, von dem Darwall (2013) glaubt, daß er in klassischen Theorien der menschlichen Moral (er konzentriert sich auf Hume) verfehlt wird: Es gelinge ihnen nicht, die zwischenmenschliche Natur des menschlichen Sinnes für Fairneß und Gerechtigkeit zu erkennen. In vielen klassischen Darstellungen billigt oder mißbilligt das Individuum das Verhalten von anderen (vielleicht von einem »allgemeinen Standpunkt« aus) letztlich auf der Grundlage seines Mitgefühls für diejenigen, die geschädigt werden könnten (oder möglicherweise mit der Gruppe und ihrer Funktion). Aber die Struktur des zweitpersonalen Protests zeigt, daß die Dinge zumindest in vielen Fällen nicht von einem Mitgefühl für die Geschädigten angetrieben werden, sondern statt dessen durch den Ärger über die Geringschätzung, den Groll darüber, daß man als etwas weniger denn gleich behandelt wurde. Ich wende mich mit meinem Protest direkt an dich – wobei die grollende zweitpersonale Ansprache Respekt einfordert –, und ich erwarte von dir, daß du meine Forderung legitimierst und entsprechend reagierst. Es handelt sich also nicht einfach um ein privates Urteil – obwohl es in einem gewissen Sinn ein solches einschließt –, sondern vielmehr um eine Seite eines Dialogs, der unser interpersonelles Zusammenwirken als sich wechselseitig respektierende Partner konstituiert.

### *Die Beute fair aufteilen*

Wie steht es nun mit der Aufteilung der Beute einer gemeinschaftlichen Tätigkeit, die aktiv durch eine gemeinsame Verpflichtung strukturiert wird? Wie oben dokumentiert wurde, teilen sogar schon ganz kleine Kinder großzügig Ressourcen, wenn sie mit anderen kooperiert haben, um sie zu erhalten, und dieses Teilen mündet fast immer in Gleichheit zwischen Partnern (z. B. Warneken et al., 2011). Aber in diesen Untersuchungen mußten die Kinder nichts aufgeben, was sich in ihrem Besitz befand, sondern es nur unterlassen, herrenlose Ressourcen in Beschlag zu nehmen. Dieses Handeln könnte auch daher rühren, daß sie Angst vor einem Konflikt mit dem Partner haben.

Hamann et al. (2011) erschwerten die Situation für die Kinder. In ihrer Untersuchung fanden sich Paare von Dreijährigen am Ende in einer Situation, in der einer von ihnen drei Belohnungen erhalten hatte (das vom Glück begünstigte Kind) und der andere nur eine (das glücklose Kind), so daß das vom Glück begünstigte Kind ein Opfer bringen mußte, um eine gleiche Verteilung herzustellen. Das, was zu der asymmetrischen Verteilung führte, variierte über drei Experimentalbedingungen. In einer Bedingung ergab sich die ungleiche Verteilung daraus, daß die Beteiligten einfach in das Zimmer gingen und entweder drei Belohnungen oder aber nur eine an ihrem jeweiligen Ende der Plattform vorfanden. In dieser Situation waren die Kinder egoistisch: das vom Glück begünstigte Kind teilte fast nie mit dem Partner. In einer zweiten Bedingung zog jedes Kind an seinem eigenen separaten Seil, und das hatte dieselben asymmetrischen Belohnungen zum Ergebnis. Nun teilte das begünstigte Kind manchmal. Aber in einer letzten Bedingung ergaben sich die asymmetrischen Belohnungen aus einer gleichen gemeinschaftlichen Anstrengung seitens der beiden Kinder, die gemeinsam an dem Seil zogen. In diesem Fall teilte das vom Glück begünstigte Kind mit dem glücklosen Kind (um eine 2:2-Aufteilung herzustellen) fast immer! Vermutlich hatten sie den Eindruck, daß, wenn sie beide gleichermaßen daran gearbeitet hatten, die Belohnungen zu bekommen, sie diese auch beide gleichermaßen verdienten. (Bemerkenswert ist: Wenn dasselbe Experiment mit Schimpansen durchgeführt wurde, teilten diese kaum überhaupt etwas, selbst wenn sie nichts anderes zu tun hatten, als dem anderen den Zugang zur Extrabelohnung nicht zu verwehren, und über die Bedingungen hinweg gab es keine Unterschiede.) Dreijährige Kinder werden tatsächlich eine Ressource aufgeben (eine Abneigung gegenüber positiver Ungerechtigkeit zeigen), um die Dinge mit ihrem Kooperationspartner, und nur mit diesem, ins Gleichgewicht zu bringen.

Die naheliegende Interpretation ist, daß Kleinkinder im Kontext einer gemeinsamen intentionalen Tätigkeit den Eindruck haben, daß sie und ihr Partner beide den gleichen Anteil an der Beute *verdienen*. (Man könnte geltend machen, daß diese Kinder nur blindlings einer Regel für das Teilen folgten, die sie von ihren Eltern gelernt hatten. Aber wäre das so gewesen, hätten sie in allen drei Bedingungen die Belohnungen aufgeteilt – es sei denn, was unplausibel erscheint, daß die Regel lautete, Ressourcen nur nach Zusammenarbeit zu teilen.) Aber warum sollte die Zusammenarbeit eine solche dramatische Wirkung auf die Bereitschaft der Kleinkinder haben, eine Ressource aufzugeben, die sie schon besitzen, um einen Ausgleich mit einem Partner herzustellen? Vermutlich fühlten sich die Kinder auf die relevanten Verhaltensideale verpflichtet, sobald sie sich auf die gemeinschaftliche Tätigkeit einließen. Manche Kinder gingen tatsächlich so etwas wie eine gemeinsame Verpflichtung ein, bevor sie begannen, gemeinsam an dem Seil zu ziehen, während andere einfach zueinander hinsahen und auf Blickkontakt warteten, bevor sie begannen, was aufgrund ihres Hintergrundwissens darüber, wie die Apparatur funktionierte, als eine Art von impliziter gemeinsamer Verpflichtung angesehen werden könnte. Jedenfalls scheint irgend etwas an der Zusammenarbeit ein »wir« erzeugt zu haben, das die Kleinkinder dazu führte, ihren Partner so zu sehen, daß er die Beute gleichermaßen verdient. Es war dieser Sinn für gleiche Verdienstlichkeit, so würden wir behaupten, der die Dreijährigen dazu motivierte, bereitwillig eine Ressource auszuhändigen, die sich bereits in ihrem Besitz befand, was sie ansonsten nicht getan haben würden.

Die Behauptung, daß die Kinder in dieser Untersuchung einen Sinn für Verdienstlichkeit haben – im Gegensatz etwa zu einer einfachen Präferenz –, ist entscheidend für jede Erörterung mit Blick auf ihre Moral. Der wesentliche Punkt ist folgender: Obwohl es den Anschein hat, daß es bei der Aufteilung der Beute um die zu verteilenden Ressourcen geht, zeigt das Verhalten der Kinder in den Experimenten, daß tatsächlich etwas anderes im Spiel ist, etwas mehr Interpersonales. Die Schlüsselbeobachtung ist, daß die Zufriedenheit der Menschen mit einer Aufteilung von Ressourcen nicht nur von dem absoluten Wert dessen abhängt, was sie erhalten haben, sondern auch davon, was sie relativ zu anderen Individuen bekamen (Mussweiler, 2003). In den Experimenten von Warneken et al. (2011), Hamann et al. (2011) und anderen erforderte daher die Herstellung von Gleichheit, daß zumindest ein Kind einen sozialen Vergleich zwischen dem zog, was es selbst, und dem, was sein Partner bekommen hatte. Was die Unzufriedenheit produzierte – und tatsächlich auch einen Groll, der in vielen Fällen durch einen zweitpersonalen Protest ausgedrückt wurde –, war nicht die erhaltene absolute Menge, sondern vielmehr die erhaltene Menge im Vergleich zum Partner. Die Zufriedenheit der Partner beruhte grundlegend auf einem sozialen Vergleich.

In Anlehnung an Honneth (2014) können wir sagen, daß mein Groll in solchen Situationen sich nicht auf die absolute Menge an Ressourcen bezieht, die ich erhalte – mit der ich ansonsten zufrieden wäre –, sondern vielmehr auf die Respektlosigkeit, die du mir gegenüber zeigst, indem du dir mehr nimmst als ich, das heißt, indem du der Ansicht bist, daß ich weniger verdiene als du. Das ist nicht fair. Freilich glaube ich auch nicht, daß es fair ist, wenn ich mehr erhalte als du, weil ich dich wirklich als eine gleichermaßen verdienstliche Person betrachte, zumal ich eine gemeinsame Verpflichtung eingegangen bin, um meinen Partner als einen gleichwertigen zweitpersonalen Akteur zu respektieren. Die faire Aufteilung der Beute bezieht sich daher nicht auf eine Gleichheit von »Material«; es geht dabei vielmehr um die Gleichheit des Respekts. Deshalb bin ich nicht einfach nur enttäuscht darüber, daß ich weniger als du bekomme, sondern bin regelrecht empört. Eine gemeinsame Verpflichtung erhöht somit den Einsatz, wenn die Zeit kommt, die Beute unserer gemeinschaftlichen Bemühungen aufzuteilen. Partner, die eine gemeinsame Verpflichtung eingegangen sind, ziehen es nicht einfach nur vor, paritätisch zu teilen; sie sind der Meinung, daß sie es sich gegenseitig schulden.

## *Zweitpersonale Verantwortung und Schuldgefühl*

Weiter oben haben wir dargelegt, daß rollenspezifische Ideale die ersten sozial konstruierten normativen Standards waren. Mittlerweile fühlten sich die Frühmenschen aufgrund der gemeinsamen Verpflichtungen, die sie miteinander eingegangen waren, gegenüber ihren Partnern dafür verantwortlich, diese geteilten Standards zu erfüllen. (NB: Da die Frühmenschen sich nur ihrem Partner gegenüber verantwortlich fühlten, werden wir sagen, daß sie ihrem Partner gegenüber ein Gefühl von zweitpersonaler Verantwortlichkeit hatten; wir werden den Begriff der *Pflicht* für den nächsten Schritt unserer Geschichte vorbehalten, weil er sich auf eine breitere moralische Gemeinschaft bezieht.)

Strategisch gesehen verhielt sich ein Frühmensch kooperativ, wann immer er konnte, um im Pool der potentiellen gemeinschaftlichen Akteure eine kooperative Identität zu schaffen und aufrechtzuerhalten. Er war jemand, auf den man sich verlassen konnte, daß er seine gemeinsamen Verpflichtungen einhielt. Dadurch entstand eine gewisse Dringlichkeit, die anderen kooperativ zu behandeln. Aber Dringlichkeit ist kein »Sollen« oder zumindest kein moralisches »Sollen«. Dafür brauchen wir zwei neue Einstellungen. Die erste ist, daß ich andere deshalb kooperativ behandle, weil sie es verdienen. Ich behandle meinen Partner als eine gleichermaßen verdienstvolle Person, weil … nun … weil er eben eine ist. Die zweite Einstellung ist, daß ich mich mit unserem gemeinsamen Akteur namens »wir« identifiziere, und tatsächlich ist es dieses »wir«, das Urteile über die Verdienstlichkeit abgibt. Diese Urteile repräsentieren daher nicht das, was *»sie«* über mich denken, sondern was *»wir«* über mich denken. Ich entwickle ein Gefühl der persönlichen Identität auf der Grundlage dessen, wie »wir«, unser gemeinsamer Akteur, mich beurteilt. Da ich als ein Repräsentant unseres »wir« mich selbst auf dieselbe Weise beurteile, wie ich andere beurteile, weisen alle meine Urteile eine Unparteilichkeit auf, die ihnen insofern weitere Legitimität verleiht, als sie klarerweise nicht meine selbstdienlichen Motive wiedergeben. Das Gefühl der Frühmenschen für zweitpersonale Verantwortlichkeit – das Gefühl, daß sie ihren Partner kooperativ behandeln »sollten« – war deshalb kein strategisches Reputationsmanagement, sondern vielmehr eine Art sozial normativer Selbstregulation.

Das Gefühl der Schuld nutzt im wesentlichen diesen Prozeß der sozial normativen Selbstregulation, um die eigenen abgeschlossenen Handlungen zu beurteilen (NB: Da die Frühmenschen nur innerhalb der Grenzen einer gemeinsamen Verpflichtung mit einem Partner Schuld empfanden, werden wir sagen, daß sie eine Art von zweitpersonaler Schuld empfanden.) Dabei geht es nicht nur darum, sich selbst zu bestrafen, obwohl auch ein solches Element darin enthalten ist; im Vordergrund steht vielmehr das Urteil »Ich hätte das nicht tun sollen«. Das »Sollen« bedeutet auch hier, daß das Urteil von etwas Größerem herkommt, mit dem ich mich identifiziere – nämlich von unserem »wir« –, und deshalb glaube ich an seine Legitimität. Diejenigen, die nichtkooperativ agieren und dann nur deshalb Reue empfinden, weil sie Angst haben, daß die anderen es entdecken und sie dafür bestrafen werden, fühlen sich eigentlich überhaupt nicht schuldig. Sich schuldig fühlen bedeutet, daß mein gegenwärtiges Selbst als Repräsentant des »wir«, das ich mit meinem Partner mittels einer gemeinsamen Verpflichtung gebildet habe, glaubt, daß mein nichtkooperativer Akt es verdient, getadelt zu werden. Und ein zusätzliches Gefühl von Legitimität leitet sich von der Tatsache ab, daß ich mich selbst im Hinblick auf nichtkooperative Akte unparteiisch beurteile, genauso wie ich andere beurteile: Ich tadele jeden, der so handelt, einschließlich mich selbst.

Die normative (und nicht bloß strategische) Kraft der Schuld tritt offen in der Art und Weise zutage, wie sie Menschen dazu führt, die Schäden, die sie angerichtet haben, wiedergutzumachen. Als beispielsweise dreijährige Kinder in einem kürzlich durchgeführten Experiment Mitgefühl für ein anderes Kind empfanden, dessen Spielzeug kaputtgegangen war, versuchten sie nicht sehr häufig, es zu reparieren (obwohl das wahrscheinlich gewürdigt worden wäre). Aber wenn sie selbst das Spielzeug des anderen Kindes versehentlich zerbrochen hatten, gaben sie sich große Mühe, es zu reparieren (und zwar viel mehr, als wenn sie das Spielzeug zerbrochen hatten, dadurch aber niemandem ein Leid zugefügt wurde) (Vaish et al., im Druck). Schuld, und zwar auch die zweitpersonale, ermuntert zur Abkehr von der Handlung, durch die sie erzeugt wurde, und zu Wiedergutmachungsversuchen.

Das Gefühl der Frühmenschen für zweitpersonale Verantwortlichkeit leitete sich somit sowohl von der positiven Motivation ab, der eigenen kooperativen und persönlichen Identität gerecht zu werden – so daß ich mich selbst als jemanden beurteilen kann, der eine respektvolle Behandlung als zweitpersonaler Akteur verdient –, als auch von einer Art vorsorglichem Versuch, die legitime Bestrafung durch meinen Partner und mich selbst zu vermeiden. Als ein Beispiel dafür ließen in einem Experiment aus jüngerer Zeit Gräfenhain et al. (2009, Untersuchung 2) ein Kind und einen Erwachsenen die gemeinsame Verpflichtung eingehen, zusammen ein Spiel zu spielen. Dann lockte ein anderer Erwachsener das Kind mit einem neuen, attraktiveren Spiel. Als Reaktion darauf ließen zweijährige Kinder alles stehen und liegen und machten sich auf, um das neue Spiel zu spielen. Aber dreijährige Kinder verstanden ihre gemeinsame Verpflichtung und handelten verantwortlich; bevor sie weggingen (falls sie das überhaupt taten), zögerten sie und schauten den Erwachsenen an, und häufig unternahmen sie eigens etwas, um »Abschied zu nehmen«, indem sie beispielsweise das Werkzeug übergaben, das in dem Spiel benutzt wurde oder sich gar verbal entschuldigten (viel häufiger als in genau derselben Situation ohne vorherige gemeinsame Verpflichtung). Die Kinder erkannten, daß sie eine gemeinsame Verpflichtung hatten, und weil deren Verletzung ihrem Partner schaden und ihn mißachten würde, hatten sie die Verantwortung, ihm gegenüber anzuerkennen, daß sie sie verletzten und das bedauerten. Erwachsene »verabschieden sich« in ähnlichen Situationen immer, weil sie wissen, daß sie um Erlaubnis bitten müssen, eine gemeinsame Verpflichtung zu brechen, und daß ihr Partner ihnen diese Erlaubnis erteilen muß. Darin besteht verantwortliches Handeln gegenüber dem eigenen Partner, bevor es zu einer Art von zweitpersonalem Protest oder zu einem Schuldgefühl wegen der Nichtkooperation kommt.

Zweitpersonale Verantwortlichkeit und zweitpersonale Schuld waren also die ersten sozial normativen Einstellungen der menschlichen Spezies und leiteten sich vermutlich von einer Internalisierung des Prozesses verärgerten zweitpersonalen Protests ab. Das Individuum als Repräsentant des »wir«, das es durch eine gemeinsame Verpflichtung gebildet hatte, protestierte gegen sich selbst dafür, daß es andere auf eine Weise behandelt hatte, wie sie nicht verdienten, behandelt zu werden. Diese Einstellungen beruhten zum Teil auf strategischen Anliegen im Hinblick auf die Aufrechterhaltung der eigenen kooperativen Identität, zugleich aber waren sie auch echte moralische Einstellungen in dem Sinne, daß das Individuum urteilte, daß es sich seinem Partner gegenüber verantwortlich verhalten solle, weil er es verdient, und außerdem, weil die gemeinsame Verpflichtung implizierte, daß Nichtkooperation seitens irgendeines Partners unparteiisch verurteilt werden sollte, weil sie das verdient.

Jedenfalls wird in Abbildung 3.1 auf die Gefahr der Übervereinfachung hin eine schematische Darstellung der elementarsten Elemente gemeinsamer intentionaler Tätigkeit gegeben, die durch eine gemeinsame Verpflichtung strukturiert sind.

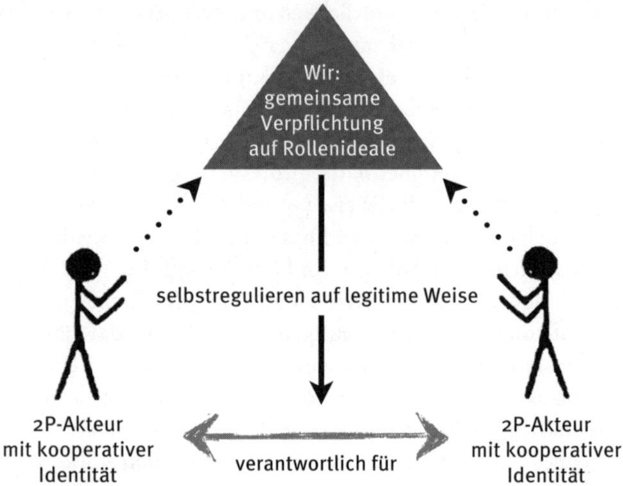


*Abbildung 3.1:* Gemeinsame intentionale Tätigkeit, bei der zwei zweitpersonale (2P) Akteure mit kooperativen Identitäten ihre Fähigkeiten zu gemeinsamer Intentionalität und kooperativer Kommunikation nutzen, um eine gemeinsame Verpflichtung einzugehen und ergo ein überindividuelles »wir« zu schaffen, das auf normativem Vertrauen beruht (die beiden punktierten Pfeile, die nach oben auf das Dreieck zeigen), das legitimerweise zur Selbstregulation (der ausgefüllte, nach unten zeigende Pfeil) der gemeinschaftlichen Tätigkeit (der waagrechte, in beide Richtung weisende Pfeil) dient. Die gemeinsame Verpflichtung besteht darin, in Übereinstimmung mit ihren Rollenidealen aus dem gemeinsamen Hintergrund zu handeln, die ihre Beiträge und die ihres Partners zum gemeinsamen Erfolg definieren; das heißt die Verpflichtung besteht darin, verantwortungsvoll in Richtung auf ihr gemeinsames Ziel zu handeln.

KASTEN 1.
Zusammenarbeit bei Menschen und Menschenaffen

Die Behauptung lautet, daß Menschen gewisse für die Spezies einzigartige psychologische Kompetenzen zur gemeinschaftlichen Nahrungssuche entwickelten. Eine Vielzahl experimenteller Untersuchungen, über die in diesem Kapitel berichtet wurde und die Menschenaffen mit Kindern vergleichen, illustrieren diese stärker kooperative Orientierung und liefern somit zumindest indirekte Belege für den ersten Schritt in dieser hypothetischen Evolutionsgeschichte. Die Tatsache, daß die Kinder in fast allen diesen Untersuchungen zu jung waren, um vollständig an der stärker an der Gruppe ausgerichteten Normativität ihrer Kultur zu partizipieren, deutet auf ein Stadium in der Entwicklung der menschlichen Moral hin, das hauptsächlich zweitpersonal war. Es folgt nun eine Zusammenfassung der einschlägigsten dieser Untersuchungen. In allen Fällen werden die Ergebnisse durch Aussagen darüber zusammengefaßt, was Kleinkinder tun, das andere Menschenaffen nicht tun. In jedem Fall, außer wenn besonders darauf hingewiesen wird, handelt es sich um ausdrücklich vergleichende Untersuchungen anhand von Methoden, die so entworfen wurden, daß sie mit Blick auf die verschiedenen Spezies so ähnlich wie möglich sind.

*Gemeinsame Intentionalität und kooperative Kommunikation:* Kleinkinder, aber nicht Menschenaffen,

- bilden gemeinsame Ziele und gemeinsame Aufmerksamkeit mit anderen aus, zusammen mit den individuellen Rollen und individuellen Perspektiven, die diese implizieren (Warneken et al., 2006; Tomasello und Carpenter, 2005);
- vertauschen ihre Rollen bei gemeinschaftlichen Tätigkeiten auf Weisen, die ein perspektivisches Wissen um die Austauschbarkeit von Rollen zeigen (Fletcher et al., 2010 2); und

- kommunizieren kooperativ, um die Zusammenarbeit zu koordinieren (Warneken et al., 2006; Melis et al., 2009), unter anderem auch, um die Zusammenarbeit in Szenarien vom Typ der Hirschjagd einzuleiten (Duguid et al., 2014).

*Die Aufteilung der Beute:* Kleinkinder, aber nicht Menschenaffen,

- teilen die Beute einer gemeinschaftlichen Anstrengung, auch wenn diese leicht von einem Partner monopolisiert werden kann (Melis et al., 2006b; Warneken et al., 2011);
- teilen Ressourcen auf ausgeglichenere Weise mit anderen, wenn sie das Ergebnis einer gemeinschaftlichen Anstrengung sind (Hamann et al., 2011); und
- bevorzugen gemeinschaftliche Nahrungsbeschaffung gegenüber Alleingängen, selbst wenn die Ergebnisse identisch sind (Bullinger et al., 2011a; Rekers et al., 2011).

*Partnerwahl und Partnerkontrolle:* Kleinkinder, aber nicht Menschenaffen,

- teilen einen geringeren Anteil an der Beute einer Zusammenarbeit mit einem Trittbrettfahrer als mit einem Partner (Melis et al., 2011a, 2013);
- helfen anderen als Reaktion auf deren unmittelbar vorausgehende Hilfe (Warneken und Tomasello, 2013; Melis et al., 2008); und
- modifizieren ihre eigenen kooperativen und unkooperativen Verhaltensweisen in Abhängigkeit davon, ob gleichaltrige Artgenossen zuschauen (Engelmann et al., 2012).

*Gemeinsame Verpflichtung:* Kleinkinder, aber nicht Menschenaffen,

- verpflichten sich auf eine gemeinschaftliche Tätigkeit bis zu deren Abschluß und bleiben sogar noch präsent, um ihrem Partner zu helfen, nachdem sie ihren Anteil der Beute erhalten haben (Hamann et al.; Gräfenhain et al., 2013; Greenberg et al., 2010);

– bleiben eher bei der Sache, wenn eine explizite gemeinsame Verpflichtung eingegangen wurde, als wenn das nicht der Fall war, und verabschieden sich von anderen, wenn sie eine gemeinsame Verpflichtung brechen (Gräfenhain et al., 2009; es gibt keine Untersuchungen mit Menschenaffen, die hierfür unmittelbar relevant wären); und
– protestieren respektvoll, wenn ein Partner eine gemeinsame Verpflichtung bricht, und dann reagiert der Partner entsprechend (Warneken et al., 2011; Melis et al., 2006b). Sie empfinden sogar Schuldgefühle, wenn sie selbst einem anderen schaden (Vaish et al., im Druck; es gibt keine unmittelbar relevanten Untersuchungen mit Menschenaffen).

Diese empirischen Tatsachen erbringen unserer Ansicht nach jenseits vernünftiger Zweifel den Nachweis dafür, daß Menschen in einer Weise biologisch an die Zusammenarbeit angepaßt sind, wie das für andere Menschenaffen nicht gilt. Es ist möglich, daß einige dieser Unterschiede darauf zurückgehen, daß Eltern ihre Kinder kooperative Handlungsmöglichkeiten lehren oder ein Vorbild darin sind, und daher umfaßt der normale ontogenetische Pfad auch den Input seitens der Eltern. Aber (1) scheinen Menschenaffen nicht geneigt zu sein, ihre Kinder auf dieselbe Weise Kooperation zu lehren, und (2) lautet unsere Spekulation, daß elterliches Lehren und Vorbildsein für diese früh auftauchenden Fertigkeiten nicht notwendig sind, auch wenn dadurch die Ontogenese der Kooperation in der späteren Entwicklung stark beeinflußt wird. (Außerdem eignet sich die Untersuchung des Teilens nach einer Zusammenarbeit von Hamann et al. [2001] überhaupt nicht für Erklärungen, die mit elterlicher Sozialisation operieren.) Umfangreichere kulturübergreifende Forschungen, die Kulturen umfassen, welche sich hinsichtlich der Häufigkeit und der Bedeutung des elterlichen Vorbildcharakters und Lehrens von Kooperation unterscheiden, würden dazu beitragen, diese Frage zu klären.

Klassische Gesellschaftsvertragstheoretiker wie Hobbes und Rousseau stellten sich isolierte menschliche Individuen vor, die zusammenkommen und einen Gesellschaftsvertrag für eine vollausgebildete bürgerliche Gesellschaft vereinbaren. Weder sie selbst noch sonst irgend jemand faßte das als Beschreibung wirklicher historischer Ereignisse auf, und tatsächlich pflegen kontraktualistisch gesinnte Moralphilosophen heute zu sagen, daß die Struktur von Gesellschaften so ist, »als ob« es eine Vereinbarung gäbe. Was wir hier jedoch postulieren, ist ein ursprünglicher evolutionärer Schritt über die Menschenaffen hinaus (die zwar sozial, aber nicht besonders kooperativ und daher bis zu einem gewissen Grad isolierte Individuen sind), durch den die Frühmenschen neue überindividuelle soziale Strukturen durch wirkliche explizite Vereinbarungen schufen. Diese überindividuellen sozialen Strukturen sind zwar noch sehr weit von kompletten bürgerlichen Gesellschaften entfernt – es handelt sich um nur lokale und zeitweilige gemeinsame Verpflichtungen zwischen zwei gemeinschaftlichen Partnern –, aber nichtsdestoweniger sind sie wirkliche und vollständige Vereinbarungen. Frühmenschen, die in gemeinsamen intentionalen Tätigkeiten zusammenarbeiten, welche durch explizite gemeinsame Verpflichtungen eingeleitet und selbstreguliert werden, stellen somit den ersten Evolutionsschritt in der Naturgeschichte des menschlichen Gesellschaftsvertrags dar.

Das Ziel dieses Kapitels bestand in der Beschreibung und Erklärung dessen, wie dieser erste Schritt im menschlichen Gesellschaftsvertrag zustande kam. Ganz grundsätzlich haben wir versucht, die vor etwa 400 000 Jahren entstehende Moralpsychologie der Frühmenschen als ein neues Set psychologischer Anpassungen an ein neues Set sozialer Bedingungen zu charakterisieren. Dies war kein bescheidener erster Schritt auf dem Weg zu einer völlig modernen menschlichen Moral, sondern es war, so die Behauptung, der entscheidende moralische Schritt, der der modernen menschlichen Moral alle ihre wesentlichsten und charakteristischsten Elemente aufprägte.

Wir haben die Moral der Frühmenschen in Begriffen psychologischer Anpassungen an einen bestimmten Lebenswandel geschildert: obligate gemeinschaftliche Nahrungssuche mit Partnerwahl. Die grundlegende Änderung gegenüber anderen Menschenaffen lag darin, daß die Frühmenschen von anderen abhängiger wurden, ebenso wie die anderen von ihnen abhängiger wurden – sie wurden interdependenter – im Hinblick auf die Beschaffung ihrer lebensnotwendigen Ressourcen. Wir haben dargelegt, daß die daraus resultierende Moralpsychologie eine genuine Moral insofern war, als die proximalen Ziele der Individuen oft darin bestanden, anderen zu helfen und sie so zu behandeln, wie sie es verdienten, nämlich fair. Diese neuen moralischen Einstellungen trugen einen wesentlichen Teil dazu bei, eine neue Form der Rationalität zu konstituieren, die kooperative Rationalität, mit deren Hilfe die Frühmenschen ihrer neuen kooperativen Welt einen Sinn abgewannen und angemessene Verhaltensentscheidungen darüber trafen, wie man in ihr am besten Kurs halten konnte.

Wir können die genuin moralischen Dimensionen der frühmenschlichen sozialen Interaktion anhand der folgenden drei Formeln schematisch darstellen:

du > ich

du = ich

wir > ich

In allen drei Formeln wird das Selbst, »ich«, entweder mit einem anderen Akteur gleichgesetzt oder ihm untergeordnet. Diese genuin moralischen Einstellungen trugen bei einem beliebigen Entscheidungsereignis zwar nicht automatisch den Sieg davon, aber ihre Existenz als wirkmächtige Kräfte in der Psychologie der Frühmenschen bedeutete, daß die Individuen erstmals zumindest die Möglichkeit hatten, eine genuin moralische Entscheidung zu treffen.

DU > ICH. Die »du > ich«-Formel stellt die grundlegende Einstellung dar und war Bestandteil der frühmenschlichen Moral des Mitgefühls. Wenn die Kosten nicht zu hoch waren, halfen die Frühmenschen einander ebenso, wie andere Menschenaffen einander halfen. Aber während andere Menschenaffen nur Verwandten und Freunden halfen, begannen die Frühmenschen, zusätzlich ihren (potentiellen) gemeinschaftlichen Partnern zu helfen, und zwar unabhängig davon, wie ihre Beziehung zu diesen in der Vergangenheit war; es ging nur um's Geschäft. Da diese Hilfe auf der Logik der Interdependenz beruhte, halfen sie den anderen nicht bei jedem beliebigen, leichtfertigen Ziel; vielmehr bezogen sie sich paternalistisch auf deren Wohlergehen (möglicherweise auf der Grundlage eines Smithschen Mitgefühls), um ihrem potentiellen Partner dabei zu helfen, in guter Verfassung für zukünftige gemeinschaftliche Tätigkeiten zu bleiben. Da der Helfende auf der Ebene der Evolution einen Nutzen aus diesen Akten zog, würden manche Theoretiker dieses Motiv des Mitgefühls für eine Illusion halten. Aber das gilt nicht für die psychologische Ebene, auf der die mitfühlende Anteilnahme der Frühmenschen am Wohlergehen der anderen authentisch war.

DU = ICH. Diese Formel stellt die fundamentale kognitive Einsicht dar, die der Fairneßmoral der Frühmenschen zugrunde liegt. Sie leitete sich aus der kognitiven Zwei-Ebenen-Struktur der gemeinsamen Intentionalität und von der neuen sozialen Ordnung ab, die diese Struktur erzeugte. Als eine Anpassung an Probleme der sozialen Koordination bei der gemeinschaftlichen Nahrungssuche umfaßte die Zwei-Ebenen-Struktur aus Gemeinsamkeit und Individualität den gemeinsamen Akteur »wir«, wie er von den Kooperationspartnern »du« und »ich« (perspektivisch definiert) konstituiert wurde. Jeder Partner hatte eine Rolle zu spielen, wenn die Zusammenarbeit erfolgreich sein sollte, und im Lauf der Zeit entwickelten die einzelnen Dyaden ein gemeinsames Hintergrundverständnis – von einer »Vogelperspektive« aus – derjenigen Rollenideale, die bei bestimmten gemeinschaftlichen Tätigkeiten zum Zweck des gemeinsamen Erfolgs erfüllt werden mußten. Die Vogelperspektive auf den Prozeß der Kooperation – die implizierte, daß die Rollen zwischen den Partnern ausgetauscht werden konnten, ohne daß sich die jeweiligen idealen Standards änderten – führte zur Anerkennung der Selbst-andere-Äquivalenz im Kooperationsprozeß. Diese Anerkennung war zwar nicht schon ihrerseits moralisch, aber sie bildete das Fundament für eine Art von unparteiischer Einstellung – das Selbst als nur ein Bestandteil der Partnerschaft und als denselben Bewertungsstandards unterworfen wie der Partner (siehe Nagel 1970, 1986) –, die für die Entstehung der Fairneßmoral grundlegend war. Anders als beim auf Interdependenz beruhenden Mitgefühl war die Vorstellung, der andere sei äquivalent zu einem selbst kein Motiv und wurde auch überhaupt nicht direkt auf der Ebene der Evolution selektiert; sie war einfach ein Teil der kognitiven Struktur gemeinsamer Intentionalität, die zum Zweck einer effektiven sozialen Koordination angepaßt wurde. Vom Gesichtspunkt der Moral aus können wir uns die Anerkennung der Äquivalenz von Selbst und anderen als eine Art von struktureller Spandrille vorstellen, die die Vorstellung der Individuen von Dingen grundlegend formte.

Aber in Kombination mit anderen entstehenden Motiven und Einstellungen war die Anerkennung der Selbst-andere-Äquivalenz entscheidend für die Herausbildung der fundamentalsten Einstellung in der Fairneßmoral: den Sinn für wechselseitigen Respekt und die Verdienstlichkeit zwischen (potentiellen) Partnern. Im Kontext der Partnerwahl für eine gemeinschaftliche Tätigkeit der Nahrungsbeschaffung verstanden die Frühmenschen ihre Interdependenz in dieser Situation – und wußten, daß ihr Partner das auch wußte –, so daß alle Partner die Verhandlungsmacht hatten und in der Position waren, eine gute Behandlung zu verlangen. Gemeinsam mit der kognitiven Erkenntnis der Äquivalenz von Selbst und anderen führten diese Macht und Position zu einem wechselseitigen Respekt zwischen (potentiellen) Kooperationspartnern. Im Zusammenhang damit benötigten die Frühmenschen eine gewisse Kontrolle über Trittbrettfahrer. Wieder in Kombination mit der kognitiven Erkenntnis der Äquivalenz zwischen dem Selbst und den anderen bildeten die Individuen allmählich einen Sinn für die gleiche Verdienstlichkeit der Kooperationspartner beim Teilen der Beute aus, im Gegensatz zu Trittbrettfahrern. Als Ergebnis dieser beiden Entwicklungen wurden die Frühmenschen zu zweitpersonalen Akteuren, die in der Position waren, von ihrem Partner Respekt und ihren rechtmäßigen Anteil zu verlangen. Obwohl es an diesem Punkt noch keine öffentlich geteilten Reputationen gab, entwickelte jedes Individuum eine kooperative Identität (die als Teil der persönlichen Identität verinnerlicht wurde) als jemand, dem spezifische andere Partner vertrauen konnten. Ein Versagen in dieser Hinsicht löste bei anderen Groll aus und schadete daher der kooperativen und persönlichen Identität einer Person.

WIR > ICH. Schließlich repräsentiert die »wir > ich«-Formel die Art und Weise, wie zweitpersonale Akteure miteinander eine gemeinsame Verpflichtung zur Zusammenarbeit eingingen und daher die Gesamtkontrolle über ihre Einzelhandlungen uneingeschränkt an den gemeinsamen Akteur »wir« abtraten. Da die gemeinsame Verpflichtung bei der kooperativen Kommunikation öffentlich war, konnten die Individuen nicht leugnen, daß sie diese Verpflichtung eingegangen waren oder daß sie wußten, wie sie zu erfüllen ist. Die gemeinsame Verpflichtung erzeugte eine überindividuelle soziale Struktur, »wir«, welche die gemeinschaftliche Interaktion auf legitime Weise selbstregulierte, abgesichert durch die Möglichkeit eines legitimen zweitpersonalen Protests und durch Sanktionen. Die überindividuelle Entität, die von »uns« geschaffen wurde, um »uns« zu regulieren, spiegelte somit die Rousseausche Fähigkeit wider, sich an ein »wir« zu binden, sowohl in positiver Hinsicht, um nach einer tugendhaften kooperativen Identität zu streben, als auch in negativer, indem man legitime Sanktionen seitens des »wir« vermied. Die Internalisierung dieses selbstregulativen Prozesses konstituierte einen Sinn für die zweitpersonale Verantwortlichkeit gegenüber dem eigenen Partner, verstärkt von einem echten Gefühl zweitpersonaler Schuld, wenn man der eigenen Rolle nicht gerecht wurde.

Daher war es für die Frühmenschen rational – kooperativ rational –, miteinander gemeinsame Verpflichtungen im Kontext obligater gemeinschaftlicher Nahrungssuche mit Partnerwahl einzugehen. In diesem interdependenten Zusammenhang ist mir an meinem Partner (»du«) gelegen, und deshalb erscheint es sinnvoll, im Entscheidungsprozeß einen Teil der Kontrolle aufzugeben (»wir > ich«), um den Gesamtnutzen zu maximieren. Und im Schatten der Zukunft muß ich tun, was ich kann, um meine kooperative Identität mit jedem einzelnen Partner aufrechtzuerhalten. Aber zusätzlich und in einem nichtstrategischen Sinn betrachteten die Partner einer gemeinsamen Verpflichtung einander mit wechselseitigem Respekt als gleichermaßen verdienstliche zweitpersonale Akteure (im Gegensatz zu Trittbrettfahrern). Diese Art von Respekt beruhte im Grunde auf der Anerkennung der Äquivalenz von Selbst und anderen durch das Individuum, eine Anerkennung, die nichts mit Strategie, sondern nur mit der Wirklichkeit zu tun hatte. Ohne irgendeine Art von motivationaler Aktivierung, die aus einem bestimmten sozial-interaktiven Kontext hervorging, war diese Anerkennung zwar untätig, aber dennoch strukturierte sie die Art und Weise, wie Individuen verstanden, was sie taten und tun sollten. Wenn zwei Frühmenschen eine gemeinsame Verpflichtung zur Zusammenarbeit eingingen, glaubten sie aufrichtig, daß jeder von ihnen seine Rollenideale erfüllen sollte; ihr Partner verdiente das. Und wer auch immer die Verpflichtung brach, man selbst eingeschlossen, verdiente zu Recht – aus einer unparteiischen Perspektive –, verurteilt zu werden.

Die kooperative Rationalität, die wir hier postulieren, ist die letztendliche Quelle des menschlichen Sinns von »Sollen«. Die kooperative Rationalität der Frühmenschen erweitert die menschlichen Pro-Einstellungen, um das Wohlergehen anderer einzuschließen, sie setzt zweitpersonale Akteure voraus, die einander als gleichermaßen Respekt und Ressourcen verdienende betrachten, und sie konzentriert sich auf individuelle Entscheidungsprozesse, die innerhalb des Kontextes des gemeinsamen Akteurs namens »wir« stattfinden, der durch eine gemeinsame Verpflichtung gebildet wurde. Diese neuen Elemente in den Entscheidungsprozessen von Individuen erzeugten einen sozial normativen Sinn von »Sollen«, der nicht nur eine Präferenz oder ein Gefühl war, sondern vielmehr die dynamische Kraft hinter ihren Handlungen. Das ist offenkundig, weil individuelle Entscheidungsprozesse durch eine Art von Druck, einen zweckrationalen Druck, charakterisiert sind, auf eine bestimmte Weise zu handeln: Wenn mein Ziel ist, Honig zu bekommen, und ich weiß, daß die Verwendung dieses bestimmten Werkzeugs dieses Ziel unter den gegenwärtigen Umständen erreichen wird, dann ist es sinnvoll, daß ich dieses Werkzeug verwende (ich sollte es tun). Der Vorschlag lautet nun, daß die Frühmenschen bei der Anpassung an die obligate gemeinschaftliche Nahrungssuche mit Partnerwahl ein neues Set sozialer Umstände schufen – eine neue soziale Ordnung, die auf Prozessen gemeinsamer Intentionalität und zweitpersonalem Handeln gründet –, in dem es sinnvoll war, moralisch zu handeln. Auf diese Weise entwickelten sie eine Art von zweitpersonaler Verantwortlichkeit gegenüber ihren Kooperationspartnern – das ursprüngliche »Sollen« –, die nicht nur eine blinde Emotion oder Präferenz war, sondern vielmehr ein Gefühl kooperativ-rationalen Drucks, der ihre Entscheidungsprozesse anregte.

Unsere drei verschiedenen Formen der Selbstunterordnung – »du > ich«, »du = ich« und »wir > ich« – ergaben also einen Sinn; sie waren rational im Kontext eines Lebenswandels, in dem die Individuen unmittelbar und notgedrungen im Hinblick auf ihre elementarsten Bedürfnisse wechselseitig voneinander abhängig waren. Sie waren kooperativ rational vor dem Hintergrund solcher spezifischen kooperativen Herausforderungen wie: einen guten Partner auswählen, sicherstellen, daß man selbst als Partner gewählt wird, verhaltensbezogene Ideale der Rollenausübung für beide Partner anerkennen, auf die Bitte eines Partners um Hilfe reagieren, um das Vertrauen von anderen bei einer gemeinsamen Verpflichtung werben, Beute, die die Zusammenarbeit hervorgebracht hat, zur wechselseitigen Zufriedenheit aufteilen, die Handlungen des Partners und der eigenen Person bewerten, die Handlungen des Partners zu kontrollieren versuchen, auf den Protest des Partners angemessen reagieren, Trittbrettfahrer von der Beute ausschließen und das eigene Verhalten in Akten der Eindruckssteuerung und/oder

der zweitpersonalen Verantwortlichkeit präventiv korrigieren. Die Entscheidung, wie man in diesen und ähnlichen Situationen handeln soll, konnte entweder strategisch getroffen werden, indem man nur auf die eigenen Interessen schaute, oder moralisch, indem man die Interessen eines Partners von gleicher Verdienstlichkeit und den gemeinsamen Akteur berücksichtigte, den man mit ihm bildete. Und so entstanden echte, wenn auch nur lokale, moralische Wesen.

### *Aber kann es überhaupt eine rein zweitpersonale Moral geben?*

Was wir hier zu charakterisieren versucht haben, ist eine rein zweitpersonale Moral. Das ist nicht dasselbe Ziel wie das anderer zeitgenössischer Theoretiker des Zweitpersonalen. Beim Versuch, die heutige menschliche Moral in zweitpersonalen Begriffen zu erklären, gehen beispielsweise Darwall (2006, 2013) und andere von Individuen aus, die in einer Kulturgruppe leben, welche von allen möglichen Arten kultureller (und womöglich auch religiöser und rechtlicher) Normen regiert wird. So sagt Darwall, daß eine Person, wenn sie eine moralische Forderung an eine andere Person stellt – zum Beispiel beim moralischen Protest –, sie dies mit Bezug auf wechselseitig anerkannte soziale Normen tut, die von der moralischen Gemeinschaft im ganzen ausgehen und für sie gelten. Darwall macht die Möglichkeit einer zweitpersonalen Moral außerhalb eines kulturellen Kontexts nicht direkt zum Thema.

Strawson (1962, S. 15f.) meint, daß die Möglichkeit einer rein zweitpersonalen Moral kaum vorstellbar sei, weil er glaubt, daß das auf eine Welt »moralischer Solipsisten« hinausläuft, von denen jeder meint, er sei der einzige Autor und das einzige Ziel reaktiver Einstellungen, was schon beinahe ein Widerspruch in sich ist. Aber an dieser Stelle spielt die gemeinsame Intentionalität ihre entscheidende Rolle. Die Frühmenschen, die wir uns hier vorstellen, können keine Solipsisten irgendeiner Art sein, weil sie ständig mit anderen verschiedene Arten von »Wir«-Beziehungen eingehen, unter anderem gemeinsame Verpflichtungen. Und innerhalb dieser »Wir«-Beziehungen handeln und reagieren sie nicht einfach nur aufeinander als Individuen mit persönlichen Präferenzen und Einstellungen; vielmehr halten sie sich wechselseitig für rechenschaftspflichtig mit Bezug auf mehr oder weniger unparteiische Standards, die von jedem von ihnen unabhängig sind. Die unparteiischen Standards, an die sich die Individuen durch eine gemeinsame Verpflichtung binden, stellen das entscheidende dritte Element dar – den externen Schiedsrichter –, von dem viele Gesellschaftstheoretiker glauben, daß es für die Existenz der Vorstellungen von Fairneß und Gerechtigkeit zuallererst notwendig ist (z. B. Kojève, 1982/2000).

Daher würden wir folgendes geltend machen: Wenn das Wesen einer moralischen Beziehung darin besteht, daß Individuen sich einander im Hinblick auf wechselseitig bekannte und unparteiische normative Standards verpflichten, so sind die Frühmenschen, die wir uns hier vorstellen, tatsächlich moralische Beziehungen eingegangen. Es ist nur so, daß die normativen Standards lediglich jene rollenspezifischen Ideale waren, die den spezifischen gemeinsamen intentionalen Tätigkeiten der Dyade innewohnten, und daß die Verpflichtung nur lokal und zeitweilig bestand. Die Tatsache, daß zwei- und dreijährige Kinder – die noch nicht auf sinnvolle Weise außerhalb der Dyade sozial interagieren – so verfahren, indem sie gegen ungleiche Behandlung protestieren und einen solchen Protest von anderen respektieren, liefert einen Existenzbeweis dafür, daß es so etwas wie eine rein zweitpersonale Moral ohne Bezug auf allgemeinere kulturelle Normen gibt. Die Frühmenschen waren somit Wesen, die miteinander direkt und zweitpersonal moralisch interagierten; allerdings mischten sie sich nicht in die sozialen Interaktionen von Dritten ein, die sie nicht mehr oder weniger direkt betrafen. Ihre Moral war daher begrenzt und lokal, aber, so würden wir behaupten, sie war trotzdem eine echte Moral. Sie war offenkundig keine voll ausgebildete, an der Gruppe ausgerichtete, kulturelle Moral eines »objektiven« Richtig und Falsch, die für jeden und jede in allen Situationen galt. Vielmehr war sie eine Moral für nur einen bestimmten Typ sozialer Tätigkeit – obgleich dieser unmittelbare, dringliche und ständige Bedeutung hatte –, und das bedeutete, daß die Frühmenschen sich in vielen anderen Alltagstätigkeiten immer noch sehr stark wie Menschenaffen verhielten. Aber schon bald wurde mit dem Aufkommen des modernen Kulturlebens der Menschen diese noch recht begrenzte und lokale Verfahrensweise völlig umgekrempelt.

4

# »Objektive« Moral

Eine Pflicht hat immer die Form einer Reaktion auf die Bedrohung durch einen Identitätsverlust.

CHRISTINE KORSGAARD, *The Sources of Normativity*

Kurz nachdem der moderne Mensch – vor etwa 150000 Jahren, irgendwo in Afrika – aus dem Frühmenschen hervorgegangen war, begann er, getrennte und eigenständige Kulturgruppen zu bilden, die miteinander um Ressourcen konkurrierten. Interdependenz herrschte jetzt nicht nur auf der Ebene der kooperierenden Dyade und nicht nur im Bereich der Nahrungssuche, sondern auch auf der Ebene der gesamten Kulturgruppe und in allen Lebensbereichen. Die Kulturgruppe wurde somit zu einem großen Gemeinschaftsunternehmen, für das alle seine Mitglieder gut sorgen mußten, damit es ihnen gutgehen konnte. Personen, die nicht zur Gruppe gehörten, waren im wesentlichen Trittbrettfahrer oder Konkurrenten – Barbaren – und wurden deshalb von der kulturellen Zusammenarbeit ausgeschlossen.

Für die modernen Menschen bestand die Herausforderung darin, von einem Leben, das auf interdependenter Zusammenarbeit mit bekannten Partnern beruhte, zu einem Leben überzugehen, das in einer Kulturgruppe mit allen möglichen Arten interdependenter Gruppengenossen gelebt wurde. In kognitiver Hinsicht wurden Fertigkeiten und Motivationen nicht nur gemeinsamer Intentionalität, sondern kollektiver Intentionalität benötigt. Diese Fertigkeiten in Verbindung mit neuen leistungsfähigen Fertigkeiten der kulturellen Weitergabe ermöglichten es den Individuen, verschiedene Typen konventioneller Kulturpraktiken zu schaffen, die im kulturellen gemeinsamen Hintergrund der Gruppe geteilt wurden. Die Rollen bei konventionellen Kulturpraktiken waren völlig akteursunabhängig: Ihre Rollenideale bestanden in dem, was jeder, der einer von uns ist (also jede rationale Person), tun müßte, um den kollektiven Erfolg zu fördern. An einem bestimmten Punkt wurden diese maximal verallgemeinerten idealen Standards als die »objektiv« richtigen (und nicht falschen) Weisen der Rollenerfüllung konzeptualisiert, einschließlich der generischen Rolle, einfach nur ein beitragendes Mitglied der Kultur zu sein. Um an einer konventionellen Kulturpraxis teilzuhaben – auch in dem Fall, daß sie zu einer Institution formalisiert wurde –, mußte das Individuum vordringlichst darauf bedacht sein, mit dieser richtigen Art, die Dinge zu tun, übereinzustimmen. Manche konventionellen Kulturpraktiken und die mit ihnen verknüpften Rollen betrafen Dinge, denen gegenüber die Individuen bereits zweitpersonale moralische Einstellungen hatten; das heißt, sie betrafen potentielle Fragen des Mitgefühls und der Fairneß. In diesen Fällen gaben die normativen Rollenideale nicht einfach nur an, was konventionell richtig und falsch war, sondern auch, was moralisch richtig und falsch war.

Dieser Teil des Übergangs von der Zusammenarbeit zur Kultur war relativ unkompliziert: Alles bewegte sich vom Dyadischen und Lokalen zum Universalen und »Objektiven«. Nicht so unkompliziert war dagegen das Hochskalieren gemeinsamer Verpflichtungen. Das Problem bestand darin, daß im Unterschied zur sozial selbstregulierenden Struktur, die durch eine gemeinsame Verpflichtung erzeugt wurde, es sich bei den für die modernen Menschen größten und wichtigsten kollektiven Verpflichtungen ihrer Kultur – ihre konventionellen Praktiken, Normen und Institutionen – um Dinge handelte, die die Individuen nicht für sich selbst schufen: Sie wurden in sie hineingeboren. Daher war der einzelne zumindest theoretisch mit dem Problem des Gesellschaftsvertrags und seiner Legitimität konfrontiert. In der Praxis betrachteten die Menschen jedoch die selbstregulierenden kollektiven Verpflichtungen, in die sie hineingeboren wurden, auf natürliche Weise als legitim, weil sie sich mit ihrer Kulturgruppe identifizierten; sie übernahmen eine Art von Miturheberschaft in dem Sinne, daß die Verpflichtungen von »uns« für »uns« gemacht wurden. Bei moralischen Normen wurde diese Legitimität durch ihre Verbindung mit der zweitpersonalen Moral gestärkt. Während sie im Lauf der Zeit moralische Entscheidungen trafen, schufen die modernen Menschen eine Art moralischer Identität, die gepflegt und aufrechterhalten wurde, indem man mit moralischen Normen übereinstimmte, indem man sich schuldig fühlte, wenn man nicht mit ihnen übereinstimmte, und indem man jeden nicht übereinstimmenden Akt gegenüber anderen und sich selbst dadurch rechtfertigte, daß man ihn in den geteilten Werten der Gruppe verankerte. Die kulturelle Rationalität der modernen Menschen bestand daher darin, freiwillig einen großen Teil der Kontrolle über ihre individuellen Handlungen an eine unreflektierte Übereinstimmung mit Konventionen, Normen und Institutionen ihrer Gruppe abzutreten, wobei autonome Entscheidungsprozesse (außer wenn man völlig aussteigen wollte) sich hauptsächlich darauf beschränkten, Konflikte zwischen Normen zu lösen.

In diesem Kapitel wird deshalb zu erklären versucht, wie die zweitpersonale Moral der Frühmenschen von vor etwa 400 000 Jahren zur an der Gruppe ausgerichteten »objektiven« Moral wurde, ein Vorgang, der vor etwa 150 000 Jahren begann. Analog zu unserer Darstellung der zweitpersonalen Moral der Frühmenschen charakterisieren wir die »objektive« Moral der modernen Menschen in Begriffen von so etwas wie einer Moral des Mitgefühls: wie die Abhängigkeit des Individuums von der Kulturgruppe zu einer besonderen Anteilnahme und Loyalität gegenüber der Gruppe führte. Anschließend beschreiben wir noch einmal die drei Gruppen der daran beteiligten psychologischen Prozesse. An erster Stelle stehen neue kognitive Prozesse kollektiver Intentionalität, die »objektive« normative Ideale des Richtigen und des Falschen erzeugen. An zweiter Stelle stehen neue sozial-interaktive Prozesse des kulturellen Handelns mit Bezug auf die Konventionen, Normen und Institutionen der Gruppe. Und an dritter Stelle stehen neue selbstregulierende Prozesse moralischer Selbststeuerung, die auf dem Sinn für kollektive Verpflichtungen und Pflichten beruhen, die eine Person mit einer moralischen Identität gegenüber ihrer moralischen

Gemeinschaft hat. Gegen Ende des Kapitels werden wir einiges darüber zu sagen haben, inwiefern auch Prozesse kultureller Gruppenselektion eine bedeutsame Rolle bei all diesen Dingen spielten.

Zwei wichtige Vorbemerkungen: Erstens werden wir den Ausdruck *moderne Menschen* für die Spezies *Homo sapiens sapiens* benutzen, die vor etwa 150 000 Jahren zu entstehen begann. Wir konzentrieren uns jedoch hauptsächlich auf den 140 000 Jahre umfassenden Zeitraum vor der Landwirtschaft und den modernen bürgerlichen Gesellschaften, als die Menschen immer noch ausschließlich als Jäger und Sammler in relativ kleinen Stammesgesellschaften lebten. Wir werden die modernen Menschen in den letzten 10 000 Jahren seit der Einführung der Landwirtschaft, insbesondere diejenigen, die in zeitgenössischen bürgerlichen Gesellschaften leben, als *zeitgenössische Menschen* bezeichnen, und wir werden speziell über sie ein paar Worte in einer Koda am Ende des Kapitels sagen.

Zweitens werden wir in vielen Fällen sagen, daß die Mitglieder einer bestimmten Kultur darauf bestehen, daß dies die Art und Weise ist, wie »wir« Dinge tun. Außerdem werden wir sagen, daß die Mitglieder einer Kultur darauf bestehen, daß dies die Art und Weise ist, wie etwas gemacht wird, die richtige Weise, es zu machen, die Weise, wie jede rationale oder moralische Person es machen würde. Diese unterschiedlichen Ausdrucksweisen sind alle als mehr oder weniger äquivalent zu verstehen, weil auch hier wieder das Augenmerk auf den modernen Menschen vor dem Aufkommen bürgerlicher Gesellschaften liegt. Für diese frühen modernen Menschen sind nur »wir« in dieser Gruppe Menschen, und die anderen ähnlich aussehenden Wesen, die wir manchmal in der Ferne sehen – oder mit denen wir vorsichtig und mit nur geringem Verständnis interagieren –, sind Barbaren und somit eigentlich überhaupt keine Menschen. »Wir« wissen, wie man die Dinge richtig macht; »sie« wissen es nicht. In diesem Sinne, aus dieser internen Perspektive, ist eine kulturelle, an der Gruppe ausgerichtete Denkweise »objektiv«.

Die obligate gemeinschaftliche Nahrungssuche, die auf den locker strukturierten und relativ kleinen sozialen Gruppen beruhte, war eine evolutionär stabile Strategie – bis sie es eben nicht mehr war. Das Grundproblem bestand darin, daß sie zu erfolgreich war: Die Populationsgrößen mancher Gruppen wuchsen, bis sie begannen, regelmäßig aufeinanderzuprallen, was zur Konkurrenz zwischen den Gruppen um Ressourcen führte. Die Kulturgruppe der modernen Menschen wurde in der Folge praktisch zu einem einzigen, sich selbst erhaltenden Gemeinschaftsunternehmen, eine gemeinschaftliche, auf Nahrungssuche gehende Gruppe, wie sie im Buche steht, ausgerichtet auf das kollektive Ziel des Überlebens der Gruppe, wobei jedes Individuum seine arbeitsteilige Rolle spielte, einschließlich der Rolle, ein kompetentes und loyales Gruppenmitglied schlechthin zu sein.

In einer feindlichen Umwelt, in der ständig konkurrierende Gruppen lauern, und bei Subsistenztätigkeiten, die in beträchtlichem Umfang spezialisiertes Wissen und Werkzeuge erfordern, war das Individuum im Grunde vollkommen von der Gruppe abhängig. Vor dem Hintergrund dieser Abhängigkeit waren die beiden unmittelbarsten und dringlichsten Herausforderungen für die Individuen, (1) sämtliche der vielen Gruppenmitglieder zu erkennen, auch diejenigen, die sie kaum kannten, und von ihnen erkannt zu werden; und (2) all jenen Gruppenmitgliedern zu helfen und sie zu beschützen beziehungsweise Hilfe und Schutz von ihnen zu bekommen, von denen sie wechselseitig abhingen, was im Grunde für jede Person in der Gruppe galt, insbesondere, als die Arbeitsteilung zunahm.

### *Ähnlichkeit und Gruppenidentität*

Als die Gruppen moderner Menschen zu wachsen und sich auszudehnen begannen, fingen sie an, sich aufzusplittern. Aber gleichzeitig stellte die Konkurrenz zwischen den Gruppen für kleine Gruppen eine ernsthafte Bedrohung dar. Das Ergebnis war die sogenannte Stammesorganisation der sozialen Gruppen moderner Menschen, die vor vielleicht 150 000 bis 100 000 Jahren entstand (siehe Foley und Gamble, 2009; Hill et al., 2009). Im allgemeinen entsteht die Stammesorganisation, wenn Gruppen wachsen und sich ausdehnen, bis sie sich in kleinere »Banden« aufspalten, die sich dennoch für bestimmte Zwecke, insbesondere bei Konflikten zwischen Gruppen, miteinander zu einer einzigen Kulturgruppe vereinigen.

Für den einzelnen stellte die »Dunbar-Zahl« in dieser neuen sozialen Organisation ein ernsthaftes Problem dar. Unter Heranziehung vieler verschiedener Forschungsrichtungen behauptete Dunbar (1998) und führte Belege dafür an, daß menschliche Individuen zu einem bestimmten Zeitpunkt eine gründliche Kenntnis von nicht mehr als etwa 150 Personen haben können; was darüber hinausgeht, übersteigt die Kapazitäten ihres sozialen Gedächtnisses. Das bedeutete, daß die modernen Menschen zwar jeden in ihrer kleinen Gruppe kannten, aber nicht in ihrer Kultur, und deshalb brauchten sie eine neue Methode, um die Mitglieder ihrer Kulturgruppe zu erkennen, vor allem, weil sie sie bei Konflikten zwischen den Gruppen brauchten (darüber hinaus konnte die versehentliche Annäherung an einen Barbaren unter Umständen tödlich enden). Die Interdependenz und Solidarität zwischen frühmenschlichen Kooperationspartnern, die persönliche Erfahrungen miteinander hatten, reichten daher nicht mehr aus; eine neue Methode zur Bildung interdependenter und vertrauensvoller Beziehungen mit allen Angehörigen der Kulturgruppe war nötig, und sie wurde gefunden: Ähnlichkeit. Zeitgenössische Menschen verfügen zwar über viele und verschiedenartige Möglichkeiten, um Ähnlichkeit mit Bezug auf die Gruppenzugehörigkeit anzuzeigen, aber es ist wahrscheinlich, daß die ursprünglichen Möglichkeiten sich hauptsächlich auf das Verhalten bezogen: Leute, die so reden wie ich, das Essen so zubereiten wie ich und auf die herkömmliche Weise mit dem Netz fischen – das heißt diejenigen, die meine Kulturpraktiken teilen –, sind höchstwahrscheinlich Mitglieder meiner Kulturgruppe. An einem bestimmten Punkt begannen die modernen Menschen sogar, aktiv ihre Ähnlichkeit anderen gegenüber in der Gruppe durch solche Dinge wie eine besondere Kleidung oder Körperzeichnungen anzuzeigen, um ihre Verschiedenheit von jenen aus benachbarten Gruppen zu betonen.

In diesem Kontext wird Konformität zu einer Notwendigkeit. Und tatsächlich sind menschliche Kinder im Vergleich zu anderen Primaten deutlich mehr motiviert, sich konform zu verhalten. Das heißt, sie lernen nicht nur sozial Handlungen, die instrumentell nützlich sind, was alle Menschenaffen tun; sie imitieren die Handlungen anderer auch eigens, um wie sie zu sein. Das wurde manchmal als »soziale Imitation« bezeichnet, um herauszustellen, daß die Motivation des Lernenden darin besteht, seine Ähnlichkeit mit anderen anzuzeigen und sich ihnen dadurch anzuschließen (Carpenter, 2006). Die experimentelle Forschung hat dementsprechend nachgewiesen, daß

- menschlichen Kindern viel mehr als anderen Menschenaffen daran gelegen ist, die genauen Handlungen anderer, unter anderem willkürliche Gesten, Konventionen und Rituale, zu kopieren (siehe Teenie et al., 2009, zu einer Übersicht);
- menschliche Kinder, aber nicht Menschenaffen, sogar irrelevante Teile einer Handlungssequenz bei der sogenannten Überimitation kopieren (Horner und Whiten, 2005); und
- menschliche Kinder, aber nicht Menschenaffen, sich nach anderen sogar in Situationen richten, in denen sie dafür eine zuvor erfolgreiche Strategie außer Kraft setzen müssen, die sogenannte starke Konformität (Haun und Tomasello, 2011, 2014).[1]

Eine solche soziale Imitation und starke Konformität sind nicht primär Strategien sozialen Lernens zur Steigerung des persönlichen Erfolgs in Problemlösungssituationen; vielmehr sind sie in erster Linie Strategien sozialen Lernens, um sich an den anderen auszurichten und die eigene Verbundenheit und eventuell Gruppenidentität mit ihnen zu zeigen (Over und Carpenter, 2013). Ein besonders wichtiger Befund in dieser Hinsicht ist, daß Kleinkinder bevorzugt Personen imitieren, die ihre Sprache sprechen (Buttelmann et al., 2013).

Schließlich begannen die modernen Menschen ihre kulturelle Zugehörigkeit als ihre kulturelle Identität anzusehen. In der zeitgenössischen Welt sehen wir beispielsweise Personen, die ihr Leben für ihr Land oder ihre ethnische Gruppe opfern und sogar dann noch die Fahne schwenken, wenn sie untergehen. Und sie tun das selbst dann, wenn nichts weiter auf dem Spiel steht als die ethnische Identität ihrer eigenen Gruppe am Leben und getrennt von derjenigen anderer Gruppen zu halten. Trivialer, aber dennoch bezeichnend: Zeitgenössische Menschen tun Dinge, wie sich selbst mit Farbe anzumalen und ihre Mannschaft anzufeuern. Und vielleicht am bezeichnendsten: Zeitgenössische Menschen empfinden kollektive Schuld beziehungsweise kollektiven Stolz, wenn jemand aus ihrer Gruppe etwas besonders Abscheuliches beziehungsweise Lobenswertes tut, auch wenn sie selbst nichts getan haben. In einer experimentellen Untersuchung aus jüngster Zeit zeigten sogar Kleinkinder, die willkürlich einer Gruppe zugewiesen wurden, indem sie ähnlich angezogen wurden und eine gemeinsame Gruppenbezeichnung erhielten (zum Beispiel die »grüne Gruppe«), das Bedürfnis, sich zu entschuldigen und Schadensersatz für Verstöße eines Gruppenmitglieds (aber nicht für jemanden, der nicht zur Gruppe gehörte) zu leisten (Over et al., zur Veröffentlichung eingereicht).

Und so entstand mit den modernen Menschen eine zweite Möglichkeit, ein »wir« zu bilden. Moderne Menschen empfanden Solidarität nicht nur mit interdependenten Kooperationspartnern, was ja bereits bei den Frühmenschen der Fall war, sondern auch mit Gruppenmitgliedern, die ihnen in Verhalten und Erscheinungsbild ähnlich waren. Interessanterweise wurden diese beiden Typen sozialer Solidarität schon von Durkheim erkannt (1893/1996), der von organischer Solidarität (beruhend auf kooperativer Interdependenz) und mechanischer Solidarität (beruhend auf Ähnlichkeit) spricht, und sie finden ihren Niederschlag auch in den beiden Grundprinzipien der Gruppenbildung, die von der modernen sozialpsychologischen Forschung etabliert wurden: zwischenmenschliche Interdependenz (beruhend auf gemeinsamen Vorhaben) und geteilte Identität (beruhend auf Ähnlichkeit und Gruppenzugehörigkeit) (z. B. Lickel et al., 2007).

Die modernen Menschen identifizierten sich mit ihrer Kulturgruppe, weil darin jeder jeden für alle möglichen Arten von lebenserhaltender Hilfe und Unterstützung, einschließlich des Schutzes vor den Barbaren auf der anderen Seite des Flusses, brauchte – sie waren interdependent. »Wir Waziris sind das Volk, das die Dinge auf diese, nicht auf jene Weise regelt, das sich so und nicht anders kleidet und das im Angesicht der Gefahr immer zusammenhält.« In Kulturen moderner Menschen kam es auch zu den Anfängen einer stetig wachsenden Arbeitsteilung – beispielsweise stellten einige Personen alle Speere her, die bei der Jagd gebraucht wurden, und andere spezialisierten sich aufs Kochen –, die die Interdependenz noch weiter intensivierte, da das Überleben jedes Individuums davon abhing, daß viele andere ihre Aufgaben zuverlässig erfüllten. Die Interdependenz zweier Individuen in einer Dyade auf Nahrungssuche wurde jetzt zur Interdependenz von jedermann in der Kultur als ganzer und schloß sogar Fremde ein, die derselben Kulturgruppe angehörten. Infolgedessen wurde es für die Einzelpersonen wichtig, Loyalität gegenüber der Gruppe zu zeigen und so zu beweisen, daß man ihnen vertrauen konnte, insbesondere dann, wenn es zu Konflikten zwischen den Gruppen kam (Bowles und Gintis, 2012).

Die gruppenbewußte Interdependenz der modernen Menschen diente daher dazu, menschliches Mitgefühl und Hilfe auf alle in der Gruppe auszudehnen, was sich am besten als ein Loyalitätsgefühl der Gruppe gegenüber charakterisieren läßt. Infolgedessen entstand bei den modernen Menschen eine ausgeprägte Eigengruppe/Fremdgruppe-Psychologie. Vetternwirtschaft in der Eigengruppe, begleitet von Vorurteilen gegenüber der Fremdgruppe, ist eines der am besten dokumentierten Phänomene in der gesamten zeitgenössischen Sozialpsychologie (z. B. Fiske, 2010), und sie entwickelt sich bei kleinen Kindern in der späten Vorschulperiode und insbesondere während der Schulzeit (Durham et al., 2008). Diese Voreingenommenheit für die Eigengruppe ist zwar in vielen verschiedenen Tätigkeitsbereichen offenkundig, aber für den gegenwärtigen Zweck ist derjenige der Moral am wichtigsten. Ein großer Teil der jüngeren Forschung hat das besondere prosoziale Verhalten kleiner Kinder gegenüber denjenigen demonstriert, von denen sie nachgeahmt werden oder die ihnen gegenüber Synchronverhalten (Ähnlichkeit im Verhalten) zeigen oder die zur selben »Minimalgruppe« gehören (das heißt Ähnlichkeit im Erscheinungsbild zeigen, die experimentell in minimaler Form anhand ähnlicher Kleidung und/oder einer gemeinsamen Gruppenbezeichnung bestimmt wurde):

- Wenn jemand ein Kleinkind imitiert, ist das Kind anschließend besonders geneigt, dem Imitator zu helfen (Carpenter et al., 2013) und ihm zu vertrauen (Over et al., 2013).
- Wenn jemand dieselbe Sprache wie das Kind (und mit demselben Akzent) spricht, bevorzugt es diese Person (Kinzler et al., 2009) und vertraut ihr auch eher (Kinzler et al., 2011).
- Wenn mehrere Vorschulkinder synchron miteinander handeln, beispielsweise zur selben Musik tanzen, helfen sie danach einander mehr als anderen Kindern und kooperieren auch mehr miteinander (Kirschner und Tomasello, 2010).
- Kinder im Schulalter zeigen mehr Mitgefühl und Hilfsbereitschaft gegenüber Personen, die als zur Eigengruppe gehörig bezeichnet werden, als gegenüber denen, die als zur Fremdgruppe gehörig bezeichnet werden (Rhodes und Chalik, 2013).
- Kinder im Schulalter erwarten und bevorzugen Loyalität gegenüber der Gruppe von den Mitgliedern ihrer Eigengruppe, wohingegen sie Illoyalität gegenüber der Gruppe von Mitgliedern der Fremdgruppe erwarten und bevorzugen (Killen et al., 2013; Misch et al., 2014).
- Vorschulkinder sorgen sich mehr darum, wie sie von Mitgliedern ihrer durch minimale Kriterien bestimmten Eigengruppe bewertet werden, als von Mitgliedern der Fremdgruppe (Engelmann et al., 2013).

Diese Neigung der modernen Menschen, selektiv denen zu helfen, mit ihnen zu kooperieren und ihnen zu vertrauen, die sich wie sie verhalten, wie sie aussehen oder durch einen gemeinsamen Gruppennamen bezeichnet werden, ist so stark, daß sie manche Theoretiker veranlaßt hat, eine soziale Homophilie – die Neigung, sich ähnlichen anderen anzuschließen, sie zu bevorzugen und Bindungen mit ihnen einzugehen – als Basis der menschlichen Kultur zu postulieren (Haun und Over, 2014). Obwohl Schimpansen und andere nichtmenschliche Primaten in räumlich voneinander getrennten Gruppen leben und Fremden gegenüber feindselig sind (Wrangham und Peterson, 1996), richtet sich diese Feindseligkeit, soweit wir wissen, nicht auf der Grundlage der charakteristischen Erscheinung oder der Verhaltenspraktiken der eigenen Gruppe auf die andere Gruppe als solche.

Die Mitgefühlsmoral der Frühmenschen gegenüber Kooperationspartnern entwickelte sich somit relativ geradlinig zur Loyalität der modernen Menschen gegenüber allen Mitgliedern der Kulturgruppe, mit der sie sich identifizierten. Also muß es nun darum gehen, wie aus der Fairneßmoral der Frühmenschen gegenüber ihren Kooperationspartnern die Gerechtigkeitsmoral der modernen Menschen gegenüber jedem Mitglied ihrer Kulturgruppe (oder moralischen Gemeinschaft) entstand. Unsere Darstellung konzentriert sich wieder auf die drei entscheidenden Typen psychologischer Prozesse:

- kognitive Prozesse kollektiver Intentionalität;
- sozial-interaktive Prozesse kulturellen Handelns und kultureller Identität; und
- selbstregulierende Prozesse der moralischen Selbststeuerung und moralischen Identität.

In den drei folgenden Abschnitten wenden wir uns nacheinander jedem dieser Prozesse zu.

Um sich an ihre neue soziale Wirklichkeit anzupassen, wandelten die modernen Menschen in kognitiver Hinsicht eine gemeinsame Intentionalität, die an der dyadischen Kooperation ausgerichtet war, in eine kollektive Intentionalität um, die sich an der kulturellen Kooperation orientierte. Die Zwei-Ebenen-Struktur umfaßte auf der einen Ebene nun wieder das Individuum, aber auf der anderen Ebene jetzt auch die Gruppenbezogenheit und Kollektivität aller, die ein gemeinsames Kulturleben teilten. Es gab also auch einen Übergang vom Erkennen einer Äquivalenz zwischen sich selbst und dem eigenen Kooperationspartner, wie es bei den Frühmenschen der Fall war, zum Erkennen einer Äquivalenz zwischen allen Mitgliedern der Kulturgruppe, das heißt allen rationalen Wesen. Das Ergebnis war, daß die konventionellen Kulturpraktiken einer Kulturgruppe – ermöglicht durch Fertigkeiten kollektiver Intentionalität – Rollenideale enthielten, von denen jeder wußte, daß sie für alle und jeden galten (und von denen jeder wußte, daß jeder sie im kulturellen gemeinsamen Hintergrund kannte), was auf eine Spezifikation der »objektiv« richtigen und falschen Handlungsweisen hinauslief.

### *Konventionalisierung und kultureller gemeinsamer Hintergrund*

Die gemeinschaftlichen Interaktionen der Frühmenschen erforderten ein gerüttelt Maß an persönlichem gemeinsamem Hintergrund zwischen den jeweils beteiligten Partnern. Als moderne Menschen mit anderen kooperierten, geschah dies manchmal notgedrungen mit Personen, mit denen sie wenig oder überhaupt keinen persönlichen gemeinsamen Hintergrund hatten. Darüber hinaus setzten sie sich manchmal kollektive Gruppenziele für großformatige kulturelle Tätigkeiten, darunter die Verteidigung der Gruppe, an denen ebenfalls Personen beteiligt waren, die einander kaum kannten. Es war alles andere als leicht, die gemeinschaftlichen Tätigkeiten ohne persönlichen gemeinsamen Hintergrund zwischen den Beteiligten zu koordinieren. Die Lösung für dieses Problem war ein kollektiver oder kultureller gemeinsamer Hintergrund, der in Verbindung mit der Neigung zur Konformität zu konventionellen Kulturpraktiken führte.

Ein kollektiver oder kultureller gemeinsamer Hintergrund ist die Grundlage der Kultur – er ist schon fast ihre Definition. Das heißt, das Gruppenleben der Frühmenschen verwandelte sich genau dann in das Kulturleben der modernen Menschen, als die Individuen sich sowohl im Sinne gruppenbezogener Motivationen wie Loyalität und Vertrauen in die Mitglieder der Eigengruppe, wie wir eben gesehen haben, als auch im Sinne einer epistemischen Dimension geteilter Fertigkeiten, gemeinsamen Wissens und geteilter Überzeugungen an der Gruppe ausrichteten – ein kultureller gemeinsamer Hintergrund. Dieser kulturelle gemeinsame Hintergrund bedeutete, daß jedes Gruppenmitglied wußte, daß jeder andere in dieser Gruppe bestimmte Arten von Erfahrungen gemacht hatte – und somit über Fertigkeiten, Wissen und Überzeugungen verfügte – die sich aus allem möglichen speisen konnten, angefangen bei einer gemeinsamen physischen Umwelt bis hin zu Praktiken der Kindererziehung, denen jeder von ihnen unterzogen worden war. Dies zu wissen bedeutete, viele wichtige Dinge über den Geist und das wahrscheinliche Verhalten von anderen zu wissen, und zwar häufig, ohne je direkt mit ihnen interagiert zu haben. Tatsächlich macht Chwe (2003) geltend, daß die Hauptfunktion kulturell gebilligter öffentlicher Ereignisse wie Hochzeiten, Einweihungen, Begräbnisse und Kriegstänze darin besteht, ausdrücklich festzustellen, daß etwas Bestimmtes für jedes Gruppenmitglied zum gemeinsamen Wissen gehört.

Korrekt bestimmen zu können, welche Fertigkeiten und welches Wissen zum kulturellen gemeinsamen Hintergrund der Gruppe gehören, erleichtert die Koordination mit Fremden aus der Eigengruppe. Wenn ich beispielsweise einem solchen Fremden sage, daß wir uns nächstes Mal, wenn es regnet, am »großen Baum« treffen, um Antilopen zu jagen, dann kann ich mit Zuversicht annehmen, daß er weiß, welchen Baum ich meine. Und ich brauche ihm auch nicht zu sagen, welche Waffen er mitbringen soll, weil das ebenfalls Teil unseres kulturellen gemeinsamen Hintergrunds ist. Im Lauf der Zeit ergibt sich daraus etwas, das wir als konventionelle Kulturpraktiken bezeichnen können, von denen jeder weiß, daß jedermann weiß, wie sie auszuführen sind. Nicht nur die Tatsache, daß jeder und jede etwas auf eine bestimmte Weise tut, ist für konventionelle Kulturpraktiken entscheidend, sondern auch, daß jeder von jedem erwartet, daß er es ebenfalls auf diese Weise tut und von den anderen erwartet, daß sie von ihm erwarten, daß auch er es auf diese Weise tut und so weiter (siehe Lewis, 1969). Theoretische Versuche, konventionelle Praktiken ausschließlich in Begriffen der Konformität mit Präzedenzfällen zu charakterisieren (zum Beispiel Millikan, 2005), sowie empirische Versuche, Konventionen bei nichtmenschlichen Primaten nachzuweisen (etwa Bonnie et al., 2007), lassen diesen entscheidenden Aspekt der Geteiltheit aus, auf dem die Fähigkeit der Koordination mit anderen beruht (Tomasello, 2006; siehe auch Grüneisen et al., 2015). Ohne ein Wissen um diese Geteiltheit ist eine flexible Koordination nicht möglich (siehe Tomasello, 2014, zu einer ausführlichen Erörterung).

Sogar ganz kleine zeitgenössische Kinder sind in der Lage, auf der Grundlage des kulturellen gemeinsamen Hintergrunds robuste Schlüsse über das Wissen von Fremden zu ziehen, die ihrer Eigengruppe angehören. Beispielsweise ließen Liebal et al. (2013) jeweils ein dreijähriges Kind einem ihnen unbekannten Erwachsenen begegnen, der eindeutig ihrer Eigengruppe angehörte. Dieser Fremde fragte das Kind dann aufrichtig »Wer ist das?«, während die beiden gemeinsam auf einen Spielzeug-Nikolaus und auf ein Spielzeug blickten, das das Kind erst kurz bevor der Erwachsene eintraf, gebastelt hatte. Die Kinder antworteten, indem sie das eben erst hergestellte Spielzeug benannten, da sie überzeugt waren, daß niemand, der der Kultur angehörte, nicht einmal jemand, dem sie nie zuvor begegnet waren, zu fragen braucht, wer der Nikolaus ist. Wenn der Fremde aus der Eigengruppe in einer kontrastierenden Experimentalsituation eines der beiden Spielzeuge zu erkennen schien, dann nahmen die Kinder an, es handle sich um den Nikolaus. Sie verhielten sich auf dieselbe kontrastive Weise bei einer Reihe anderer vertrauter, alltäglicher Kulturgegenstände, etwa einem Spielzeugauto im Gegensatz zu einem eben hergestellten neuen Spielzeug. Kleinkinder können also ohne direkten persönlichen Kontakt einige der Dinge erschließen, die eine Person wissen muß, so sie Mitglied der Kulturgruppe ist. Ein anderes Beispiel sind sprachliche Konventionen: Kleinkinder erwarten, daß Fremde aus der Eigengruppe zwar den konventionellen Namen eines Gegenstands kennen, nicht aber eine auf diesen bezogene episodische Tatsache, zum Beispiel, wer ihn mir gegeben hat (Diesendruck et al., 2010).

Konventionelle Kulturpraktiken beruhen auf dem kulturellen gemeinsamen Hintergrund in dem Sinne, daß sie voraussetzen, daß jeder – eventuell innerhalb einer gewissen demographischen und/oder kontextuellen Präzisierung (alle Frauen, alle Leute, die mit Netzen fischen, etc.) – eine bestimmte Rolle in einer Praxis erfüllen kann, wenn er oder sie mit dem entsprechenden kulturellen gemeinsamen Hintergrund vertraut ist. Wenn man erfolgreich mit dem Netz fischen will, muß man es so wie die Waziris tun, und jeder weiß, was das bedeutet: Der Treiber tut X und der Fänger Y; es spielt keine Rolle, wer man ist. Rollen in konventionellen Kulturpraktiken sind daher insofern akteursunabhängig, als sie für *jede beliebige Person* gelten, die diese Rolle spielen würde, wobei »jede beliebige Person« sich nicht einfach nur auf eine große Gruppe von Individuen bezieht, sondern im Prinzip jeden bezeichnet, der jemand von uns wäre. Diese Im-Prinzip-Bezeichnung bedeutet, daß das Wissen um bestimmte Dinge tatsächlich ein konstitutiver Bestandteil der eigenen kulturellen Identität ist. Das galt natürlich auch für die sprachlichen Konventionen, die die modernen Menschen zu verwenden begannen, um innerhalb (und nur innerhalb) ihrer Gruppen miteinander zu kommunizieren. Sprachliche Konventionen sind ein Teil des gemeinsamen kulturellen Hintergrunds der Gruppe (Clark, 1996). Daher muß jeder, der mit irgendeinem Gruppenmitglied kommunizieren will, dies auf die konventionell erwartete Weise tun, und zwar sowohl als Kommunizierender als auch als Empfänger, und er kann erwarten, daß sein Gesprächspartner ebenfalls in diesen beiden Richtungen kompetent ist (und dasselbe auch von ihm erwartet).

Eine wichtige Konsequenz aus der Teilhabe moderner Menschen an einem gemeinsamen kulturellen Hintergrund und den akteursunabhängigen Rollen in konventionellen Kulturpraktiken war daher die Fähigkeit, eine völlig akteursunabhängige Perspektive auf die Dinge einzunehmen: die Perspektive einer beliebigen Person, die jemand von uns wäre, eine »objektive« Perspektive, die eine maximale Allgemeinheit darstellt und damit die begrenztere frühmenschliche partnerunabhängige Perspektive innerhalb einer dyadischen Interaktion bei weitem übersteigt. (Tomasello [2014] kontrastiert den »Blick von hier und dort« der Frühmenschen mit dem »Blick von nirgendwo« der modernen Menschen.) Der »objektive« Standpunkt der kollektiven Intentionalität strukturierte somit neue Weisen der Beziehung zu anderen, angepaßt an ein Leben in einer großen Gesellschaft, in der persönliche Beziehungen nicht ausreichten, um zu gewährleisten, daß alle an den vielen verschiedenen Schauplätzen, an denen sie interagierten, auf einander abgestimmt und zufrieden waren. Das geschah durch die Objektivierung kultureller Rollen, einschließlich der allgemeinsten Rolle, einfach nur ein beitragendes Gruppenmitglied zu sein, und dadurch, daß das Selbst an seinen gruppenbezogenen Ort als nur einer unter vielen gestellt wurde (Nagel, 1970, 1986).

Die modernen Menschen erlebten also die Zwei-Ebenen-Struktur als eine soziale Realität, nämlich der Kulturgruppe als ganzer (auf der oberen Ebene) (das heißt so, daß dadurch sämtliche rationale Personen konstituiert werden) und, auf der unteren Ebene, der ihr angehörigen Individuen, einschließlich des Selbst, die als austauschbare (akteursunabhängige) Rädchen im Getriebe der konventionellen Kulturpraktiken dienten, das die Kultur in Gang hielt. Natürlich konnte eine Person zwar gelegentlich all dies vergessen und ihrem eigenen persönlichen Standpunkt verhaftet bleiben, aber früher oder später zwang das Bewußtsein von ihrer Interdependenz mit anderen und der Gruppe in Verbindung mit ihren kognitiven Fertigkeiten kollektiver Intentionalität ihr die unparteiische Perspektive auf, die gleichermaßen und unpersönlich die Perspektiven jedes Beteiligten berücksichtigen konnte. Und so haben wir nun das Ensemble von Charakteren beisammen, das von der Kultur und der kollektiven Intentionalität geschaffen wurde: »ich«, »du« und »wir« – begrifflich gefaßt als »jede rationale Person« – die *ménage à beaucoup*, aus der die Gerechtigkeitsmoral des modernen Menschen entsprang.

### *Konventionell richtige und falsche Handlungsweisen*

An die Stelle der im persönlichen gemeinsamen Hintergrund verankerten rollenspezifischen Ideale, die dem Frühmenschen sagten, wie jeder Partner in der Dyade seine Rolle im Hinblick auf den gemeinsamen Erfolg spielten sollte, traten beim modernen Menschen die im kulturellen gemeinsamen Hintergrund situierten richtigen und unrichtigen Weisen der Rollenausführung in konventionellen Kulturpraktiken. In einem bestimmten Sinne ist das bloß ein quantitativer Unterschied: Anstelle von Rollentausch und Austauschbarkeit zwischen zwei Partnern haben wir völlige Akteursunabhängigkeit innerhalb der Praktiken der Kulturgruppe. Aber es ist doch auch mehr als das. Konventionelle Kulturpraktiken als die richtigen (und nicht die unrichtigen) Handlungsweisen gehen über die Adhoc-Ideale der Frühmenschen hinaus, die zwei Partner für sich schufen und die sie genausogut auch wieder auflösen konnten. Die richtigen und unrichtigen Handlungsweisen gehen von etwas viel Objektiverem und Verbindlicherem als uns aus, und deshalb können die Individuen sie nicht wirklich ändern. Der Standpunkt der kollektiven Intentionalität verwandelte somit den stark lokalen Sinn der Frühmenschen für rollenspezifische Ideale in die »objektiven« Standards der richtigen (korrekten) und falschen (inkorrekten) Ausführung konventioneller Rollen. Ein solcher akteursunabhängiger oder »objektiver« Standpunkt ist zwar nicht hinreichend für Fairneß- oder Gerechtigkeitsurteile, aber er ist notwendig, wie auf die eine oder andere Weise von vielen Moralphilosophen ausdrücklich anerkannt wurde: von Hume (»allgemeiner Standpunkt«) und Adam Smith (»unparteiischer Zuschauer«) über Mead (»generalisierter Anderer«) bis hin zu Rawls (»Schleier des Nichtwissens)« und Nagel (»Blick von nirgendwo«).

Der Objektivierungsprozeß tritt besonders deutlich in der intentionalen Erziehung zutage (Csibra und Gergely, 2009). Diese kommt nur beim Menschen vor (Thornton und Raihani, 2008) und entstand sehr wahrscheinlich mit dem Aufkommen moderner Menschen, da zu dieser Zeit erstmals deutliche kulturelle Unterschiede zwischen benachbarten Gruppen auftraten (Klein, 2009). Die prototypische Struktur intentionaler Pädagogik besteht darin, daß ein Erwachsener darauf besteht, daß ein Kind wichtige kulturelle Informationen lernt (Kruger und Tomasello, 1996). Sie ist daher ausdrücklich normativ: Vom Kind wird erwartet, daß es zuhört und lernt. Aber ebenso wichtig ist die Tatsache, daß sie auch generisch in dem Sinne ist, daß ihre normativen Ideale relevant für Arten von Dingen sind. Es ist nicht nur so, daß wir diese Nuß unter diesem Baum gefunden haben, sondern daß Nüsse wie diese unter solchen Bäumen wie diesem zu finden sind. Es ist nicht nur so, daß, um einen Speer auf diese Weise zu werfen, du ihn mit drei Fingern und dem Daumen halten mußt, sondern, daß jeder ihn so halten muß, um ihn so zu werfen. Die Stimme der intentionalen Pädagogik ist folglich sowohl generisch als auch verbindlich: Sie stellt als objektive Tatsache fest, wie sich die Dinge verhalten oder wie man etwas tun muß; und ihre Quelle ist nicht die persönliche Meinung des Lehrers, sondern vielmehr eine objektive Welt von Sachverhalten. Der Lehrer repräsentiert die Vorstellung, die die Kultur von der objektiven Welt hat: »So ist es« oder »So muß man das machen«. Tatsächlich stellten Köymen et al. (2014, im Druck) nicht nur fest, daß Vorschulkinder eine solche generische normative Sprache verwenden, wenn sie Gleichaltrigen etwas beibringen, sondern daß sie ihre Anweisungen maximal objektivieren, indem sie nicht nur sagen, daß »man das hierher stellen muß«, sondern auch »das gehört hierher«, und nicht nur sagen sie »so sollte man es nicht tun«, sondern auch »so ist es falsch«.

Diese objektive Perspektive auf die richtigen und falschen Handlungsweisen wird durch eine historische Dimension weiter bekräftigt. Kulturpraktiken sind nicht nur die Weisen, auf die wir Waziris die Dinge jetzt tun, sondern wie unser Volk sie immer schon getan hat. Auf diese Weise mit dem Netz zu fischen ist nicht nur das, was wir in unserer Gruppe tun, und somit das, was du tun solltest, sondern das, was unsere verehrten Vorfahren seit jeher getan haben. Es sichert unser Überleben als Volk, und es unterscheidet uns von den Barbaren auf der anderen Seite des Flusses. Es ist die richtige Weise zu handeln. Als die modernen Menschen in ihre Kulturen hineinwuchsen, lernten sie daher die »objektiv« richtigen Handlungsweisen. Und als ihnen diese Praktiken ausdrücklich von Erwachsenen beigebracht wurden, erlebten sie diesen Unterricht nicht so, daß er von Individuen ausging, die nur ihre Meinung vortrugen oder ihren Rat erteilten; sie erlebten ihn als die maßgebliche Stimme der Kultur, die sagt, wie sich die Dinge verhalten und wie man handeln muß.

## Kulturelles Handeln

Die kollektive Intentionalität und der kulturelle gemeinsame Hintergrund erleichterten also die Koordination zwischen den Mitgliedern einer Kulturgruppe, indem sie stabile Mengen geteilter Erwartungen erzeugten. Aber die großen Gesellschaften der modernen Menschen stellten auch eine Reihe von Herausforderungen an die Kooperation dar, die stärker motivationaler Natur waren (Richerson und Boyd, 2005). Die elementarste von ihnen bestand darin, daß größere Gruppen mehr Möglichkeiten zum Betrügen boten, da es mehr Interaktionen zwischen fremden Angehörigen der Eigengruppe gab, die nur wenig über die Vergangenheit der jeweils anderen wußten. Damit verbunden war die Tatsache, daß größere Unternehmungen Probleme für das kollektive Handeln erzeugten, weil es für die Individuen viel mehr Gelegenheiten gab, unbemerkt auf dem Trittbrett der Anstrengungen anderer zu fahren (Olson, 1965). Die kulturellen Akteure benötigten somit viel stärkere Mechanismen der Partnerwahl und -kontrolle, um die konkurrenzbezogeneren Aspekte des Kulturlebens zu kooperativieren. Hier kommen die sozialen Normen ins Spiel.[2]

Die Frühmenschen kontrollierten ihre unkooperativen Partner dadurch, daß sie ihnen gegenüber direkt protestierten. Aber die modernen Menschen hatten viele und verschiedenartige Rollen in den vielen verschiedenen Tätigkeiten einer komplexen Gesellschaft, und ein zweitpersonaler Protest, der auf die direkte Kommunikation beschränkt war, wäre viel zu lokal und kleinteilig gewesen, um bei diesen weitläufigeren Aktivitäten mit Fremden effektiv zu sein. Allmählich entwickelte sich ein Bündel von Erwartungen, die jedes Gruppenmitglied im kulturellen gemeinsamen Hintergrund teilte und die sich darauf bezogen, wie sich Individuen in verschiedenen Situationen verhalten müssen, um kooperativ zu sein. Tatsächlich konventionalisierten und kollektivierten solche soziale Normen den Prozeß der Bewertung von und des Protests gegen Personen, die nicht kooperierten, und vergrößerten somit die zweitpersonale Partnerkontrolle zur sozialen Kontrolle auf Gruppenebene, wobei das Ziel war, die reibungslose Funktion sozialer Interaktionen in der Gruppe sicherzustellen. Und daher kannten die modernen Menschen in ihrem kulturellen gemeinsamen Hintergrund nicht nur die »objektiv« richtigen und falschen Weisen der Ausführung von Rollen konventioneller Kulturpraktiken, sondern sie wußten auch, wie man seinen Gruppengenossen gegenüber »objektiv« richtig und falsch kooperativ oder moralisch war.

In Übereinstimmung mit der Idee sozialer Normen, die dazu dienen sollen, den Wettbewerb zu kooperativieren, sind die Bereiche, die über verschiedene Gesellschaften hinweg am allgemeinsten von sozialen Normen regiert werden, diejenigen, die in bezug auf den Zusammenhalt und das Wohlergehen der Gruppe die stärksten Gefährdungen bergen, nämlich diejenigen, die eigensüchtige Motive und die Neigung zum Kampf am deutlichsten zum Vorschein bringen: Nahrung und Sex (Hill, 2009). Wie beispielsweise ein großer und reichlicher Kadaver unter allen Mitgliedern einer Kulturgruppe aufgeteilt werden soll, wird streng durch soziale Normen geregelt, die jeder aufgrund des kulturellen gemeinsamen Hintergrunds im voraus kennt. Dadurch wird das meiste Gezänk effektiv verhindert (Alvard, 2012). Ähnlich wird die Frage geregelt, mit wem man Sex haben kann und mit wem nicht – beispielsweise Verwandte oder Kinder oder der Gatte (die Gattin) von jemand anderem –; auch hier gelten strenge soziale Normen im kulturellen gemeinsamen Hintergrund der Gruppe, wodurch abermals potentiell hitzige Konflikte verhindert werden, die das effektive Funktionieren der Gruppe untergraben könnten. Tatsächlich rechnen soziale Normen mit der Konkurrenz in potentiell zerstörerischen Situationen und machen deutlich, wie die Individuen sich in solchen Situationen verhalten müssen, um zu kooperieren.

Soziale Normen sind letztendlich Konventionalisierungen, und rein als solche besteht ihr Ziel in der Konformität. Um das zu illustrieren, wollen wir uns ein feierliches Festmahl der modernen Menschen vorstellen. Es ist eine konventionelle Kulturpraxis, die im gemeinsamen kulturellen Hintergrund in Form verschiedener konventioneller Handlungsweisen niedergelegt ist. Stellen wir uns nun vor, daß eine Person beim Festmahl extravagante Kleidung trägt. Sie hat zwar niemandem Schaden zugefügt, aber in unserem kulturellen gemeinsamen Hintergrund ist niedergelegt, was man typischerweise bei einem solchen Festmahl trägt, und sie hat sich dem absichtlich widersetzt. Da wir alle annehmen, daß sich jeder mit seinen Kulturgenossen identifiziert und sich ihnen anschließen will, lautet der Schluß, daß die Nonkonformistin sich nicht mit uns identifizieren und sich uns nicht anschließen will. Und da sie weiß, was wir davon halten, respektiert sie unsere Bewertungen nicht. Jetzt mißtrauen wir ihr, weil sie unsere Gruppe nicht bevorzugt oder respektiert.

Aber stellen wir uns nun vor, daß ein Individuum sich mit dem größten Teil der feierlichen Mahlzeit davonstiehlt. Durch diesen Akt hat es vielen Leuten Schaden zugefügt und sie mißachtet, weshalb dies eindeutig eine Verletzung der zweitpersonalen Moral ist, die getadelt werden muß. Aber gleichzeitig handelt es sich auch um einen Mangel an Konformität mit den sozialen Normen der Gruppe: Wir Waziris stehlen kein Essen von einer Feier, und jeder, der das tut, ist entweder keiner von uns oder will es nicht sein; er zeigt Geringschätzung gegenüber unserer Gruppe und ihren Handlungsweisen. Es gibt folglich zwei Gründe, kein Essen von der Tafel zu stehlen: einer, der zweitpersonal ist (anderen gegenüber Anteilnahme und Respekt zu zeigen) und einer, der konventionell ist und darauf aufbaut (mit unseren Normen übereinzustimmen). Diese Art der Betrachtung ist der von Nichols (2004) ähnlich, der sich auf die Frage konzentriert hat, warum zeitgenössische Menschen Verletzungen moralischer Normen (er betrachtet hauptsächlich diejenigen, die sich auf Schädigungen beziehen) als schwerwiegender ansehen als die Verletzung konventioneller Normen. Nichols postuliert, daß moralische Normen diejenigen Handlungen betreffen, zu denen sich Menschen ohnehin emotional hingezogen oder von denen sie sich abgestoßen fühlen (abgestoßen etwa davon zu sehen, wie jemand überfallen wird); es handelt sich also um »gefühlsbesetzte Normen«. Obwohl dieser Ansatz einiges für sich hat, denken wir, daß sein Fokus zu eng ist. Um eine vollständige Erklärung des Unterschieds zwischen eher konventionellen und eher moralischen Normen zu liefern, muß man sich in einem umfassenderen Sinn auf die zweitpersonale Moral konzentrieren, die als Erzeuger der relevanten Emotionen zugrunde liegt. Über einen Sinn für Mitgefühl mit einer geschädigten Person hinaus umfassen diese einen Sinn für Fairneß gegenüber einer geringschätzig behandelten Person, der ein Gefühl von Groll oder Empörung erzeugt. Kulturelle Normen, die mit Fragen der Fairneß und des Respekts zu tun haben, nehmen somit und aus genau diesem Grund ebenfalls eine moralische Dimension an.

Entscheidend ist: Sobald man einmal mit normbasierten Erwartungen angefangen hat, decken sie nahezu alles ab, sogar mitgefühlsbasierte Akte wie Hilfe. Wenn ich dich beispielsweise bitte, mir einen Speer zu geben, der sich in deiner unmittelbaren Nähe befindet, erwarten wir alle von dir, daß du das tust. Aber wenn ich dich bitte, mir einen Speer zu holen, der 80 Kilometer weit weg ist, steht meine Bitte außerhalb der Norm, und darum gibt es auch keine derartigen Erwartungen. Aber auch hier kommt die moralische Dimension nicht von der sozialen Norm an sich, die nur die Parameter für die Erwartungen festlegt; sie kommt von der zugrundeliegenden zweitpersonalen Moral des Mitgefühls und Schadens, der

Fairneß und Unfairneß, in der die Norm ihren Ursprung hat. Konventionen an sich ordnen einfach nur Konformität an, und das schließt sowohl banale Dinge ein als auch Dinge von großer moralischer Bedeutung. Bloße Konventionen können aber auch zu moralischen Normen moralisiert werden, beispielsweise wenn es zum gemeinsamen Hintergrundwissen wird, daß eine bestimmte Handlung bei nahezu jedem in der Gruppe eine zweitpersonale moralische Bewertung einheitlicher Art hervorgerufen hat. Wenn daher jeder anfängt zu denken, daß das Tragen schäbiger Kleider bei einem Festmahl Geringschätzung gegenüber dem Häuptling ausdrückt, und alle darüber empört sind, dann wird das, was zuvor nur eine konventionelle Norm war, moralisiert. Im allgemeinen werden bloß konventionelle Verhaltensweisen moralisiert, wenn Individuen im kulturellen gemeinsamen Hintergrund moralisch bewertende Einstellungen zu bestimmten Typen sozialer Handlungen zu teilen beginnen.[3]

Die modernen Menschen richteten sich also aus mindestens drei unmittelbaren Klugheitsgründen nach sozialen Normen: um sicherzustellen, daß andere sie als Mitglieder der Eigengruppe identifizieren konnten, um sich mit der Gruppe zu koordinieren und um Strafe, auch in Form der Beschädigung der Reputation, zu vermeiden (Bicchieri, 2006). Für die modernen Menschen war die Gefahr der Rufschädigung exponentiell gewachsen, denn nun gab es Tratsch in einer konventionellen Sprache, so daß es verhängnisvoll sein konnte, von einer einzelnen Person bei einer einzigen Gelegenheit bei einem Betrug ertappt zu werden, da bald jeder davon wissen würde. Jetzt bedrohte der Tratsch die völlig öffentliche Reputation, und in einer kulturellen Welt ist die öffentliche Reputation alles. Dieser Effekt ist so stark, daß die Tatsache, beobachtet zu werden, meistens dazu führt, daß die Leute größtenteils nicht aus der Reihe tanzen, wie viele Forschungen an zeitgenössischen Menschen in vielen verschiedenen Situationen bestätigen: (1) Menschen tragen mehr zu einem Spiel um öffentliche Güter bei, wenn ihre Reputation auf dem Spiel steht (Rockenbach und Milinski, 2006); (2) »Tragödien der Allmende« bessern sich, wenn die Beteiligten wissen, daß ihr Ruf auf dem Spiel steht (Milinski et al., 2002); (3) Menschen bevorzugen es, ökonomische Spiele mit unbekannten anderen zu spielen, bei denen es Informationen über den Ruf und Strafen gibt (Guererk et al., 2006); (4) auf eBay und anderen vergleichbaren Websites werden Menschen kooperativer, wenn Informationen über den Ruf ein integraler Bestandteil des Prozesses sind (Resnick et al., 2006); und (5) verhalten sich Menschen auch dann kooperativer, wenn an der Wand, auf die sie schauen, ein Bild hängt, auf dem Augen zu sehen sind, als wenn es sich um ein anderes Motiv handelt (Haley und Fessler, 2005).

Aber die modernen Menschen sprechen nicht nur aus Klugheitsgründen auf soziale Normen an. Die entscheidende Beobachtung ist, daß zusätzlich zum Befolgen sozialer Normen die modernen Menschen soziale Normen auch dann gegeneinander durchsetzen, wenn sie selbst an der betreffenden Interaktion nicht direkt beteiligt sind. Eine solche Bestrafung seitens Dritter scheint wohl von Motivationen herzurühren, die weniger unmittelbar und direkt klugheitsbezogen sind. So haben beispielsweise empirische Untersuchungen nachgewiesen, daß Kinder schon ab einem Alter von drei Jahren eingreifen, um andere für Verletzungen sozialer Normen im Namen Dritter zu bestrafen (wohingegen Menschenaffen sich überhaupt nicht an einer solchen Bestrafung beteiligen [Riedl et al., 2012]). Wenn beispielsweise eine Person versucht, sich das Eigentum von jemand anderem anzueignen oder es zu zerstören, greifen Kleinkinder ein, um den Verstoß zu stoppen (Rossano et al., 2011; Vaish et al., 2011b). Und Kinder desselben Alters intervenieren sogar, um die Ansprüche anderer zu schützen. Wurde zum Beispiel ein Akteur von einer Autorität dazu ermächtigt, X zu tun, und versucht eine andere Person dann, ihn daran zu hindern, treten die Kinder für seine Rechte ein (Schmidt et al., 2013).

Obwohl der Inhalt sozialer Normen mehr oder weniger stark über verschiedene Kulturen hinweg variieren kann, sind die Prozesse der Schaffung, Befolgung und Durchsetzung sozialer Normen höchstwahrscheinlich eine kulturelle Universalie. Marlowe und Berbesque (2008) führen Belege dafür an, daß manche zeitgenössische Jäger und Sammler sich nur selten an der Durchsetzung von Normen oder an der Bestrafung durch Dritte irgendeiner Art beteiligen; größtenteils rücken sie einfach von den Personen ab, die eine Norm verletzt haben. Aber das zeigt einfach nur eine Präferenz für die Partnerwahl gegenüber der Partnerkontrolle. Dieselben Individuen bestrafen bei manchen Gelegenheiten ganz bestimmt Dritte, insbesondere, wenn das Weggehen keine Option darstellt. Und sie beschädigen regelmäßig die Reputationen Dritter durch Tratsch, manchmal sogar, während sie gerade ihre Sachen zusammenpakken, um zu gehen (F. W. Marlowe, persönliche Mitteilung). Insgesamt ist es äußerst unwahrscheinlich, daß in irgendeiner Gruppe moderner Menschen Einzelpersonen nicht die Möglichkeit zur Verfügung steht, soziale Normen gegenüber Dritten als Mittel sozialer Kontrolle durchzusetzen – auf die eine oder andere Art, einschließlich des auf den Ruf abzielenden Tratschs.

Da die zweitpersonale Moral, wie in Kapitel 3 dargelegt wurde, Eingriffe seitens Dritter nicht unterstützt, ist das, wogegen in solchen Fällen protestiert wird, im Grunde ein Mangel an Übereinstimmung mit der Norm. Diese Interpretation wird durch die Beobachtung gestützt, daß Kleinkinder auch gegenüber Personen eingreifen (wenn auch weniger emotional), die bloße Konventionen verletzen. Wenn beispielsweise Kinder erfahren, daß wir auf diesem Tisch das Spiel auf diese Weise spielen, und dann jemand das Spiel nicht so spielt, wie es sich eben an diesem Ort gehört, greifen sie ein und stoppen diese Person (Rakoczy et al., 2008, 2010). Die Durchsetzung von Normen dieses Typs ist eindeutig gruppenbezogen, da Kleinkinder Mitglieder der Eigengruppe häufiger und strenger bestrafen, wenn sie Konventionen verletzen, als Mitglieder der Fremdgruppe (der sogenannte Schwarzes-Schaf-Effekt; siehe Schmidt et al., 2012). Das ist vermutlich deshalb so, weil die Mitglieder der Eigengruppe es besser wissen sollten und weil ihnen mehr am reibungslosen Funktionieren der Gruppe liegen sollte als den Außenseitern. Anders sieht es aus im Falle moralischer Normen, bei denen es um Fragen des Mitgefühls und der Fairneß geht, die in der zweitpersonalen Moral gründen. Bereits im Alter von drei Jahren fassen Kleinkinder diese Normen so auf, daß sie nicht nur für Mitglieder der Eigengruppe gelten, sondern für alle Menschen (siehe Turiel, 2006, zu einer Übersicht).

Bei all diesen Arten von Interventionen seitens Dritter benutzen die Kinder recht häufig eine generische normative Sprache à la »das kann man nicht machen« oder gar »es ist falsch, das zu machen!« Wie wir bei der Besprechung der intentionalen Pädagogik oben angemerkt haben, deutet eine solche generische Sprache darauf hin, daß derjenige, der die Norm durchsetzt, nicht nur als eine Einzelperson handelt, die eine persönliche Meinung zum Ausdruck bringt, sondern vielmehr als eine Art von Stellvertreter der Kulturgruppe (also das, was Darwall [2013] »stellvertretende Autorität« genannt hat, um im Namen der moralischen Gemeinschaft zu intervenieren). Die Tatsache, daß bestimmte soziale Normen von der Gruppe geschaffen wurden, ist ein augenscheinlicher Beleg für das Individuum, daß sie gut für die Gruppe und deren Funktion sind, und dadurch wird es zu einer guten Sache, einer legitimen, an den Interessen der Gruppe ausgerichteten Sache, daß das Individuum sie jedem gegenüber durchsetzt. So ziehen es beispielsweise sogar Vorschulkinder vor, mit Personen zu interagieren, die soziale Normen durchsetzen (selbst wenn diese sich dabei etwas aggressiv verhalten), gegenüber jenen, die das nicht tun (Vaish et al., zur Veröffentlichung eingereicht), vermutlich weil eine solche Durchsetzung ihre kulturelle Identität mit der Gruppe und deren Gepflogenheiten signalisiert.

Soziale Normen stellen sich somit den einzelnen als unparteiisch und objektiv dar. Im Prinzip kann jedes Mitglied der Kultur ihre Stimme sein, als Stellvertreter der Kultur und ihrer Werte. Im Prinzip kann jedes Mitglied der Kultur das Ziel dieser Normen sein, da sie akteursunabhängig für alle gleichermaßen gelten (eventuell innerhalb bestimmter demographischer oder kontextbezogener Grenzen). Und im Prinzip sind die Standards selbst »objektiv«, denn sie sind nicht so, wie die durchsetzende Person oder andere Gruppenmitglieder sie haben wollen, sondern sie sind eher die moralisch richtigen und falschen Weisen, wie die Dinge sein sollten. Diese dreifache Allgemeinheit – Akteur, Ziel und Standards – erklärt, warum die Stimme der Normdurchsetzung ebenso wie jene des Unterrichts generisch ist: »Es ist falsch, das zu tun.« Die Person, die die Norm durchsetzt, weist denjenigen, der sie verletzt, auf eine objektive Welt von Werten hin, die er selbst direkt und unparteiisch konsultieren kann, um zu sehen, daß sein Verhalten moralisch falsch ist. Joyce (2006, S. 117) macht geltend, daß eine solche Objektivierung moralischer Urteile für die wahrgenommene Legitimität des Prozesses entscheidend ist, weil sie einen gemeinsamen Maßstab liefert, mit dem man seine eigenen und die moralischen Werte des anderen messen kann, »indem man die Individuen in einer geteilten Rechtfertigungsstruktur zusammenschließt.« So gerinnen soziale Normen wie kulturelle Informationen, die durch die Erziehung vermittelt werden, zu einer unabhängigen und objektiven Wirklichkeit für die Individuen, so daß es bei moralischen Verstößen nicht mehr so sehr darum geht, die jeweilige Person zu verletzen, sondern mehr um den dadurch verursachten Riß in der moralischen Ordnung.

### *Kulturelle Institutionen*

Manchmal geraten Menschen in Situationen, in denen es keine festgelegten Konventionen oder Normen gibt, weshalb sie zum Zweck der sozialen Kontrolle solche Normen erfinden müssen. Beispielsweise wurden in einem jüngst durchgeführten Experiment drei fünfjährige Kinder mit einer komplexen Spielapparatur konfrontiert. Ihnen wurde lediglich gesagt, das Ziel des Spiels bestünde darin, daß die Kugeln am Ende in einen Eimer hineinfallen (Gökkeritz et al., 2014). Beim wiederholten Spielen traten immer wieder gewisse Hindernisse auf, die die Kinder überwinden mußten. Ihre Reaktion auf diese Hindernisse bestand nicht einfach nur in dem Versuch, sie zu überwinden, sondern im Lauf der Zeit auch darin, explizite Regeln dafür zu schaffen. Wenn es beispielsweise später darum ging, ahnungslosen Individuen zu zeigen, wie das Spiel zu spielen war, verwendeten die Kinder dabei eine generische normative Sprache wie »das muß man so machen« oder »so funktioniert das«. Es ist möglich, daß die Kinder in dieser Untersuchung nicht der Meinung waren, daß sie diese Regeln wirklich geschaffen hatten, sondern vielmehr, daß es gewisse bereits existierende Regeln gab, die sie nur durch Glück entdeckt hatten. In einer Nachfolgeuntersuchung gab man den Kindern jedoch einfach nur bestimmte Gegenstände und sagte ihnen ausdrücklich, daß es keine Ziele oder Regeln gäbe; sie sollten einfach nur spielen, wie es ihnen beliebte. Selbst in diesem Fall erfanden die Kinder ihre eigenen Regeln und gaben sie wiederum an andere in explizit normativer Gestalt weiter (Göckeritz et al., zur Veröffentlichung eingereicht). Der entscheidende Punkt ist, daß selbst dann, wenn Kinder Regeln für sich selbst erzeugen, sie auf die Idee verpflichtet sind, daß Regeln dafür, wie wir etwas tun, nötig sind, und daß wir alle normativ auf sie verpflichtet sein sollten.

Das Nonplusultra in diesem Prozeß der absichtlichen Schaffung von Regeln sind Institutionen. Obwohl es keine glasklare Trennlinie zwischen sozialen Normen und Institutionen gibt, sind Institutionen Handlungsweisen, die ausdrücklich zur Erfüllung kollektiver Gruppenziele geschaffen werden, weshalb sie ausdrücklich öffentlich sind. Beispielsweise erfolgte das Paarungsverhalten der modernen Menschen vermutlich im Einklang mit informellen sozialen Normen, bevor zu einer bestimmten Zeit einige Gesellschaften damit begannen, die Ehe zu institutionalisieren, indem ausdrückliche Regelwerke entworfen wurden, die besagten, wer wen heiraten kann, was eine angemessene Mitgift oder ein adäquater Brautpreis ist, wo das Ehepaar wohnen soll, was mit den Kindern geschieht, wenn eine Person die Ehe verläßt und so weiter. Und die Heirat wurde häufig in einer öffentlichen Zeremonie mit öffentlich ausgedrückten Verpflichtungen (alias Versprechen) vollzogen. Neben anderen legt Knight (1992) dar, daß Einzelpersonen dazu getrieben werden, Tätigkeiten zu institutionalisieren, wenn die erwarteten Vorteile auf unannehmbare Weise durch die Kosten von Ineffizienzen, Streitigkeiten und der Durchsetzung von Normen geschmälert werden (etwa durch die »Transaktionskosten«, die bei der Klärung von Streitigkeiten über den Brautpreis oder die Entschädigung für das Verlassen des Ehepartners anfallen). Die Einzelpersonen versprechen somit ausdrücklich und öffentlich, sich an bestimmte institutionelle Regeln zu binden. Der Vorteil für Individuen liegt darin, daß sie jetzt besser vorhersagen können, was die anderen tun werden, und darüber hinaus werden Bestrafungen unpersönlich von der Institution oder Gruppe verabreicht, so daß keine einzelne Person die diesbezüglichen Risiken und Kosten zu tragen hat. Idealerweise bedeutet die Reduktion unerwünschter Transaktionskosten durch Institutionalisierung, daß viele Probleme, die mit öffentlichen Gütern zu tun haben, entschärft werden, und jeder davon profitiert.

Institutionen umfassen typischerweise konstitutive Normen oder Regeln, die neue kulturelle Wirklichkeiten schaffen. In der berühmten Formulierung von Searle (1995) werden neue Statusfunktionen, wie er sie nennt, durch die Formel X gilt als Y im Kontext K definiert; zum Beispiel gilt Joe als Chef im Kontext einer Gruppenentscheidung. Searle (2010) zufolge ist die Tatsache, daß Joe Chef ist, eine institutionelle Tatsache mit demselben objektiven Status wie die Tatsache, daß der Kilimandscharo der höchste Berg in unserer Welt ist. Das heißt, trotz der Tatsache, daß der Begriff eines Chefs kulturell geschaffen ist –, er würde nicht existieren, wenn es so etwas wie Menschen nicht gäbe –, ist er jetzt trotzdem eine objektive Tatsache mit Bezug auf die Welt. Wichtig ist, daß institutionell geschaffene Status mit Pflichten und Berechtigungen einhergehen; tatsächlich könnte man sagen, daß Pflichten und Berechtigungen den Status definieren: Beispielsweise hat unser Chef die Pflicht, daß alle Streitigkeiten über Ressourcen gemäß den von uns vereinbarten Regeln gelöst werden, und er ist berechtigt, einen Entschluß zu fassen und durchzusetzen, falls das notwendig sein sollte. Und wir haben die Pflicht, seine Berechtigungen zu respektieren. Eine kulturell geschaffene Entität (einschließlich kultureller Artefakte, etwa Muscheln für Geld) kann somit innerhalb der Gruppe einen neuen deontischen Status, einen neuen Teil der »objektiven« Realität annehmen. Auf diese Weise kann man sich auch Versprechen vorstellen, das heißt als Sprechakte, die eine neue kulturelle Realität schaffen, in der der Versprechende und die Person, der das Versprechen gegeben wird, neue deontische Status haben.[4]

Durkheim (1912/1994) schlug vor, daß eine menschliche Kultur ihrer eigentlichen Natur nach ihre Mitglieder dazu ermuntert, die Institutionen und institutionalisierten Werte, innerhalb welcher sie leben, zu »heiligen«. Nachdem etwas geheiligt wurde, ist es für eine Einzelperson tabu, den Versuch zu machen, es zu untergraben, zu umgehen oder zu ignorieren. Ein Tabu beruft sich natürlich auf eine starke Normativität: Es ist falsch, das Heilige zu untergraben. So haben beispielsweise viele Amerikaner die US-amerikanische Verfassung und ihre Vorschriften und Werte geheiligt, so daß etwa die Redefreiheit in der Kultur weitgehend sakralisiert ist – obwohl sie in vielen anderen Kulturen natürlich nicht als heilig gilt. Auf diese Weise ist der Prozeß der Institutionalisierung direkt mit der Moral moderner Menschen verbunden. Er beginnt bei den einzelnen schon früh in ihrer Entwicklung, wenn die Kinder beginnen, zur Macht der Erwachsenen und ihren Auffassungs- und Handlungsweisen aufzublicken – und sie vielleicht gar sakralisieren (Piaget, 1932/2015). Die Institutionen und kulturell geschaffenen Entitäten und Werte, in die Kinder hineingeboren werden, gingen ihnen auf dieser Erde voraus, und das führt zu einer Art von moralischem Realismus, dem zufolge dies nicht nur die Art und Weise ist, wie wir zufällig etwas tun oder nicht tun, etwas billigen oder mißbilligen; vielmehr ist diese Art, die Dinge zu tun, Teil einer »objektiven« und vielleicht sogar »heiligen« moralischen Ordnung.

### *Kulturelles Handeln und Identität*

Die Frühmenschen, die im ersten Schritt unserer Geschichte erfolgreich waren, waren diejenigen, die die sozial-interaktiven Fertigkeiten hatten, um sich effektiv an der obligaten gemeinschaftlichen Nahrungssuche mit Partnerwahl und Partnerkontrolle zu beteiligen. Sie waren zweitpersonale Akteure mit der Befähigung, Partner auszuwählen, mit ihnen umzugehen und sich mit ihnen abzustimmen. Die modernen Menschen, die im zweiten Schritt unserer Geschichte erfolgreich waren, waren diejenigen, die sich effektiv am Kulturleben beteiligen konnten. Sie waren kulturelle Akteure mit Fähigkeiten zur produktiven Identifikation und Interaktion mit Mitgliedern der Eigengruppe bei konventionellen Kulturpraktiken und außerdem mit Fähigkeiten zur Befolgung und Durchsetzung sozialer Normen, nicht zuletzt im Kontext von Institutionen. Die Mitglieder einer Kulturgruppe taten all das selektiv miteinander und schlossen Mitglieder fremder Gruppen als potentielle Trittbrettfahrer und/oder Konkurrenten aus. Ebenso wie die Frühmenschen einen Sinn für die gleiche Verdienstlichkeit eines Kooperationspartners entwickelten, indem sie ein Gefühl für die Äquivalenz von Partnern (des Selbst und des anderen) mit der Notwendigkeit kombinierten, Trittbrettfahrer auszuschließen, entwickelten auch die modernen Menschen einen Sinn für die gleiche Verdienstlichkeit von Mitgliedern der Kultur, indem sie ein Gefühl für die Akteursneutralität der Rollen in Kulturpraktiken mit der Notwendigkeit verbanden, Konkurrenten aus Fremdgruppen auszuschließen. Alle Personen in »unserer« Gruppe (aber nicht in anderen Gruppen) verdienen in einem ganz grundlegenden Sinne in gleichem Umfang Respekt und Ressourcen.

Aber das ergibt nur einen Sinn für jemanden, der den Status einer »Person« in einer Kultur besitzt, was die Frage aufwirft, wer als Person zählt. Die knappe Antwort lautet, daß eine Person innerhalb einer Kultur jemand ist, den andere auf der öffentlichen Bühne als eine Person anerkennen. Und während ein Individuum durch diese Gruppenanerkennung zu einer Person zu werden beginnt, gehört es auch zu denen, die es für eine Person halten, die sozialen Normen unterliegt; es wird zu einem kulturellen Akteur mit einer kulturellen Identität. »Waziri zu sein ist ein Teil davon, wer ich bin.« Und natürlich kann man sich nicht einseitig zu einem Waziri erklären; die Anerkennung muß von Mitgliedern der Gruppe kommen, von denen man Anerkennung sucht (Hegel, 1831/1993; Honneth, 2014). Das moderne menschliche Kind ersuchte daher die Erwachsenen der Kultur: Ich möchte das sein, was ich nur durch eure Anerkennung sein kann, da eure Anerkennung eigentlich meine kulturelle Identität konstituiert. Während die Kinder versuchten, an den kulturellen normativen Praktiken ihrer Kultur teilzunehmen, begannen die Erwachsenen allmählich, ihnen das zu erlauben und ihnen mehr Verantwortung zu übertragen – wodurch sie sie vertrauensvoll in ihr Netz aus Interdependenzen verwoben –, bis sie von anderen Personen in der Kultur und folglich auch von sich selbst als durch und durch kompetente Waziris angesehen wurden.

Diese Art von kultureller Identifikation – also nicht nur von anderen physisch als Gruppenmitglied anerkannt zu werden, sondern auch von der Gruppe (einschließlich von sich selbst) als ein Waziri anerkannt zu werden – ist ein großer Teil der »Lösung« für das nicht vorhandene Problem des Gesellschaftsvertrags der modernen Menschen. Der entscheidende Punkt ist, daß die Menschen auf der psychologischen Ebene kein Problem sahen (das heißt diejenigen, die ein Problem sahen, wurden sozial ausselektiert und allmählich aus der Geschichte der Menschen entfernt). Das Individuum richtete sich nach den Verfahrensweisen der Kulturgruppe, in die es hineingeboren wurde, und setzte eine solche Konformität auch bei anderen durch, weil das ein Teil seiner kulturellen Identität war: »Ich bin Waziri, und wir Waziris sind darin übereingekommen, daß wir auf diese Weise handeln sollten.« Aufgrund seiner kulturellen Identifikation ist es ein Miturheber seines Gesellschaftsvertrags. Darüber hinaus ist es das »objektive« Urteil der Gruppe, daß alle Mitglieder Mitgefühl und respektvolle Behandlung verdienen, und zwar gleichermaßen, und dadurch wird der Gesellschaftsvertrag weiter legitimiert, da er einen zureichenden Grund für die Kooperation liefert. Als Teil meiner kulturellen Identität sollte ich daher meinen Gruppengenossen gegenüber Mitgefühl zeigen und ihnen Respekt entgegenbringen, indem ich mich nach »unseren« Verfahrensweisen richte und mein Bestes gebe, damit auch andere sich danach richten. Der Gesellschaftsvertrag ist daher legitim, weil er Teil meiner kulturellen Identität ist – »wir« haben ihn für »uns« gemacht – und weil ich nicht anders kann, als zu glauben, daß alle Gruppenmitglieder, mich selbst eingeschlossen, ihren Gruppengenossen das Mitgefühl und den Respekt, die sie verdienen, nur durch die Aufrechterhaltung dieses Vertrags geben können.

Während die Frühmenschen ihre Identität als kompetente Kooperationspartner schaffen und aufrechterhalten mußten – indem sie sich wie ein solcher verhielten –, bestand die Notwendigkeit bei den modernen Menschen jetzt darin, eine Identität als kompetente kulturelle Akteure, als »Personen« in einer bestimmten Gruppe zu schaffen und aufrechtzuerhalten: indem man konventionell handelte, indem man jene (einschließlich sich selbst) bestrafte, die nicht konventionell handelten, indem man mit Mitgliedern der Eigengruppe zusammenarbeitete und Mitglieder von Fremdgruppen von allem, von der Nahrungssuche bis zur Verteidigung der Gruppe, ausschloß, und ganz generell indem man sich so verhielt, daß man eine besondere Anteilnahme für die Angehörigen der Eigengruppe und für die Gruppe als ganze zeigte. Das war man sowohl seinen Gruppengenossen als auch sich selbst schuldig.

## Moralische Selbststeuerung

Der moderne Mensch wurde also in eine Welt präexistierender kultureller Konventionen, Normen und Institutionen hineingeboren, die eine unabhängige »objektive« Existenz hatten. Er richtete sich nach ihren Auflagen, um mit seinen Kulturgenossen besser zu kooperieren und um außerdem negative Bewertungen von anderen zu vermeiden. Aber zusätzlich – und weniger von Klugheitsüberlegungen geleitet – identifizierte er sich als eine Art Miturheber mit den Schöpfern dieser überindividuellen sozialen Strukturen aus einer Art von personenunabhängiger und objektivierender Perspektive: »Wir« haben diese sozial selbstregulierenden Vorrichtungen zu »unserem« Vorteil geschaffen; sie spiegeln das richtige Handeln wider. In einigen Fällen wurde dieser kulturellen Identifikation und Objektivierung zusätzliche Kraft durch die Tatsache verliehen, daß die Normen sich auf Dinge bezogen, die das Individuum bereits durch die Brille ihrer natürlichen zweitpersonalen Moral betrachtete.

Zwei Frühmenschen konnten miteinander lediglich eine gemeinsame Verpflichtung eingehen, die mit ihrem kooperativen Engagement lebte und starb, wohingegen die modernen Menschen außerdem dauerhaftere kollektive Verpflichtungen auf die »objektiv« richtigen Handlungsweisen der Kultur im allgemeinen eingehen konnten. Diese Verpflichtungen legitimierten sie nicht nur als gegenüber anderen durchzusetzende Normen, sondern auch für die eigene moralische Selbststeuerung. Kollektive Verpflichtungen verwandelten somit den Sinn der Frühmenschen für zweitpersonale Verantwortlichkeit einem Partner gegenüber in den weitaus umfassenderen Sinn der modernen Menschen für die Pflicht gegenüber den »objektiven« Werten der Kulturgruppe.

### *Kollektive Verpflichtung und Schuldgefühl*

Die kollektiven Verpflichtungen der modernen Menschen auf ihre überindividuellen Normen und Institutionen erzeugten ein Gefühl der Pflicht, das Richtige zu tun. Aus diesem Gefühl heraus zu handeln war in kultureller Hinsicht rational, da das Richtige und das Falsche objektive Werte sind, die man einfach anerkennen muß. Tatsächlich konnte das Gefühl, daß man das Richtige tun sollte, bei den modernen Menschen potentiell egoistische Motivationen außer Kraft setzen, unter anderem im Hinblick auf das strategische Reputationsmanagement. Obwohl beispielsweise zeitgenössische Kleinkinder aktiv versuchen, den Eindruck zu steuern, den sie auf andere machen (Engelmann et al., 2012; Haun und Tomasello, 2011), können sie diese strategischen Motivationen in manchen Situationen außer Kraft setzen, um moralisch zu handeln. In einer jüngst durchgeführten Untersuchung wurde fünfjährigen Kindern beispielsweise gesagt, daß sie eine bestimmte Belohnung entweder für sich selbst behalten oder sie einem bedürftigen Kind spenden konnten. Anschließend wurden sie Zeuge, wie drei andere Kinder beschlossen, sie für sich selbst zu behalten. Trotz dieser Versuchung, dasselbe zu tun und ebenfalls selbst zu profitieren, taten viele Kinder das Richtige und spendeten die Belohnung dem bedürftigen Kind (mehr als in einer Kontrollbedingung; Engelmann et al., zur Veröffentlichung eingereicht). Die naheliegende Weise, das Verhalten der Kinder in dieser Untersuchung zu interpretieren, ist, daß ihr Pflichtgefühl, das Richtige zu tun, ihre eigenen selbstdienlichen und strategischen Motive überstimmte.

Im allgemeinen können wir den Prozeß der kollektiven Verpflichtung auf die Gruppenideale des Richtigen und Falschen wie in Abbildung 4.1 darstellen. Im Gegensatz zu Abbildung 3.1, dem analogen Diagramm für Frühmenschen in Kapitel 3 (für eine gemeinsame Verpflichtung), war die überindividuelle Entität, die die modernen Menschen zur Selbstregulation nutzten, nicht einfach nur das »wir« der unmittelbar Beteiligten, sondern das »wir« der Kulturgruppe, wie es sich insbesondere in den »objektiven« Werten manifestierte, die in den sozialen Normen der Gruppe verkörpert waren. Ebenfalls im Gegensatz zu den Frühmenschen zeigen die punktierten Pfeile, die nach oben weisen, nicht an, daß die Individuen die Normen selbst schufen (obwohl sie das, wie wir gesehen haben, in manchen eingeschränkten Kontexten tun könnten), sondern vielmehr, daß sie sie in einem gewissen Sinne bekräftigt oder sich mit ihnen identifiziert haben. Die durchgehenden Pfeile, die nach unten weisen, zeigen erneut an, daß die überindividuelle soziale Struktur die Interaktionen und Beziehungen aller relevanten Personen selbstreguliert oder selbststeuert, nämlich »wir« in dieser Kultur, die wir sowohl Urheber als auch Subjekte dieser Normen sind.

Wichtig ist, daß die modernen Menschen andere nicht nur nach ihrer Konformität mit einer kollektiven Verpflichtung beurteilten, sondern auch danach, wie sie die Nichtkonformität anderer beurteilten. Das heißt, wenn eine Person eine moralische Norm bricht, indem sie Essen stiehlt, sollte sie streng beurteilt und bestraft werden, und daher hat jemand, der sie streng beurteilt und bestraft, etwas Richtiges und Gerechtes getan (Gibbard, 1990). Tatsächlich geht Mameli (2013, S. 907) so weit zu sagen, daß diese Meta-Urteile über die Urteile anderer ein wesentlicher Bestandteil einer echten moralischen Perspektive sind: »Wir finden Folter nicht nur moralisch empörend, wir finden es auch empörend, daß jemand sie nicht empörend findet. Eine Person, die es nicht empörend findet, daß manche Menschen Folter nicht empörend finden, erscheint uns als jemand, der ein unzureichendes Verständnis der moralischen Falschheit von Folter hat, und das gilt selbst dann, wenn diese Person keine Neigung oder keinen Wunsch hat, sich an Akten der Folter zu beteiligen.« Durch die Internalisierung dieses sozialen Prozesses – indem sie ihn sozusagen auf das Selbst richteten – begannen die modernen Menschen, eine Art von moralischer Selbststeuerung vorzunehmen. Ebenso wie sie andere für ihre moralischen Urteile beurteilten und andere sie auf dieselbe Weise beurteilten, nutzten sie jetzt ihre Fertigkeiten zur Bewertung des Rollentauschs, um sich selbst mit Blick auf ihre eigenen moralischen Urteile zu beurteilen. Das Individuum wurde nun in die Lage versetzt, vor dem Handeln sich selbst die selbstbewertende Frage zu stellen, ob dies ein gutes Ziel ist, das man verfolgen sollte, oder ein guter Wert, an dem man sich orientieren sollte, genauso wie es diese Frage im Hinblick auf die Handlung eines anderen stellen könnte, was Korsgaard (1996a) »reflektierte Befürwortung« nennt. Die Fähigkeit, über die eigenen Ziele und Werte zu reflektieren und sie zu bewerten, rationalisiert und objektiviert die eigene Verpflichtung auf moralische Normen noch weiter und legitimiert sie daher über alle Neigungen zu strategischem sozialem Handeln hinaus.

Die reflektierte Befürwortung ist zukunftsgerichtet – sie hilft dem Individuum bei der Entscheidung, was es tun soll –, aber etwas Ähnliches funktioniert auch retrospektiv. Wenn ich bereits etwas Falsches getan habe, urteile ich nun, daß mein früheres Urteil, daß es das Richtige war, fehlerhaft gewesen ist, und deshalb verdiene ich Tadel. Ein Schuldgefühl dieser Art ist somit keine Furcht vor Strafe; tatsächlich ist das Gefühl ja, daß die Strafe verdient ist. Es ist auch keine Reaktion auf die Verletzung irgendwelcher Konventionen; es besteht nicht darin, daß man sich im Hinblick auf die mangelnde Konformität an sich schlecht fühlt. Vielmehr richtet sich das Schuldgefühl auf mein früheres Urteil der moralischen Richtigkeit; damals dachte ich, daß es das Richtige war, aber das tue ich jetzt nicht mehr. Die offene Reaktion auf Schuldgefühle ist daher, den begangenen Schaden wiedergutzumachen (Tangney und Dearing, 2004), die bereute Handlung so weit wie möglich ungeschehen zu machen. Und es ist wichtig, daß der Schaden nicht nur einfach wiedergutgemacht wird, sondern daß ich selbst die Sache in Ordnung bringe, um mich mit meiner moralischen Gemeinschaft und Identität wieder in Übereinstimmung zu bringen (wie in der Untersuchung von Vaish et al., im Druck, die in Kapitel 3

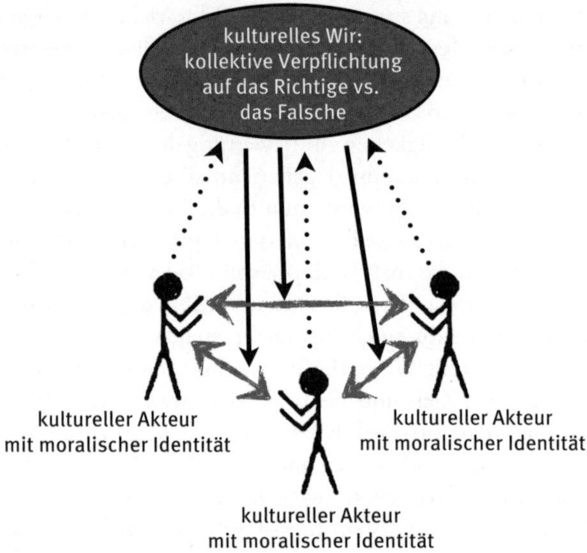


*Abbildung 4.1:* Eine kollektive Verpflichtung, das Richtige zu tun, die durch kulturelle Akteure mit kulturellen Identitäten geschaffen oder bekräftigt (punktierte, nach oben weisende Pfeile) und selbstreguliert (durchgehende, nach unten weisende Pfeile) wird. Die kulturellen Akteure fühlen sich gegenüber ihren Gruppengenossen verpflichtet, die richtigen gegenüber den falschen Handlungsweisen zu wählen (das heißt soziale Normen zu befolgen) und sicherzustellen, daß andere das ebenfalls tun (Pfeile mit zwei Spitzen). Die Internalisierung des Prozesses stellt die moralische Selbststeuerung dar, die eine an der Gruppe ausgerichtete kulturelle Rationalität und Normativität widerspiegelt.

zitiert wurde). Das steht im Kontrast zur Scham, bei der es mir hauptsächlich darum geht, ob andere Zeuge meiner Handlung werden und ob das ihre Einschätzung meines Rufs beeinflußt. Die gewöhnliche Reaktion auf Situationen der Scham besteht deshalb darin, sich zurückzuziehen und zu hoffen, daß die anderen entweder verzeihen oder vergessen werden (Tangney und Dearing, 2004): Ich kann, was ich tat, nicht wiedergutmachen, weil ich die Informationen nicht ungeschehen machen kann, die die anderen jetzt haben und die ihre Urteile über meinen Ruf beeinflussen; ich habe das Gesicht verloren (Brown und Levinson, 1987).

Die Tatsache, daß ein Schuldgefühl ein Urteil über ein eigenes früheres Urteil ist, geht eindeutig aus der Tatsache hervor, daß Menschen sehr häufig das Bedürfnis empfinden, ihr Schuldgefühl offen zu zeigen, und sie tun dies auf alle möglichen Weisen, angefangen von Körperhaltungen bis hin zu verbalen Entschuldigungen. Diese Zurschaustellung kann die Bestrafung durch andere verhindern – ich bestrafe mich ja schon selbst (und mein Leiden ruft dein Mitgefühl hervor), deshalb brauchst du es nicht auch noch zu tun –, und das könnte als strategisch angesehen werden. Tatsächlich haben selbst Kleinkinder, wenn sie verschiedene Personen sehen, die dieselbe Norm verletzen, einen positiveren Eindruck von der Person, die Schuldgefühle mit Blick auf ihre Normverletzung zeigt, als von jemandem, der sie bricht und sich anscheinend nicht darum schert (Vaish et al., 2011a). Aber die Zurschaustellung von Schuldgefühlen hat auch die noch wichtigere Funktion, jedermann (einschließlich mich selbst) darüber zu informieren, daß ich jetzt öffentlich anerkenne, ein schlechtes Urteil gefällt zu haben und dies bereue. Somit zeige ich Solidarität mit denjenigen, die mich streng beurteilen und tatsächlich bin ich damit einverstanden, daß diese negative Beurteilung meines früheren Urteils verdient und legitim ist. Das Schuldgefühl, das sich aus der Verletzung einer moralischen Norm ergibt, geht also über ein strategisches Interesse an einem guten Ruf hinaus und sogar über das einfache Bereuen dessen, was geschehen ist; es ist ein negatives Urteil, gefällt im Lichte der »objektiven« Standards der Gruppe über mein früheres mangelhaftes Urteil.

Reflektierte Befürwortung und Schuldgefühle stellen daher eine neue Art von sozialer Selbstregulierung dar, eine verinnerlichte und reflektierte Selbstregulation, die mehrere Ebenen moralischer Beurteilung umfaßt. Und die Urteile sind in diesen Fällen moralische, weil sie von einem Gefühl dafür begleitet werden, daß sie verdient sind. Ich sollte dieses Urteil fällen; es ist Teil meiner moralischen Identität. Natürlich mögen einige Angehörige unserer Gruppe unsere Konventionen, Normen und Institutionen nur strategisch befolgen, immer mit einem Blick auf das Eigeninteresse. Aber diese Soziopathen sind keine moralischen Personen, und deshalb kann man ihnen nicht völlig vertrauen. »Wir« sind diejenigen, die wahrhaft glauben – aufgrund unserer kulturellen und moralischen Identitäten –, daß es bestimmte Dinge gibt, die Personen in unserer moralischen Gemeinschaft einander schulden.

### *Moralische Identität*

Allgemein und zusammenfassend können wir sagen, daß das, was die moderne moralische Selbststeuerung am deutlichsten von jeglicher Form strategischer Kooperation unterscheidet, die Rolle ist, die der Sinn einer Person für ihre moralische Identität spielt. Die proximalen psychologischen Mechanismen, die für menschliches moralisches Handeln zuständig sind, beinhalten im wesentlichen keine an Klugheitsgründen orientierte Sorge um die eigenen selbstdienlichen Interessen oder strategische Berechnungen der eigenen Reputation; sie beinhalten moralische Urteile eines moralischen Selbst (mit der repräsentativen Autorität der moralischen Gemeinschaft), das über die Zeit hinweg fortdauert und das sich unparteiisch auf dieselbe Weise beurteilt, wie es andere beurteilt (Blasi, 1984; Hardy und Carlo, 2005). Der Prozeß wird informell durch Wendungen erfaßt, die Menschen häufig vorbringen und von folgender Art sind: »Ich könnte das nie tun«, »Ich könnte nicht mit mir selbst leben, wenn ich das täte«; »Das bin einfach nicht ich« und so weiter.

Der Entstehungsprozeß, wie wir ihn uns vorstellen, würde etwa folgendermaßen aussehen: Von Kindesbeinen an treffen Individuen immer wieder Entscheidungen, die andere Personen betreffen, und sie beurteilen auch andere nach deren Handlungen, die andere betreffen. Außerdem bilden sie Urteile über moralische Urteile und werden von anderen im Hinblick darauf beurteilt. Alle diese Urteile kommen von Individuen, die als repräsentativ für die Kultur oder moralische Gemeinschaft verstanden werden, als repräsentativ für die Ideale des Richtigen und Falschen, die »wir« in historischen Zeiträumen geschaffen haben. Und deshalb beginnt das sich entwickelnde Kind, sich selbst aus derselben Perspektive zu beurteilen: ein »ich«, das von einem »wir« beurteilt wird. Es verinnerlicht den Prozeß und beginnt dadurch eine moralische Identität auszubilden, die festlegt, wie es handeln sollte, um auch weiterhin seine Identität zu wahren. Im Zentrum dieser moralischen Identität stehen vier Gruppen von Anliegen (siehe den inneren Kreis von Abbildung 4.2): *Ich-Anliegen*, meine eigennützigen Motive, die darauf abzielen, mir beim Überleben und Gedeihen zu helfen; *Du-Anliegen*, die sich durch Mitgefühl und Hilfe für andere und die Gruppe ausdrücken; *Gleichheits-Anliegen*, bei denen andere und das Selbst als gleichermaßen verdienstliche Individuen angesehen werden; und *Wir-Anliegen*, nämlich sowohl diejenigen, die von einem dyadischen »Wir« ausgehen, das in persönlichen Interaktionen mit einem zweitpersonalen Akteur gebildet wurde, als auch jene, die von einem an der Gruppe ausgerichteten »wir« herrühren, wenn man beginnt, sich mit der eigenen Kulturgruppe zu identifizieren.

Viele moralische Situationen in der wirklichen Welt beinhalten komplexe Kombinationen mehrerer oder aller dieser Anliegen, wodurch manchmal moralische Dilemmata entstehen. Aber in ihren idealisierten »reinen« Formen sind alle auf andere bezogene Anliegen mit charakteristischen Emotionen verknüpft. Verstößen gegen Gleichheit und Respekt wird typischerweise mit Groll begegnet (Strawson, 1962; Darwall, 2006): Die mißachtete Person glaubt, daß sie es nicht verdient, auf diese Weise behandelt zu werden und nimmt es dem Missetäter übel. (Manche Theoretiker meinen, daß die drittpersonale, kulturelle Variante dieser Emotion Empörung im Namen anderer oder der Gruppe ist.) Im Gegensatz dazu empfindet man keinen Groll, sondern ist vielmehr gekränkt, wenn man das erwartete Mitgefühl nicht erhält: Der beleidigte Freund hat das Gefühl, daß der Übeltäter das, worauf ihre Beziehung gründet, vernachlässigt hat: Mitgefühl und Vertrauen. Verletzungen von Normen und Regeln fallen zwar häufig mit anderen moralischen Verstößen zusammen, bei denen jemand gekränkt oder mißachtet

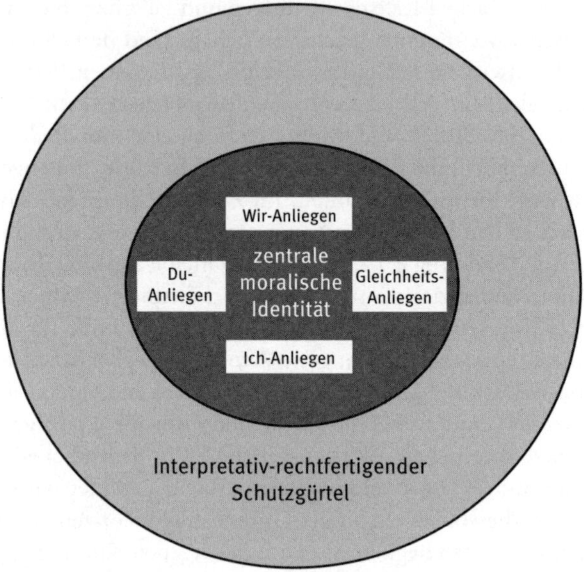


*Abbildung 4.2:* Ein Modell der moralischen Identität für moralische Entscheidungsprozesse beim Menschen

wird, aber im reinen Fall würde man einfach ein Gefühl der Mißbilligung oder des Mißfallens mit Bezug auf die Person haben, die die Regel gebrochen hat: Sie ist kein Mitglied der moralischen Gemeinschaft, weil sie die Regeln für Sozialverhalten nicht befolgt, über die wir uns alle einig sind.

Moralische Entscheidungen sind typischerweise diejenigen, die eines der drei Anliegen enthalten, die keine Ich-Anliegen sind, auch wenn man sich schließlich dafür entscheidet, daß das Ich-Anliegen die Oberhand haben sollte. Dennoch lautet die Behauptung, daß Menschen eine starke Motivation haben, ihre zentrale moralische Identität zu bewahren, wie sie von ihren vergangenen Entscheidungsprozessen begründet wurde. In erster Linie bewahren sie sie dadurch, daß sie in Übereinstimmung mit ihr handeln. Aber jede

Situation ist bis zu einem gewissen Grad besonders, und wenn eine gegebene Situation an frühere Erfahrungen assimiliert wird, muß ihren Besonderheiten irgendwie Rechnung getragen werden. Trägt jemand bei einem Begräbnis einen buntkarierten Mantel, so kann man das entweder bloß als Verstoß gegen die Etikette interpretieren oder aber als Mißachtung der Trauernden. Man kann Ressourcen so aufteilen, daß Menschen, die weniger wiegen, weniger bekommen (was beispielsweise bedeutet, daß Frauen und Kinder weniger bekommen), weil man der Auffassung ist, daß das die Gleichheit auf der Gramm-um-Gramm-Ebene bewahrt; man kann dies aber auch als Verletzung der Gleichheit von Personen verstehen. Und so weiter. Ebenso wie Wissenschaftler an ihren zentralen theoretischen Überzeugungen festhalten, indem sie empirische Belege auf bestimmte Weise interpretieren (Lakatos und Musgrave, 1970), können auch Individuen das Gefühl einer zentralen moralischen Identität aufrechterhalten, obwohl sie Akte begehen, die von anderen für unmoralisch gehalten werden, indem sie die Situation kreativ interpretieren.

Aber die Kreativität der Interpretation hat ihre Grenzen. Da die eigene moralische Identität sozial konstruiert ist, muß man immer bereit sein zu rechtfertigen – sowohl den anderen als auch sich selbst gegenüber –, warum man eine Handlungsweise gegenüber einer anderen gewählt hat. Rechtfertigung bedeutet zu zeigen, daß meine Handlungen sich tatsächlich von Werten ableiten, die wir alle teilen. Wenn ich beispielsweise Knochen im Lager zurücklasse und diese Aasfresser anlocken, könnte ich gegenüber allen anderen als Erklärung vorbringen, daß ich mit meiner Schlachttätigkeit unerwartet aufhören mußte, um einem ertrinkenden Kind zu Hilfe zu eilen. Diese Rechtfertigung wird auch wahrscheinlich akzeptiert, weil wir alle gemeinsam akzeptieren, daß es wichtiger ist, einem ertrinkenden Kind zu helfen, als die Norm des Aufräumens zu befolgen. Versuche ich hingegen, meine Nachlässigkeit dadurch zu rechtfertigen, daß ich geltend mache, ein Nickerchen gebraucht zu haben, weil ich letzte Nacht gefeiert hatte, dann wird das wahrscheinlich nicht akzeptiert. Haidt (2012) und andere haben dargelegt, daß moralische Handlungen intuitiven und emotionalen

Quellen entspringen und daß es sich bei verbalen Rechtfertigungen wie diesen um nachgeschobene Rationalisierungen handelt, die nur darauf abzielen, andere zu überzeugen. Das mag zwar stimmen, aber dieses Überzeugen von anderen geschieht nicht bloß aus strategischen Gründen, das heißt, um andere daran zu hindern, mich zu bestrafen; es ist auch notwendig, um meine eigenen kulturellen und moralischen Identitäten intakt zu halten. Manchen kontraktualistischen Theorien zufolge liegt die rationale Basis der Moral insbesondere in den geteilten Rechtfertigungsstrukturen, auf die sich die Angehörigen einer moralischen Gemeinschaft verlassen (Scanlon, 1998). Beim Schaffen neuer Konventionen und Normen oder bei der Wahl einer Norm gegenüber einer anderen oder beim Ignorieren einer Norm muß eine Person bereit sein, ihre Entscheidungen sowohl anderen als auch sich selbst gegenüber so zu rechtfertigen – also Gründe dafür zu geben –, daß ihre Handlungen auf den geteilten Werten der moralischen Gemeinschaft fußen. Der entscheidende Punkt ist, daß die moralische Rechtfertigung darauf abzielt, geteilte Werte zu finden, die die eigene fortgesetzte Identifikation mit der moralischen Gemeinschaft demonstrieren, obwohl sie nicht unbedingt zum Ziel hat, moralische Handlungen hervorzubringen oder empirische Richtigkeit zu erreichen.[5]

Die eigene moralische Identität wird also von einem schützenden »Gürtel« aus Interpretationen und Rechtfertigungen umgeben (siehe den äußeren Kreis in Abbildung 4.2). Vielleicht habe ich nicht den ganzen Honig, den ich gesammelt habe, mit anderen geteilt, wie ich es hätte tun sollen, aber ich bin krank und brauche im Augenblick mehr Nahrung als sie. Rechtfertigt das mein Verhalten anderen und mir selbst gegenüber? In meiner Gesellschaft praktiziere ich Apartheid, aber das ist gerechtfertigt, weil es der Wille Gottes war. Rechtfertigt das mein Verhalten gegenüber anderen und mir selbst? Wenn die Antwort auf diese Fragen »Ja« lautet, setzt man den Status quo fort. Aber wenn die Antwort »Nein« lautet, ist meine zentrale moralische Identität in Frage gestellt, und ich muß etwas tun, um sie wiederherzustellen, zum Beispiel Schuldgefühle zeigen, mich entschuldigen oder Entschädigung leisten. Ebenfalls entscheidend ist für den Prozeß natürlich, ob eine betroffene Person Mitglied der eigenen moralischen Gemeinschaft ist oder nicht – die Sklaverei hätte auf keine Weise gerechtfertigt werden können, wenn die Sklaven als Mitglieder der moralischen Gemeinschaft verstanden worden wären – und wer die Bezugsgruppe für die eigenen Rechtfertigungen ist (in diesem Fall die Sklaven, die Sklavenhalter oder andere). Die Rechtfertigung ist daher noch ein weiteres Mittel, durch das sich das Individuum mit der Gruppe und ihren geteilten Lebensweisen identifiziert, und legitimiert daher seine Teilhabe am Gesellschaftsvertrag seiner Kultur.

Entscheidend für den ganzen Prozeß moralischer Selbststeuerung mittels der moralischen Identität ist schließlich die Erkenntnis, daß es einem freisteht, wenn nötig über die sozialen Normen der Kultur hinauszugehen – und diese Freiheit verstärkt die bindende Kraft der Pflicht nur noch, weil man sich dann seine Entscheidungen sozusagen zu eigen macht (Kant, 1785/2013). Insbesondere erfordert die Auflösung moralischer Dilemmata, die widersprüchliche Normen beinhalten, eine solche persönliche Gewichtung der Werte, die häufig mit keinem konventionellen Muster übereinstimmt. Sowohl Mead (1934) als auch Bergson (1935/1992) haben betont, daß moralische Wesen nie dem Gefühl der Pflicht entkommen können, prinzipienbasierte Entscheidungen zu treffen, wenn die Normen ihrer Gruppe nicht unzweideutig gelten oder, was problematischer ist, wenn sie miteinander in Konflikt stehen. Das mag besonders wahr sein angesichts der Komplexitäten gegenwärtiger multikultureller Gesellschaften, aber auch in einfacheren und homogeneren Gesellschaften kann die eigene zweitpersonale Moral oder die allgemeine Präferenz der Menschenaffen für Verwandte und Freunde in vielen Fällen mit bestimmten Aspekten der eigenen normbasierten kulturellen Moral in Konflikt treten. Sollte ich stehlen oder anderen Schaden zufügen, um meinen Freund oder einen bedürftigen Gruppengenossen zu retten? Daher müssen die einzelnen immer in einem gewissen Sinn den moralischen Entscheidungen, die sie treffen, seien sie nun konventionell oder mehr persönlich kreativ, frei zustimmen und sich mit ihnen identifizieren. Das Leben des modernen Menschen wurde somit, wie Sellars (1963) es formulieren würde, »mit dem Sollen belastet«.

Ein besonders wichtiges Problem in den Gesellschaften des modernen Menschen mit Arbeitsteilung ist natürlich die Verteilung von Ressourcen. Tatsächlich ist die Art und Weise, wie Ressourcen in einer Gesellschaft zwischen ihren Mitgliedern aufgeteilt werden, in vielen Hinsichten die konkreteste Manifestation ihres besonderen Sinns für Gerechtigkeit (Rawls, 1971). In Kapitel 3 haben wir argumentiert und Belege dafür angeführt, daß Kleinkinder – und nach unserer Hypothese auch die Frühmenschen – eine starke Neigung haben, die Beute einer gemeinschaftlichen Anstrengung unter den Partnern gleich zu verteilen. Wenn die modernen Menschen sich selbst jetzt als Teil einer großen gemeinschaftlichen Gruppe verstehen, dann könnten wir erwarten, daß sie Ressourcen unter den Gruppenmitgliedern gleich aufteilen, auch unter denjenigen, die sich nicht an ihrer Beschaffung beteiligt haben, und ohne daß das Selbst besonders privilegiert wird.

Das stimmt auch zum größten Teil. Das entscheidende natürliche Phänomen ist die Nahrungsverteilung an einem zentralen Ort, die für Kulturgruppen moderner Menschen kennzeichnend ist und bei der einige Individuen Nahrung besorgen und sie zu einem zentralen Ort zurückbringen, um sie mit ihren Gruppengenossen zu teilen. Beobachtungen zeitgenössischer Wildbeuter enthüllen viele Komplexitäten dieses Prozesses, wobei es zahlreiche Ausformungen mit Blick auf die Weisen gibt, wie verschiedene Gruppen Normen darüber aufstellen, wie, wann und mit wem die Nahrung geteilt wird (Gurven, 2004). Aber eines ist allen Kulturen gemeinsam: Jeder in der Gruppe verdient etwas zu essen. In allen Wildbeuterkulturen gibt es faule oder arbeitsunfähige Mitglieder, die wenig beitragen, und diese Personen sind in vielen Hinsichten benachteiligt. Aber es gibt dennoch ein Gefühl dafür, daß sie zu uns gehören, und deshalb kann man sie nicht verhungern lassen. Dieses Merkmal modern-menschlicher Wildbeutergesellschaften ist ein solider Beleg dafür, daß die modernen Menschen zusätzlich zu einem Sinn für die gleiche Verdienstlichkeit zwischen Partnern bei einer Kooperation auch einen Sinn für eine minimale Verdienstlichkeit im Hinblick auf alle hatten, die Teil unserer Kulturgruppe sind.[6]

Auf ähnliche Weise meinen Schulkinder in westlichen Industriegesellschaften, daß jeder in der Gruppe – nicht nur die Kooperierenden – gleichermaßen einen Anteil an den Ressourcen verdient. Beispielsweise stellten Fehr et al. (2008) fest, daß Schweizer Kinder ab dem Alter von sieben bis acht Jahren einen gleichen Anteil an durch einen unerwarteten Glücksfall erhaltenen Ressourcen zwischen sich und einem anderen Kind bevorzugen und daß sie tatsächlich selbst Ressourcen opfern, um sicherzustellen, daß es eine gleiche Verteilung gibt (siehe auch Olson und Spelke, 2008; Blake und McAuliffe, 2011; Smith et al., 2013), vorausgesetzt, der Partner ist ein Mitglied der Eigengruppe. Einem anderen Experimentalparadigma zufolge bestrafen fünfjährige Kinder jeden, der nicht auf gleiche Weise mit ihnen teilt (das heißt in einem Mini-Ultimatumspiel; Wittig et al., 2013) – was Schimpansen nicht tun (Jensen et al., 2007). Und in manchen Fällen gehen Kinder, die Ressourcen aufteilen, sogar so weit, daß sie zusätzliche Ressourcen wegwerfen, anstatt sie auf eine Weise zuzuteilen, die die Gleichheit verletzt (Shaw und Olson, 2012). Dieses Entwicklungsmuster deutet darauf hin, daß die Kooperation wahrscheinlich die natürliche Heimstätte für die Bevorzugung von Gleichheit bei der Evolution der Frühmenschen war, aber mit dem Aufkommen von Kulturgruppen und eines Sinns für die gesamte Gruppe als einem einzigen Gemeinschaftsunternehmen wurde jeder in der Gruppe als verdienstlicher Empfänger insbesondere von umfangreichen Ressourcen angesehen, die von allen Gruppenmitgliedern gesammelt wurden.

Vor kurzem hat eine Reihe kulturübergreifender Untersuchungen – von denen die meisten sowohl Kulturen kleinen Umfangs als auch Kulturen westlicher Industriegesellschaften umfaßten – kulturelle Unterschiede bezüglich der Art und Weise festgestellt, wie Kinder Ressourcen verteilen. Beispielsweise fanden Rochat et al. (2009) kulturelle Unterschiede mit Bezug darauf, wie drei- und fünfjährige Kinder eine Menge von durch einen unerwarteten Glückfall erhaltenen Ressourcen unter sich selbst und verschiedenen anderen Individuen aufzuteilen beschlossen. House et al. (2013) fanden heraus, daß Kleinkinder aus sechs verschiedenen Gesellschaften sich in einem Diktatorspiel, das von ihnen die Opferung von Ressourcen verlangte, ähnlich verhielten, bis sie etwa acht oder neun Jahre alt waren; dann tauchten kulturelle Differenzen auf. Zeidler et al. (zur Veröffentlichung eingereicht) fanden signifikante interkulturelle Unterschiede bei der Bereitschaft der Kinder, sich beim Zugang zu einer monopolisierbaren Ressource abzuwechseln. Henrich et al. (2001) wiesen deutliche Unterschiede mit Bezug darauf nach, wie Erwachsene sich in verschiedenen Kulturen bei einem Ultimatumspiel verhalten, obwohl es in allen 15 untersuchten Gesellschaften kleineren Umfangs einen gewissen Sinn für Fairneß gab. Schließlich fanden Schäfer et al. (im Druck), daß Schulkinder aus einer westlichen Industriegesellschaft die Ressourcen unter den Kooperationspartnern proportional zur Arbeitsproduktivität von jedem aufteilten, während Kinder desselben Alters aus zwei kleineren afrikanischen Gesellschaften das nicht taten.

Der Schlüssel zum Verständnis dieser kulturellen Unterschiede bei der Verteilung von Ressourcen ist das ontogenetische Muster. Jüngere Vorschulkinder aus verschiedenen Kulturen (die faktisch in keiner der zitierten Untersuchungen gut repräsentiert waren) unterscheiden sich wenig in ihrem Sinn für Fairneß, weil sie alle mit einer natürlichen, zweitpersonalen Moral operieren. Aber später, besonders während des Schulalters, beginnen die Kinder, sich auf die sozialen Normen zu verpflichten, die ihre Kultur für die faire Verteilung von Ressourcen entwickelt hat. Der vorliegenden Perspektive zufolge operieren Menschen aller Altersklassen in allen Kulturen im allgemeinen mit mehreren Motiven, die ins Spiel kommen, wenn Ressourcen verteilt werden: egoistische Motive, auf andere gerichtete Motive des Mitgefühls und Fairneßmotive, die auf Verdienstlichkeit beruhen. Aber Erfordernisse im Lebensstil unterschiedlicher Kulturen haben es notwendig gemacht, daß diese verschiedenen Motive im Hinblick auf ihre jeweiligen sozialen Normen miteinander verknüpft und gegeneinander abgewogen werden, und das ist nicht nur zwischen Kulturen der Fall, sondern manchmal auch in verschiedenen Situationen innerhalb derselben Kultur. So erwarten und dulden wahrscheinlich Menschen in allen Kulturen in Situationen extremer Knappheit einen gewissen Grad an Egoismus. In Situationen wie dem Ultimatumspiel haben Menschen in allen Gesellschaften zumindest einen gewissen Sinn für Fairneß. Und obwohl Kinder aus manchen Kulturen kleineren Umfangs die Arbeitsproduktivität nicht so sehr in Rechnung stellen, glauben die Kinder und Erwachsenen in diesen Kulturen höchstwahrscheinlich trotzdem, daß manche Menschen mehr Ressourcen verdienen als andere (zum Beispiel der Häuptling gegenüber dem Rest oder Erwachsene gegenüber Kindern). Daher würden wir behaupten, daß selbst im elementarsten Bereich der Verteilungsgerechtigkeit sowie in anderen Gesellschaftsbereichen alle normal funktionierenden Menschen eine universale zweitpersonale Moral besitzen, mit einer kulturellen Moral sozialer Normen *on top*.

Schließlich müssen wir noch einmal betonen, daß der Begriff der Verteilungsgerechtigkeit sich im Grunde auf nichts »Materielles« bezieht, sondern darauf, fair und mit Respekt behandelt zu werden (Honneth, 2014). Wenn es beispielsweise keine Möglichkeit gibt, Ressourcen fair aufzuteilen, akzeptieren zeitgenössische Erwachsene und Kinder nahezu jede Zuteilung von Ressourcen, solange eine faire Vorgehensweise eingehalten wird. So respektieren Kinder und Erwachsene selbst eine ungleiche Aufteilung von Ressourcen, wenn sie sich beispielsweise daraus ergibt, daß ausgelost wird, Streichhölzer gezogen, Würfel geworfen oder Spiele wie etwa Stein-Schere-Papier gespielt werden. In zwei Untersuchungen aus jüngerer Zeit waren Kleinkinder damit zufrieden, einen weniger als gleichen Anteil einer Ressource zu erhalten, wenn die Aufteilung durch ein »Glücksrad« bestimmt wurde (Shaw und Olson, 2014; Grocke et al., zur Veröffentlichung eingereicht). Bei der Verfahrensgerechtigkeit, wie dieser Prozeß genannt wird, werden Regeln auf unparteiische Weise formuliert, das heißt ohne schon im voraus zu wissen, wie bestimmte Individuen davon beeinflußt werden (unter einem »Schleier des Nichtwissens« [Rawls, 1971]), und solange die Individuen wissen, daß das der Prozeß ist, sind sie auch mit dem Ergebnis zufrieden. Sie werden gerecht und mit dem nötigen Respekt behandelt, und das ist, was zählt. Tatsächlich läßt sich die Institution des Privateigentums, wie sie von vielen Kulturen praktiziert wird, so verstehen, daß es im wesentlichen den Respekt zwischen Individuen im Hinblick auf Objekte kodifiziert. Sie funktioniert, weil und nur weil die einzelnen die Eigentumsrechte anderer achteten. Im Einklang mit dieser Sichtweise stellten Rossano et al. (2015) fest, daß fünfjährige Kinder – im Gegensatz zu dreijährigen – einen Respekt für die Eigentumsrechte zeigten, die andere dadurch signalisiert hatten, daß sie beispielsweise Spielzeuge in einer Ecke stapelten, um die Eigentümerschaft geltend zu machen.

## *Die Selektion von Kulturgruppen*

Sicherlich verfügen Menschen über einige eingebaute Reaktionen auf moralisch relevante Situationen, die auf Intuitionen und Emotionen beruhen, welche sich entwickelt haben, um mit evolutionär bedeutsamen Situationen umzugehen, insbesondere mit solchen, bei denen es keine Zeit für eine überlegte Entscheidung gibt (siehe Haidt, 2012). Darüber hinaus würden wir behaupten, daß Menschen bei ihren überlegteren moralischen Entscheidungen im allgemeinen die vier Gruppen von Anliegen aufweisen, die wir oben skizziert haben (siehe Abbildung 4.2). Aber außer diesen menschlichen Universalien haben die einzelnen Kulturen ihre eigenen sozialen Normen und Institutionen geschaffen, die verschiedene Aspekte dieser Anliegen auf neue Weisen bündeln und sie sozusagen einem sehr starken Wir-Anliegen unterstellen: Wenn du dich mit unserer Kulturgruppe und ihren sozialen Normen identifizierst, dann mußt du angesichts dieser Art von Situation die Norm befolgen. Die Kultur schafft solche Normen, um mit wiederkehrenden Situationen umzugehen, die sich bei ihrem besonderen Lebenswandel ergeben: Sie verstärken die natürliche Moral des Individuums durch Regeln, die unabhängige Zusatzgründe dafür liefern, »das Richtige zu tun«. Während beispielsweise manche Kulturen mit der Knappheit von Ressourcen umgehen müssen, ist das bei anderen nicht der Fall; während manche Kulturen mit intensiver Konkurrenz seitens ihrer Nachbarn zu tun haben, gilt das für andere nicht; während für manche Kulturen Gruppenentscheidungen darüber, wo man die nächsten Wochen wohnt, lebenswichtig sind, führen andere ein seßhafteres Leben; während die Individuen in manchen Kulturen Kapital akkumulieren und dadurch Macht über andere haben, gilt das in anderen Kulturen nicht; und so weiter. Kulturen errichten auf der natürlichen Moral der Individuen eine kulturelle Moral, die die Konformität mit Normen unterstützt, welche den Zweck haben, angesichts bestimmter Lebensweisen die gesellschaftliche Ordnung stabil zu halten.

Wie wir in Kapitel 2 bemerkt haben, trat mit dem Entstehen moderner Menschen – oder vielleicht auch erst später, als die demographischen Bedingungen der Konkurrenz zwischen Gruppen intensiver wurden – ein neuer Prozeß in Erscheinung, bei dem eine solche kulturelle Variation eine Schlüsselrolle spielte. Dieser neue Prozeß war die Selektion von Kulturgruppen. Möglicherweise schon bevor sie sich vor etwa 100 000 Jahren von Afrika aus zu verbreiten begannen, fingen verschiedene Kulturgruppen an, aus all den oben genannten ökologischen und anderen Gründen unterschiedliche Konventionen, Normen und Institutionen zu schaffen. Alle diese verschiedenen überindividuellen Sozialstrukturen hatten zum Ziel, die Interaktionen zwischen den Individuen zu koordinieren und potentielle Konflikte innerhalb ihrer jeweiligen Gruppen zu kooperativieren, nur taten sie das auf je spezifische Weisen. Da die Gruppengenossen innerhalb einer Kultur darauf bestanden, daß sich jeder nach den Normen ihrer Gruppe richten solle, blieben diese Normen innerhalb einer Gruppe über historische Zeiträume hinweg stabil. Diese Stabilität brachte eine maximale Homogenität innerhalb der Gruppe hervor, und das führte wiederum zu einer systematischen Variation von Normen zwischen verschiedenen Kulturen, wenn es mit einer nennenswerten Heterogenität zwischen den Gruppen verknüpft war. Das Ergebnis war ein neuer Prozeß der kulturellen Evolution.

Da diese gruppenspezifischen Verhaltensweisen und Strukturen bei der Regulation des Gruppenlebens unterschiedlich effektiv waren, gewannen diejenigen Gruppen moderner Menschen mit den Konventionen, Normen und Institutionen, die die Kooperation und den Zusammenhalt der Gruppe am besten förderten, die Oberhand, indem sie Konkurrenten aus anderen Gruppen entweder eliminierten oder assimilierten (Richerson und Boyd, 2005). Das bedeutete, daß es jetzt einen Evolutionsprozeß auf der Ebene der Kulturgruppe gab, und dieser spielte eine wichtige zusätzliche Rolle für das Wesen der gruppenbezogenen Moral moderner Menschen, da die Mitglieder der Kulturen diejenigen Individuen sozial selektierten, mit denen sie ihr Kulturleben teilen wollten. Und folglich schuf jede Gruppe auf die eine oder andere Weise ihre eigenen besonderen Instrumente sozialer Kontrolle, die die Tätigkeiten der Gruppe koordinierten und die Kooperation in ihrer spezifischen Umwelt – ihre besonderen Praktiken, Normen und Institutionen – unterstützten, und diejenigen, die diese Aufgabe am besten bewältigten, förderten das Überleben der Gruppe, die sie geschaffen hatte.

Kulturgruppen begannen daher, eine neue Form pluralen Handelns zu konstituieren. Analog zum gemeinsamen Handeln der Frühmenschen in gemeinschaftlichen Dyaden schufen die modernen Menschen eine Art von kollektivem oder kulturellem Handeln, bei dem es auf die eine oder andere Weise Gruppenentscheidungen darüber geben mußte, wohin wir wandern, wie wir mit benachbarten Gruppen umgehen, wie wir unsere zeitweiligen Lager bauen und so weiter. Wenn ein intentionaler Akteur ein Lebewesen ist, das nicht nur intentional auf ein Ziel hin handelt, sondern auch weiß, was es tut, und daher den Prozeß selbst reguliert, wenn unerwartete Zufälle auftreten, dann kann eine Kulturgruppe, die auf ein kollektives Gruppenziel hin handelt und kollektive Verpflichtungen mit Bezug auf die Selbstregulation ihres Fortschritts auf dieses kollektive Ziel hat, als kollektiver Akteur angesehen werden (List und Pettit, 2011).

## KASTEN 2.
## Die aufkeimende normenbasierte Moral von Vorschulkindern

Vorschulkinder, typischerweise im Alter von drei bis fünf Jahren, sind keine vollständig moralischen Wesen. Trotzdem zeigen sie einige neue und moralisch relevante Verhaltensweisen und Urteile im Vergleich zu jüngeren Kleinkindern, von denen viele sich auf Dinge beziehen, die mit der Gruppe zu tun haben, wie beispielsweise Gruppenidentität und soziale Normen. Diese Tatsache ist zumindest potentiell relevant für den evolutionstheoretischen Vorschlag, daß auf die zweitpersonale Moral der Frühmenschen eine stärker an der Gruppe orientierte, normbasierte Moral folgte. Es folgt eine Zusammenfassung der einschlägigsten Untersuchungen, über die in diesem Kapitel berichtet wurde. In allen Fällen wurden die Kinder entweder nur im Alter von fünf Jahren oder im Alter von drei und fünf Jahren untersucht (in vielen Fällen wurden die Verfahren nicht mit jüngeren Kindern ausprobiert, weil die Forscher annahmen, daß sie bei ihnen nicht funktionieren würden). Untersuchungen zur Voreingenommenheit bezüglich der Eigengruppe werden am Anfang dieses Kapitels zusammengefaßt.

*Kollektive Intentionalität:* Vorschulkinder, aber wahrscheinlich nicht Kleinkinder,

- verstehen, daß jeder aus ihrer Eigengruppe bestimmte Dinge in seinem kulturellen gemeinsamen Hintergrund wissen sollte, auch wenn sie selbst nicht diejenigen anderen gesehen haben, die diese Dinge tatsächlich erlebt haben (Liebal et al., 2013);
- fühlen sich verantwortlich für schädigende Akte, die von anderen aus ihrer Eigengruppe begangen werden, aber nicht für diejenigen, die von Mitgliedern einer Fremdgruppe begangen werden (Over et al., zur Veröffentlichung eingereicht);

– tendieren dazu, Ressourcen gleichmäßig aufzuteilen, und zahlen sogar einen Preis, um ungleiche Aufteilungen abzulehnen (etwa bei einem Ultimatumspiel; Wittig et al., 2013);
– urteilen, daß eine Aufteilung von Ressourcen fair ist, auch wenn sie selbst am Ende eine geringere Menge bekommen, vorausgesetzt, daß das Verfahren, das der Aufteilung zugrunde liegt, unparteiisch war (Shaw und Olson, 2014; Grocke et al., zur Veröffentlichung eingereicht); und
– respektieren die Eigentumsrechte anderer (Rossano et al., 2015).

*Soziale Normen:* Vorschulkinder, aber wahrscheinlich nicht Kleinkinder,

– bestrafen absichtlich andere, die Dritten Schaden zufügen (McAuliffe et al., 2015), was Schimpansen nicht tun (Riedl et al., 2012);
– setzen sowohl moralische als auch konventionelle Normen gegenüber Dritten anhand sprachlicher Äußerungen durch (siehe Schmidt und Tomasello, 2012, zu einem Überblick über die vielen Untersuchungen);
– bevorzugen Personen, die soziale Normen durchsetzen, gegenüber denen, die das nicht tun (Vaish et al., zur Veröffentlichung eingereicht); und
– tendieren dazu, Normen in einer generischen normativen Sprache von einem objektiven Standpunkt aus zu lehren und durchzusetzen (z. B. »das ist falsch«, Köymen et al., 2014, im Druck).

*Kollektive Verpflichtungen und Pflichten:* Vorschulkinder, aber wahrscheinlich nicht Kleinkinder,

– vermeiden Konflikte, indem sie koordinierende Konven-

tionen für alle Gruppenmitglieder schaffen (Göckeritz et al., 2014);
- widerstehen dem Druck von Gleichaltrigen unter manchen Umständen, um »das Richtige zu tun« (Engelmann et al., zur Veröffentlichung eingereicht);
- fühlen sich nur schuldig für Schäden, die sie selbst (oder ein Angehöriger der Eigengruppe) verursacht haben, und empfinden eine besondere Verantwortung, einen solchen Schaden wiedergutzumachen (Vaish et al., im Druck); und
- bevorzugen Personen, die Schuldgefühle im Hinblick auf ihre Verstöße zeigen, gegenüber denen, die das nicht tun (Vaish et al., 2011a).

## Das ursprünglich Richtige und Falsche

Unser Versuch in diesem Kapitel bestand darin, die Moralpsychologie der modernen Menschen – die auf der zweitpersonalen Moral der Frühmenschen aufbaut – begrifflich zu fassen als eine Gesamtheit von Anpassungen an das Leben in größeren, in Stämmen organisierten sozialen Gruppen beziehungsweise Kulturen. Als die Kulturgruppen moderner Menschen eine Vielfalt neuer ökologischer Nischen betraten, schuf jede ihre eigene besondere Gesamtheit konventionalisierter Kulturpraktiken, Normen und Institutionen, die an lokale Bedingungen angepaßt waren.

Um in dieser neuen kulturellen Welt zu überleben und zu gedeihen, mußten sich die Individuen unbedingt und zuvorderst nach den Kulturpraktiken der Gruppe richten. In erster Linie taten sie dies aus Hobbesschen Klugheitsgründen: um sich anderen in der Gruppe anzuschließen, um sich mit anderen in der Gruppe (einschließlich Fremden) zu koordinieren und um Bestrafungen für fehlende Konformität zu vermeiden (unter anderem rufschädigenden Tratsch). Sie richteten sich danach auch aus Rousseauschen

Gründen der »Legitimität«: Obwohl sie die Gesellschaftsverträge, in die sie hineingeboren wurden, nicht geschaffen hatten, identifizierten sie sich mit den Urhebern und erkannten die »objektiven« Werte des Richtigen und Falschen, die sie repräsentierten, als gültig an, wodurch sie sie legitimierten.

Über ihre Legitimität hinaus wurde eine Teilmenge der Normen der Kultur auf der Grundlage der bereits existierenden zweitpersonalen Moral ihrer Mitglieder auch als moralisch angesehen. In den klassischen Darstellungen des Gesellschaftsvertrags sind die isolierten Individuen, die sich überlegen, ihre Kräfte zu bündeln, auf keine Weise moralisch, weder von Natur aus noch sonst irgendwie. Aber das ist ja genau der Punkt unserer zweistufigen Geschichte. In unserer Geschichte besaßen die modernen Menschen von Anfang an die zweitpersonale Moral der Frühmenschen zur persönlichen Interaktion mit Kooperationspartnern. Sie mußten also nicht von Grund auf eine »objektive« Moral schaffen, sondern nur ihre bereits existierende zweitpersonale Moral auf die entsprechenden Größenverhältnisse bringen, damit sie zu einem kulturellen Lebenswandel paßte.

## *Die Moralpsychologie moderner Menschen*

Diese Darstellung des Übergangs von der Moralpsychologie der Frühmenschen zur Moralpsychologie moderner Menschen, die mit der »Anpassung an andere Größenverhältnisse« operiert, spezifiziert Wandlungen in den vier Gruppen psychologischer Prozesse, die für die menschliche Moral am relevantesten sind: (1) Die mitfühlende Anteilnahme am Wohlergehen des Partners wurde in die Loyalität gegenüber der Gruppe umgewandelt, (2) kognitive Prozesse gemeinsamer Intentionalität wurden in kollektive Intentionalität und die daraus resultierende Objektivierung von Werten umgewandelt, (3) sozial-interaktive Prozesse des zweitpersonalen Handelns und der kooperativen Identität wurden in kulturelles Handeln und moralische Identität umgewandelt, und (4) selbstregulierende Prozesse gemeinsamer Verpflichtung und Verantwortung wurden in moralische Selbststeuerung und Pflicht umgewandelt. Analog zu der Behauptung über die zweitpersonale Moral der Frühmenschen lautet die Behauptung mit Bezug auf moderne Menschen, daß bei diesen Übergängen viele Elemente nicht Anpassungen an die Moral an sich waren, sondern vielmehr an die kognitive Koordination mit anderen. In Verbindung mit verschiedenen Arten kooperativer Motive wurde dadurch eine unverwechselbar neue Moralpsychologie geschaffen.

IDENTIFIKATION UND LOYALITÄT. Die Frühmenschen empfanden Mitgefühl mit ihren interdependenten Kooperationspartnern. Durch die kulturelle Organisation wurden Gruppen moderner Menschen selbst zu interdependenten kooperativen Entitäten (die mit anderen Gruppen konkurrierten), mit denen sich ihre Mitglieder identifizierten, indem sie sich nach ihren Handlungsweisen richteten. Die Mitglieder von Kulturen hatten somit Mitgefühl für alle ihre Gruppengenossen, von denen sie wechselseitig abhängig waren, und für die Gruppe als solche, was sie für keine der Fremdgruppen-Barbaren in ihrer Umgebung hatten. Sie waren loyal gegenüber der Gruppe und empfanden eine echte Wertschätzung für ihre reibungslose Funktion. Diese Loyalität war wichtig für die Gruppenidentität und Gruppenakzeptanz des Individuums und deshalb auch für sein Überleben.

OBJEKTIVIERUNG. Um gemeinschaftliche Tätigkeiten mit Fremden aus der Eigengruppe zu koordinieren sowie zur Koordination gemeinschaftlicher Tätigkeiten, die einen Großteil der Gruppe betrafen, erweiterten die modernen Menschen ihre Fertigkeiten gemeinsamer Intentionalität, die auf dem persönlichen gemeinsamen Hintergrund von Kooperationspartnern beruhten, zu Fertigkeiten kollektiver Intentionalität, die auf dem kulturellen gemeinsamen Hintergrund aller Gruppenmitglieder beruhten. Diese neuen kognitiven Fertigkeiten ermöglichten die Schaffung konventioneller Kulturpraktiken und Institutionen, die verschiedenen Rollen, von denen jeder wußte, daß jeder wußte, wie man sie idealerweise spielt. Da die Individuen verstanden, daß »jede beliebige

Person« in diese Rollen schlüpfen konnte, entstand ein Gefühl für die Akteursunabhängigkeit und damit auch für die »Objektivität« der Rollenideale. Jeder kannte somit anhand des kulturellen gemeinsamen Hintergrunds die richtigen und falschen Weisen, wie man die verschiedenen Rollen zum Zweck des Gruppenerfolgs spielen mußte, und das beinhaltete auch die allgemeinste Rolle, einfach ein Gruppenmitglied zu sein, das seinen Beitrag leistet.

In diesem Prozeß verwandelte sich die frühmenschliche Fähigkeit zum Perspektivenwechsel mit einem Partner in die Fähigkeit, die Perspektive eines beliebigen rationalen Wesens einzunehmen. Die modernen Menschen konnten daher einen völlig »objektiven« Blick von nirgendwo auf Situationen einnehmen – den Blick, den jede beliebige rationale Person einnehmen würde –, was jedem ermöglichte, als völlig »unparteiischer Zuschauer« in Situationen zu handeln, die eine Ausgewogenheit von Perspektiven zwischen vielen unterschiedlichen Parteien, einschließlich des Selbst, verlangten. Wie beim Sinn der Frühmenschen für die Selbst-anderer-Äquivalenz war dieser akteursunabhängige Blick von nirgendwo an sich kein moralisches Urteil, sondern nur die Erkenntnis dessen, wie sich die Dinge in dieser neuen gesellschaftlichen Wirklichkeit verhielten. Personen, die die generische und maßgebliche Stimme der Pädagogik einsetzten, die nicht von den Meinungen oder Perspektiven dieser Person ausging, sondern vielmehr von der Kultur im ganzen, lehrten Kinder in Kulturen moderner Menschen, wie sich die Dinge verhalten und wie man handeln sollte. Dadurch wurden die konventionellen Handlungsweisen der Gruppe zu den richtigen Handlungsweisen objektiviert. Diese Objektivierung wurde weiter verstärkt durch kulturelle Institutionen, die neue kulturelle Entitäten erzeugten (zum Beispiel Häuptlinge und Grenzen) mit neuen deontischen Kräften der Berechtigung (zum Beispiel jemandem den Krieg erklären und Gebiete abgrenzen). Die Individuen wurden in diese institutionelle Welt, die immer schon als Teil der objektiven Wirklichkeit da war, hineingeboren.

LEGITIMIERUNG. Während die frühmenschlichen Kooperationspartner gewisse Mittel der Partnerkontrolle brauchten, benötigten die modernen Menschen, die in Kulturen lebten, eine expansivere Form der sozialen Kontrolle. Das Ergebnis war, daß die rollenspezifischen Verhaltensideale aus den gemeinschaftlichen Tätigkeiten der Frühmenschen zu sozialen Normen hochtransformiert wurden, die von Dritten verwaltet wurden. Soziale Normen wurden im kulturellen gemeinsamen Hintergrund der Gruppe geschaffen und aufrechterhalten – so daß niemand, der in der Gruppe aufwuchs, plausiblerweise leugnen konnte, sie zu kennen – und verlangten von jedem mehr oder weniger gleiche Konformität. Da soziale Normen für Individuen entstanden, die bereits eine zweitpersonale Moral hatten, waren jene Normen, die die Einstellungen und Motivationen der zweitpersonalen Moral verstärkten, dadurch moralisch. Die Verletzung dieser moralischen Normen konnte verhängnisvoll sein, weil es im Extremfall bedeutete, nicht nur von einem Partner abgelehnt zu werden, was dadurch ausgeglichen werden konnte, daß man einen neuen Partner fand, sondern gänzlich aus der Gruppe verbannt zu werden (die Gruppe trifft eine Partnerwahl). In Kulturen moderner Menschen bedeutete die völlige Abhängigkeit des einzelnen von der Gruppe – und die echte Anteilnahme des einzelnen an der Gruppe und ihrem reibungslosen Funktionieren –, daß es kulturell rational war, sich nach der Gruppe zu richten.

Darüber hinaus war die Verletzung moralischer Normen aber auch einfach falsch, und jede Strafe, die jemand erhielt, war verdient. Ein kooperativer Kulturakteur erkannte, daß jeder sich nach den Handlungsweisen der Gruppe richten muß – und sicherstellen muß, daß jeder andere sich auch danach richtet –, andernfalls könnten die Dinge durchaus auseinanderfallen. Die Tatsache, daß Individuen normativ von anderen erwarteten, die Normen der Kultur durchzusetzen, ist bezeichnend. Das Individuum fällte faktisch ein moralisches Urteil über das moralische Urteil des anderen – beispielsweise, daß es eine andere Person für eine bestimmte Handlung hätte bestrafen sollen –, was darauf hindeutet, daß soziale Normen nicht als etwas aufgefaßt wurden, die »sie« »mir« aufzwingen und nach denen ich mich strategisch richten soll; vielmehr waren sie ein legitimer Leitfaden für die Art und Weise, wie »wir« handeln sollten, für die richtige Handlungsweise. Da der einzelne durch den Prozeß der Identifikation mit der Gruppe das Gefühl hatte, in einem gewissen Sinne Miturheber der sozialen Normen zu sein, nahmen diese eine zusätzliche Legitimität an, so daß ihre Verletzung in einem gewissen Sinne zur Verletzung der eigenen kulturellen sozialen Identität wurde. Daher bedeutete eine egoistische Handlung bei voller Kenntnis der geltenden sozialen Normen, daß man das eigene egoistische Selbst über das kulturelle Selbst stellte, das ja bestrebt war, eine »Person« zu sein, die tugendhaft in ihrer moralischen Gemeinschaft das Richtige tut, und deshalb verdiente dieser egoistische Akt, verurteilt zu werden.

MORALISIERUNG. Im Unterschied zu den Frühmenschen, die ihre eigenen gemeinsamen Verpflichtungen mit anderen eingingen, waren für die modernen Menschen folglich die größten ihrer kollektiven Verpflichtungen sozusagen bereits in Form der kulturellen Konventionen, Normen und Institutionen eingerichtet, in die sie hineingeboren wurden. Für sie stellte sich somit das Problem des Gesellschaftsvertrags: Wie, wann und ob überhaupt man diese überindividuellen kulturellen Strukturen und ihre unterstellte gruppenbezogene Rationalität unterschreiben, sie im Ausgang von den eigenen persönlichen Werten legitimieren sollte. Dadurch, daß man die Miturheberschaft dieser kollektiven Verpflichtungen akzeptierte und bekräftigte, daß ihre korrekte Durchsetzung legitim, weil verdient war, begann ein Individuum, eine moralische Identität zu schaffen. Die normativen Urteile der Verdienstlichkeit, die seine zentrale moralische Identität ausmachten, spiegelten Anliegen des Mitgefühls (»du > ich«), Anliegen der Gerechtigkeit (»du = ich«) und Anliegen kultureller Rationalität (»wir > ich«) wider, deren Wesen von der zweitpersonalen Moral der Frühmenschen geerbt wurde. Um die eigene zentrale moralische Identität aufrechtzuerhalten, mußte man Situationen kreativ interpretieren (etwa bei der Bestimmung dessen, was in bestimmten Situationen ein angemessenes Mitgefühl und angemessene Fairneß war) und außerdem jede abweichende Handlung gegenüber den anderen und sich selbst dadurch rechtfertigen, daß man sie im Sinne von Werten interpretierte, die in der moralischen Gemeinschaft weithin geteilt wurden.

Die modernen Menschen verinnerlichten die selbstregulierenden Prozesse kollektiver Verpflichtung auf soziale Normen – und die Werte des Richtigen und des Falschen, das diese verkörperten –, und daraus ergab sich ein Gefühl der Pflicht. Das Pflichtgefühl und sein Gebrauch durch die Individuen, um ihr Verhalten auf richtige (und nicht falsche) Handlungen hin selbstzuregulieren, stellten eine bestimmte Art moralischer Selbststeuerung dar, die auf einem persönlichen Sinn für moralische Identität als Leitfaden beruhte. Moralische Selbststeuerung bedeutete, daß man Handlungen nur dann ausführte, nachdem man sie sich durch Überlegung als Handlungen zu eigen gemacht hatte, die von jedermann positiv bewertet werden würden, und daß man sich schuldig fühlte, wenn man später zu dem Urteil gelangte, daß man schlecht geurteilt hatte. Aber natürlich hatte das Individuum immer die Möglichkeit, gegen den Strich der Gruppennormen zu gehen, ja sogar unmoralisch zu sein, und darüber hinaus standen moralische Forderungen häufig in Konflikt miteinander, so daß keine verfügbaren konventionellen Lösungen in irgendeiner Weise beim Treffen einer Verhaltensentscheidung hilfreich waren. In solchen Fällen hatte das Individuum keine andere Wahl, als für sich selbst zu entscheiden, welche der verschiedenen beteiligten Kräfte für seine Entscheidung bestimmend sein sollten. Die moralischen Entscheidungen moderner Menschen waren also immer von vielen verschiedenen »Stimmen« bevölkert, und um sich zwischen ihnen zu entscheiden, gab es einzig und allein den individuellen Akteur.

Insgesamt ist es in einer Umgebung sozialer Interdependenz rational zu kooperieren: Man sollte in die sozialen Ressourcen investieren, von denen man abhängt. Für die modernen Menschen umfaßten diese sozialen Ressourcen nicht nur ihre persönlichen Beziehungen zu anderen, sondern auch die kulturellen Praktiken, Normen und Institutionen, die für die Koordination mit anderen und für die Aufrechterhaltung eines vernünftigen Grades sozialer Kontrolle in der Gruppe notwendig sind. Aber um zur Moral zu gelangen, müssen wir über die individuelle Rationalität hinausgehen. Wir brauchen eine kooperative Rationalität und im Falle moderner Menschen eine durch und durch kulturelle Rationalität. Individuen interagieren kooperativ mit anderen nicht nur deshalb, weil dies das strategisch Gebotene ist, obwohl es das oft ist, sondern auch, weil es das Richtige ist. Es ist das Richtige, weil die eigenen Gruppengenossen in allen wichtigen Hinsichten äquivalent zum Selbst sind und deshalb die eigene Kooperation verdienen. Es ist auch das Richtige, weil die kulturellen Praktiken, Normen und Institutionen, innerhalb welcher wir alle leben, von »uns« für »uns« geschaffen wurden (vorausgesetzt, wir identifizieren uns kulturell mit unseren Vorfahren in der Kultur), und daher behaupten wir ihre Legitimität von Anfang an – von einer Art Schleier des Nichtwissens aus, mit Bezug auf den alle von uns potentielle Normverletzer und -durchsetzer sind –, so daß wir die Durchsetzung von Normen bei Verstößen gegen sie, auch wenn uns das selbst betrifft, als verdient ansehen. Und es ist das Richtige, weil … nun … weil es eben das Richtige ist. Trotz Versuchungen zu betrügen oder sich der Durchsetzung gegen sich selbst zu widersetzen, was sie gelegentlich auch tun mochten, bleibt es doch eine Tatsache, daß moderne Menschen sich selbst so beurteilten, wie sie andere beurteilten, und deshalb wäre es ein Verzicht auf ihre persönliche moralische Identität, wenn sie auf diese Weisen anderen gegenüber unkooperativ wären.

## *Multiple Moral*

Für viele Moralphilosophen ist das, was wir jetzt haben, eine prinzipiengeleitete Moral, eine völlig objektive Moral des Richtigen und Falschen. Aber wir wollen sicherstellen, daß wir die verschiedenen Beiträge der natürlichen (zweitpersonalen) und kulturellen (»objektiven«) Moral auch klar verstehen. An sich sind soziale Normen nicht moralisch. Viele konventionelle Normen haben nicht direkt etwas mit der Moral zu tun. Unter geeigneten Umständen können sie jedoch moralisiert werden, und sie werden eben dadurch moralisiert, daß sie mit der natürlichen Moral verbunden werden. So gesehen mag es durchaus als moralische Verfehlung gelten, wenn jemand in Lumpen gekleidet zu einem Festmahl kommt, vorausgesetzt, es richtet wirklich Schaden an oder stößt andere insofern vor den Kopf, als die Feier dadurch für sie ruiniert wird oder ihnen das Gefühl vermittelt, daß sie respektlos, als weniger denn als Gleiche behandelt werden. Es ist somit nicht die Nichtkonformität an sich, sondern vielmehr der Schaden, den die Nichtkonformität verursachen, oder die Geringschätzung, die sie zum Ausdruck bringen kann, was negative moralische Urteile hervorruft.

Es ist von daher auch bedeutsam, daß viele soziale Normen, die von denen, die sie praktizieren, als moralische betrachtet werden, von Mitgliedern anderer Kulturen als unmoralisch angesehen werden. Das geht in den meisten Fällen auf unterschiedliche Wahrnehmungen dessen zurück, was die Diktate der natürlichen Moral in bestimmten Umständen verlangen. In der jüngeren Vergangenheit der zeitgenössischen Welt war beispielsweise Apartheid ein System sozialer Normen, deren Anhänger glaubten, daß sie moralisch seien, aber nur aufgrund bestimmter kreativer Definitionen von Schaden und Geringschätzung (oder deren Mangel) und einer bestimmten kreativen Buchführung mit Bezug darauf, wer zur moralischen Gemeinschaft gehörte. An einem bestimmten Punkt begannen die Normausübenden, diese sozialen Normen als unmoralisch anzusehen, als sie – aufgrund verschiedener interner und externer Kräfte – dahin gelangten, sie so aufzufassen, daß sie ihren eigenen natürlichen Sinn für Mitgefühl und Fairneß und ihr Gefühl dafür verletzten, wer zur moralischen Gemeinschaft gehörte. Und so sind wieder nicht die Normen selbst der entscheidende Faktor, sondern es ist vielmehr ihre Verbindung mit der natürlichen zweitpersonalen Moral der Menschen. Wenn Außenseiter mit Bezug auf eine Kultur manche von deren Normen als unmoralisch wahrnehmen – oder wenn Insider einen diesbezüglichen Sinneswandel erleben –, vertreten sie in der Tat die Ansicht, daß sich wahrhaft moralische Personen diesen Normen widersetzen sollten. Kulturelle Normen erzeugen keine Moral, sondern kollektivieren und objektivieren sie, und Institutionen können noch einen Schritt weiter gehen und sie sakralisieren.

Der entscheidende Punkt ist, daß kulturelle Normen die Moral genau bis zu dem Grad betreffen, in dem sie sich auf eine bestimmte Weise mit den natürlichen Einstellungen des Mitgefühls und der Fairneß verbinden, die schon existierten, bevor es an der Gruppe ausgerichtete, normbasierte Kulturgruppen gab. Die Befolgung sozialer Normen ist einfach Konformität und ihre Durchsetzung ist einfach die Durchsetzung von Konformität durch die eine oder andere Form von Bestrafung. Und in einer anderen, für viele einzigartig menschliche Phänomene so typisch erscheinenden reflexiven Wendung, bestrafen sich Personen, die gegen moralische Normen verstoßen, auch noch durch Schuldgefühle. Sie übernehmen gegenüber den Urteilen, die sie selbst gerade gefällt haben, die Einstellung und Perspektive der Gruppe. Ihre Verpflichtung auf die Aufrechterhaltung der sozialen Normen der Gruppe in Verbindung mit ihrer Fähigkeit und Neigung, sich selbst schlicht als einfach ein nicht so besonderes Gruppenmitglied anzusehen, führt zu der Art von Selbstgeißelung, die nur Menschen erfinden konnten (Nietzsche, 1887/2013).

Der kulturelle Sinn für das Gute und Richtige ist somit das, was »wir« für Möglichkeiten halten, andere mit Mitgefühl und Fairneß innerhalb unseres kulturellen Kontexts zu behandeln. Diese kulturelle Moral ist wie alle kulturell vermittelten Dinge zum größten Teil konservativ. Aber es gibt auch kulturelle Innovation. Wenn sich neue Umstände einstellen, passen sich die Kulturgruppen an, indem sie neue soziale Normen konventionalisieren und neue Institutionen formalisieren. In der heutigen Welt wird ein großer Teil der Veränderungen durch den demographischen Wandel innerhalb verschiedener Kulturgruppen ausgelöst, die aus unterschiedlichen ökonomischen und politischen Gründen zusammenkommen und sich wieder trennen. Die heutige Situation wird durch die Tatsache verkompliziert, daß nicht immer klar ist, wer ein Mitglied irgendeiner besonderen moralischen Gemeinschaft ist und wer nicht. Für die heutigen Menschen ist das Ergebnis ein komplexer und vielfältiger Sinn für Moral, bei dem verschiedene soziale Normen häufig miteinander konfligieren. Außerdem stehen die Forderungen ihrer gruppenbezogenen, kulturellen Moral ziemlich oft mit denen ihrer zweitpersonalen, natürlichen Moral in Konflikt, ohne daß eine völlig befriedigende Lösung ersichtlich wäre. Und natürlich können sie es mit Wertkonflikten zwischen verschiedenen Kulturgruppen – die sogar Teil ihres gegenwärtigen Nationalstaats sein mögen – zu tun bekommen, die ebenfalls grundsätzlich unlösbar sind. Aber unsere Behauptung, und vielleicht auch Hoffnung, wäre, daß es Ressourcen zur Lösung dieser moralischen Dilemmata gibt, indem man zu auf den gemeinsamen Hintergrund bezogenen Vereinbarungen darüber gelangt, was (1) Mitgefühl/Schaden und Fairneß/Unfairneß in bestimmten Situationen ausmacht, und (2) wer zu unserer moralischen Gemeinschaft gehört und wer nicht. Das verankert dann unseren moralischen Diskurs in der natürlichen Moral, die von der ganzen Menschheit geteilt wird.

Insgesamt ist es wichtig, die Komplexität und vielleicht sogar die unvermeidlichen Widersprüche zu erkennen, die der menschlichen Moral innewohnen. Ihre mannigfaltigen Quellen und Schichten können niemals in allen Situationen konsistent zur Anwendung kommen, da das menschliche Sozialleben chaotisch und unvorhersagbar ist. Mein Mitgefühl für meinen hungrigen Kooperationspartner mag mich zwar dazu veranlassen, ihm mehr als die Hälfte der Beute einzuräumen, aber das widerspricht meiner allgemeinen Neigung, sie gleichmäßig aufzuteilen. Es mag zwar eine soziale Norm geben, daß ich keine Nahrungsmittel von anderen stehle, aber was ist, wenn mein Kind oder meine Freundin hungert? Und was ist mit Situationen, auf die unterschiedliche soziale Normen gleich gut anwendbar sind? Die menschliche Moral ist kein Monolith, sondern bunt zusammengewürfelt, zusammengeschustert aus einer Vielfalt unterschiedlicher Quellen, unter verschiedenen ökologischen Drücken, zu verschiedenen Zeiten im Laufe von mehreren Millionen Jahren menschlicher Evolution (Sinnott-Armstrong und Wheatley, 2012). So treten Menschen heute in jede einzelne soziale Interaktion mit egoistischen Ich-Motiven, mitfühlenden Du-Motiven, egalitären Motiven, auf die Gruppe bezogenen Wir-Motiven und einer Neigung zur Befolgung aller geltenden kulturellen Normen ein. In Situationen der Entbehrung würden die meisten von uns egoistisch sein. Wenn jemand anders in äußerste Not gerät, wären die meisten von uns großzügig. In Situationen gleicher Zusammenarbeit wären die meisten von uns egalitär. Und wenn wir im Wimbledon-Finale gegeneinander spielen, spielt es keine Rolle, wer das Preisgeld dringender braucht oder wer am härtesten dafür gearbeitet hat, weil die kulturelle Norm besagt, daß derjenige das Geld gewinnt, der am besten Tennis spielt. Alle diese Motive sind immer in einem gewissen Sinn schon vorhanden; die Frage ist nur, welches oder welche davon in besonderen Situationen den Sieg davontragen werden.

## Koda: Nach dem Garten Eden

Um die Zeit, als die modernen Menschen anfingen, in nennenswertem Umfang aus Afrika auszuströmen, was vor etwa 100 000 Jahren begann, waren sie auf dreierlei Weise moralisch. Erstens hatten sie ein besonderes Mitgefühl für Verwandte, Freunde und Kooperationspartner in Verbindung mit einem Gefühl der Loyalität gegenüber ihren Kulturgenossen, was eine bevorzugte Behandlung dieser besonderen Personengruppe motivierte. Sie hatten eine Moral des Mitgefühls. Zweitens empfanden sie eine Verantwortung, in ihren direkten, dyadischen Interaktionen mit anderen, die es verdienten, respektvoll umzugehen, was sie dazu führte, diese anderen fair zu behandeln. Sie hatten eine zweitpersonale Fairneßmoral. Und drittens empfanden sie sozusagen obendrein noch eine Verpflichtung gegenüber der Gruppe und sich selbst gegenüber, gruppenkonform zu handeln und sicherzustellen, daß die anderen auch gruppenkonform handelten entsprechend den unparteiisch formulierten Konventionen, Normen und Institutionen ihrer Kulturgruppe, insbesondere derjenigen, die sich auf die zweitpersonale Moral bezogen. Sie hatten eine an der Gruppe ausgerichtete kulturelle Gerechtigkeitsmoral.

Innerhalb der Beschränkungen dieser drei universellen menschlichen Moralitäten konnten sich die spezifisch kulturellen Moralitäten der Gruppen moderner Menschen beträchtlich voneinander unterscheiden. Das bedeutete, daß ein weiterer wichtiger Teil des Prozesses die Selektion von Kulturgruppen war, bei der diejenigen mit den kooperativsten und effektivsten Konventionen, Normen und Institutionen andere, konkurrierende Gruppen eliminierten oder assimilierten. Besonders wichtig in diesem Prozeß waren Ereignisse, die zum ersten Mal vor etwa 12 000 Jahren auftraten. An diesem Punkt hörten manche Gruppen moderner Menschen auf, nach Nahrung zu jagen, und begannen damit, sich selbst Nahrung zu verschaffen, indem sie verschiedenartige Pflanzen- und Tierarten domestizierten. Der dadurch angestoßene Aufstieg der Landwirtschaft und der Städte war natürlich ein gewaltiges Ereignis in der Geschichte der menschlichen Sozialität. Als Gruppen von Menschen anfingen, Nahrung zu produzieren, Menschen mit sehr verschiedenen kulturellen Praktiken – die verschiedene Sprachen sprachen, unterschiedliche Nahrungsmittel aßen, unterschiedliche Kleider trugen, verschiedene Formen von Hygiene praktizierten etc. –, begannen alle, in enger Nachbarschaft zueinander zu leben. Und weil sie seßhaft waren, mußten sie Möglichkeiten finden, trotz mancher unterschiedlicher sozialer Normen und Werte miteinander auszukommen. Und natürlich bedeutete Landwirtschaft auch, daß manche Individuen in der Lage waren, über einen Überschuß an Nahrung zu herrschen und ihn als Kapital einzusetzen, um Macht über andere auszuüben (Marx, 1867/1989). Die Schaffung kooperativer Arrangements unter diesen neuen sozialen Umständen erforderte einige neue überindividuelle Regulationsmechanismen. Aus der Perspektive der Moral moderner Menschen waren Gesetze und die organisierte Religion am wichtigsten.

Formelle (und von einem bestimmten Punkt an auch niedergeschriebene) Gesetze wurden klassischerweise so aufgefaßt, daß sie die menschliche Kooperation und Moral hauptsächlich dadurch förderten, daß sie eine weitere Schicht von Bestrafung gegen Betrüger hinzufügten, die von einer Institution auf unpersönliche Weise verwaltet wird, so daß die einzelnen diesbezüglich keine Risiken eingehen oder die Kosten dafür tragen müssen. Und das ist auch eindeutig ein großer Teil der Geschichte. Aber Shapiro (2011) macht geltend, daß die Hauptfunktion eines menschlichen Gesetzessystems nicht darin besteht, zu verhindern, daß gemeine Betrüger aus der Reihe tanzen, sondern vielmehr darin, die Tätigkeiten von ansonsten wohlmeinenden Menschen zu koordinieren, die in großen Kulturgruppen leben, in denen die Zielverfolgung eines Individuums die eines anderen unabsichtlich auf unzählige Weisen vereiteln kann. Beispielsweise hätte es in den großen landwirtschaftlichen Gemeinschaften von vor mehreren tausend Jahren leicht geschehen können, daß eine Person einer anderen Getreide im Austausch für ein paar Werkzeuge versprach, daß aber dann Wetterkapriolen ihre Getreideernte ruinierte. Was sollten wir tun, um einen potentiell zerstörerischen Kampf zu verhindern? Oder es hätte geschehen können, daß ein Individuum Wasser zur Bewässerung seiner Felder abzweigte, damit aber unwissentlich andere Individuen, die weiter stromabwärts siedelten, des Wassers für ihre Pflanzen beraubte. Oder eine Person verkaufte einer anderen eine Ziege, die sich aber als unfruchtbar erwies. Was sollten wir tun? Shapiro (2011, S. 163) faßt die Situation folgendermaßen zusammen:

> Die entstehenden Meinungsverschiedenheiten […] sind völlig aufrichtig. Jeder von uns will das tun, was wir moralisch tun sollten – das Problem ist, daß niemand von uns weiß, was das ist, oder sich mit einem entsprechenden Vorschlag einverstanden erklären kann. Die Gebräuche können nicht mit den sich entwickelnden Konflikten Schritt halten, weil sie sich zu langsam entwickeln, um die sich rasch ändernden sozialen Bedingungen zu regulieren, und weil sie zu skizzenhaft sind, um komplexe Streitigkeiten zu lösen und soziale Projekte im großen Maßstab zu koordinieren. Obwohl private Verhandlungen und Feilschereien manche Konflikte zügeln können, kann dieser Prozeß sehr kostspielig sein, und zwar nicht nur im Sinne von Zeit und Energie, sondern auch emotional und moralisch. Wenn es viel mehr Möglichkeiten der Interferenz mit den Bestrebungen anderer und viel mehr Güter gibt, um die man kämpfen kann, besteht die Gefahr, daß Streitigkeiten um sich greifen und gären werden, was dazu führt, daß die Parteien es ablehnen, beim nächsten gemeinschaftlichen Unternehmen mitein-

ander zu kooperieren oder schlimmer noch, sich in anhaltende und festgefahrene Fehden verstricken.

Shapiro zeigt dann im Anschluß daran, daß nicht einfach nur mehr Gesellschaftsplanung, sondern ein Plan für die Gesellschaftsplanung nötig ist. Beispielsweise können wir einen Häuptling oder einen Ältestenrat einsetzen, um Regeln zu gestalten, die jeder befolgen muß, und um Streitigkeiten bei der Anwendung dieser Regeln zu entscheiden. Jetzt brauchen wir Regeln zweiter Stufe dafür, wie ein Häuptling oder Ältestenrat gewählt wird, und möglicherweise auch dafür, wie ihre Funktion sein soll und wie nicht. Shapiro macht also geltend, daß Rechtssysteme Institutionen der Gesellschaftsplanung zweiter Stufe unter den »Bedingungen der Legalität« sind, die dann vorliegen, wenn eine Gemeinschaft zahlreiche und ernsthafte moralische Probleme hat, deren Lösungen komplex, umstritten oder willkürlich sind. Und so entstanden rechtliche Formen der Gesellschaftsplanung zweiter Stufe.

Wichtig für unser gegenwärtiges Interesse an der menschlichen Moral ist, daß Shapiro (2011, S. 171) weiterhin geltend macht, daß »das Gesetz darauf abzielt, die Mängel der nichtrechtlichen Formen der Planung durch eine ›richtige‹ Planung auszugleichen, nämlich durch die moralisch legitime Übernahme und Anwendung moralisch vernünftiger Pläne«. Gesetze müssen »moralisch vernünftig« sein, wenn diejenigen, die ihnen unterstehen, sie als moralisch legitim ansehen sollen. Natürlich kann ein Diktator, der über Waffen verfügt, eine Regel formulieren, daß jeder sein zweitgeborenes Kind ermorden muß, und diese Regel mit militärischer Gewalt durchsetzen. Und das könnte man als Gesetz bezeichnen. Aber das ist ein sicheres Rezept für einen Aufstand. Die Gesetze, die Menschen befolgen, gutheißen und sogar gegeneinander durchsetzen, sind solche, die sie von ihrem eigenen moralischen Standpunkt aus positiv bestätigen können, solche, auf die sie kollektiv verpflichtet sind (Gilbert, 2006). Das gilt auch für die Regeln zweiter Stufe, die sich darauf beziehen, wie Regeln gemacht werden: Die Individuen müssen die Verfahrensgerechtigkeit dieser (verfassungsmäßigen) Gesetze zweiter Stufe akzeptieren, um das Gefühl zu haben, daß sie legitim sind. Was einem System in den Augen seiner Untertanen Legitimität verleiht – und bei ihnen somit ein Gefühl politischer Pflicht erzeugt –, ist daher die Tatsache, daß der Standpunkt des Rechts immer *vorgibt*, den moralischen Standpunkt zu repräsentieren. Infolgedessen befolgen die Bürger typischerweise das Gesetz und respektieren es als moralisch legitim. Das heißt, bis sie es eben nicht mehr tun.

Während der gesamten Menschheitsgeschichte haben Anführer versucht, sich selbst und ihre Gesetze von einem moralischen Standpunkt aus zu legitimieren, indem sie behaupteten, dazu irgendwie von einer Gottheit oder sonst irgendwie übernatürlich auserwählt worden zu sein. Die Ursprünge religiöser Einstellungen im allgemeinen sind zwar unbekannt, aber ein Schlüsselaspekt könnte aus der Art von akteursunabhängigem und gruppenbezogenem Denken entsprungen sein, das für moderne Menschen kennzeichnend ist, insbesondere wenn dieses Denken eine historische Dimension erhält und Vorfahren und uralte Traditionen einschließt. Normen und Institutionen besitzen eine Art abstrakter, nahezu übernatürlicher Existenz und gelten nicht nur für bestimmte Personen, sondern für »jeden beliebigen«, wie auch immer das aufgefaßt wird. Eine Hauptquelle des Staunens in der menschlichen Erfahrung bezieht sich darauf, wo unsere verehrten Vorfahren sind, die unsere Gesellschaft gegründet haben, und tatsächlich ist eine entscheidende Grundlage einer religiösen Einstellung die Verehrung und Anbetung verstorbener Vorfahren und Traditionen, deren Geist irgendwie weiterlebt (Steadman et al., 1996). Die Anführer nutzten diese Einstellung dann aus und behaupteten übernatürliche Quellen für ihre Führerschaft.

Die organisierten Religionen, die in Verbindung mit frühen Großgesellschaften entstanden, erwiesen sich als weitere soziale Mittel neben den rechtlichen zur Unterstützung der Kooperation. Ein geteilter Glaube an übernatürliche Entitäten und Kräfte – begleitet von einem Gefühl der Verehrung – lieferte einen zusätzlichen gemeinsamen kulturellen Hintergrund und erzeugte eine noch stärkere Bindung an die Eigengruppe. Unterschiedliche Religionen entstanden innerhalb verschiedener Gesellschaften viele Male; sie fingen alle klein an und wurden mit der Zeit größer. Wilson (2000) legt dar, daß das typische Muster darin besteht, daß Gruppen von Individuen, die als einzelne wenig Macht besitzen, sich miteinander verbinden, um in der Gesellschaft Macht zu gewinnen, indem sie immer größere und »organischere« soziale Entitäten schaffen, die gut als Team funktionieren, indem sie einander helfen, einander unterstützen und generell zusammenarbeiten. Auf diese Weise werden Menschen mit derselben Religion wechselseitig mehr voneinander abhängig. Die Kooperation der Individuen wird durch viele verschiedene explizite Mittel unterstützt, in einigen Fällen nicht zuletzt durch die Allgegenwart einer Gottheit, die jede Bewegung eines Individuums beobachtet und kooperierende Personen in einem übernatürlichen Leben nach dem Tod belohnt (Norenzyan, 2013). Die Regeln, die man befolgen muß, zielen manchmal eindeutig auf die Unterstützung der Kooperation ab (zum Beispiel »Liebe deinen Nächsten«), aber manchmal sind sie nur rituell, so daß man mit ihrer Befolgung einfach nur die Identifikation mit der eigenen Gruppe demonstriert. Wilson (2002, S. 159) charakterisiert das folgendermaßen: »Religionen existieren in erster Linie, damit Menschen gemeinsam etwas erreichen können, was sie alleine nicht können.«

In einem noch stärkeren Sinne macht Durkheim (1912/1994) geltend, daß die Religion direkt den gemeinschaftlichen, an der Gruppe orientierten Denk- und Handlungsweisen der Menschen entspringt, und zwar so, daß die Individuen sich dessen so gut wie nicht bewußt sind. Im Gemeinschaftsleben bezieht sich das Heilige auf die kollektiven Praktiken der moralischen Gemeinschaft – wobei Rituale eine wichtige Rolle spielen, weil das ihre einzige Funktion ist –, während sich das Profane auf die eigennützigen Unternehmungen der Menschen bezieht. (Interessanterweise ist die Magie genau deshalb nicht religiös, weil sie utilitaristisch ist und die Menschen nicht in einem gemeinsamen Leben vereint, obwohl sie mit der Religion einige übernatürliche Dimensionen teilt.) Durkheim hebt somit hervor, daß die Religion eine einzigartige Rolle bei der menschlichen Kooperation und Moral spielt. Während andere soziale Institutionen Kooperation und Moral durch das Versprechen von Belohnungen und die Androhung von Strafe unterstützen – und die Individuen auch ein persönliches Gefühl der Pflicht aus ihren sozialen und kulturellen Interaktionen entwickeln können –, konzeptualisiert die Religion kooperative und moralische Tätigkeiten als etwas Höheres, nach dem man streben sollte. Menschen, die aus religiösen Gründen moralisch sind, werden typischerweise nicht von einem Pflichtgefühl geleitet, sondern vom Streben nach etwas Größerem. »[E]s ließe sich nachweisen, daß die Idee der Obligation um so stärker in den Hintergrund tritt, je religiöser eine Moral ist.« (Durkheim, 1976, S. 126).

Religiöse Gruppen haben grundsätzlich ein sehr starkes Empfinden für die Moral der Eigengruppe/Fremdgruppe, und zwar unabhängig davon, ob sie mit politischen Entitäten verbunden sind (Wilson 2002). Ein großer Teil der Geschichte der abendländischen Kultur besteht daher in Konflikten, bei denen es auf die eine oder andere Weise um religiöse Gruppen gegen »Heiden« geht. Haidt (2012) legt dar, daß diese starke Eigengruppe/Fremdgruppe-Mentalität sich an einem bestimmten Punkt mit der menschlichen Ekelreaktion verknüpfte, um eine weitere wichtige Dimension der menschlichen Moral zu erzeugen: Reinheit oder Heiligkeit. Die menschliche Ekelreaktion bezieht sich typischerweise auf Produkte, die aus dem menschlichen Körper ausgeschieden werden – Speichel und Kot zum Beispiel –, und der Vorschlag lautet, daß diese Reaktion dann metaphorisch auf Dinge übertragen wurde, die von außerhalb der Gruppe kommen. Dinge, die außerhalb der gewöhnlichen Handlungsweisen unserer Gruppe liegen, insbesondere diejenigen, die sich auf Körperlichkeit beziehen, sind ekelerregend. Haidt weist außerdem darauf hin, daß Menschen eine Neigung besitzen, Dinge und Tätigkeiten zu moralisieren, die außerhalb der Handlungsweisen der Gruppe liegen. Beispielsweise finden im heutigen Leben viele Menschen, die ursprünglich nur eine schwache Antipathie gegen Rauchen und Raucher hatten, die gesamte Praxis jetzt ekelerregend. Ekel gegenüber Dingen, die außerhalb von uns liegen, stellt den stärkstmöglichen Kontrast zur Heiligkeit von Dingen dar, die zu unserem Lebenswandel gehören.

Und so wurden die zeitgenössischen Menschen rechtlich und religiös moralisch, und zwar zusätzlich zu ihrer natürlichen und an der Gruppe ausgerichteten Moral. Aber die spezifischen moralischen Normen einer bestimmten Kulturgruppe – mit oder ohne den Beitrag rechtlicher und religiöser Institutionen – können sich in historischen Zeiträumen verändern. So gibt es innerhalb einer Kultur oft verschiedene »Stimmen«, von denen einige mehr Kapital und politische Macht haben und andere weniger. Wenn wir uns diese verschiedenen Untergruppen einer Kultur als analog zu einer ganzen Kulturgruppe vorstellen, können wir uns folglich auch eine Art von Kulturgruppenselektion innerhalb einer Population von Menschen vorstellen, aufgrund dessen, daß verschiedene Stimmen miteinander konkurrieren, um ein bestimmtes Programm voranzutreiben. Kitcher (2011) beschreibt einen solchen Prozeß auf eloquente Weise und hebt die Möglichkeiten hervor, wie Individuen und Untergruppen innerhalb einer Kultur sich am moralischen Diskurs beteiligen, indem sie versuchen, die Normen, Werte und Institutionen der Kulturgruppe als ganzer zu beeinflussen. In einigen Fällen hat eine Untergruppe fast keine »Stimme«, zum Beispiel Afroamerikaner oder Schwule in Amerika vor sechzig Jahren, und sie bleiben machtlos im Hinblick auf die Beeinflussung des moralischen Diskurses. Im Rückgriff auf Humes Kriterium, daß menschliche Moral und Gerechtigkeit nur unter mehr oder weniger Gleichen entstehen kann, wirken Situationen mit einem großen Machtungleichgewicht gegen eine kooperative Moral (siehe Hume, 1751/1957).

Aber die Dinge können sich auch ändern. Es kann geschehen, daß sogenannte Normentrepreneure ein Risiko eingehen und versuchen, einen Wert auf eine neue Weise zu fördern, die nicht bereits in der Gruppe geteilt wird (Verhaltenskonvergenz), oder aber viele Individuen haben alle privat eine bestimmte Einstellung, sie wird jedoch zu einer geteilten erst dann, wenn es zu einem geteilten Wissen unter ihnen wird, daß sie alle diese Einstellung haben (epistemische Konvergenz). Das Problem ist, daß Menschen, die im Diskurs keine »Stimme« haben, höchstwahrscheinlich nicht als Führer angesehen werden und nicht in den Kommunikationsnetzwerken der Mehrheit sind. Aber es gibt eine Methode, die sich in dieser Situation als wirksam erwiesen hat, und sie ist sehr aufschlußreich mit Bezug auf die »natürliche« Moral, die alle Menschen besitzen. Die Methode, die von Mahatma Gandhi und Martin Luther King vervollkommnet wurde, besteht darin, daß die Menschen ohne Stimme den Menschen, die eine Stimme haben, die Art und Weise vor Augen zu führen, wie sie behandelt werden: eine Art von zweitpersonalem Protest in Reinform. Beispielsweise saßen in den amerikanischen Südstaaten in den 1960er Jahren Afroamerikaner an Mittagessenstheken, die ausschließlich Weißen vorbehalten waren; sie weigerten sich zu gehen, wenn sie dazu aufgefordert wurden, und zogen sich so die erwartete Brutalität der Polizei zu. Entscheidend war, daß das vor vielen Zeugen stattfinden mußte, vorzugsweise vor Fernsehkameras. Den Angehörigen der weißen Mehrheit, die zuvor entweder einfach nicht über diese Dinge nachdachten oder sie verdrängten, wurde dann in ihrem kulturellen gemeinsamen Hintergrund (zum größten Teil in ihren Wohnzimmern) vor Augen geführt, was vor sich ging. Die Proteste der Afroamerikaner sagten der weißen Mehrheit nicht genau, was zu tun war, sondern brachten nur ihre Empörung zum Ausdruck unter der Annahme, daß die Mehrheit schon wisse, was zu tun sei. An diesem Punkt begannen einige Personen mit einer Stimme eine Führungsrolle bei der Anprangerung der unmoralischen Behandlung einzunehmen. Das funktionierte bis zu einem bestimmten Grad, weil es bestimmte Werte des Mitgefühls und der Fairneß berührte, die die Mehrheit schon besaß.

Daher können wir die Evolution kultureller Moralitäten so betrachten, daß sie sich sowohl zwischen den Gruppen als auch innerhalb derselben vollzieht. In dem Jahrtausend, das zum Aufkommen der Landwirtschaft hinführte, formte die Selektion von Kulturgruppen bestimmte Populationen von Menschen in die Richtung größerer Kooperation und Moral. Nachdem die Landwirtschaft eingeführt war, haben sich multikulturelle bürgerliche Gesellschaften darum bemüht, Wege zu finden, um die verschiedenen kulturellen Moralitäten ihrer diversen Untergruppen im guten Sinne zu versöhnen.

## 5
# Menschliche Moral als Kooperation-plus

Nur in und durch die Kooperation kann es eine vollkommene moralische Autonomie geben.

JEAN PIAGET, *Das moralische Urteil des Kindes*

Theorien der Evolution menschlicher Kooperation neigen dazu, entweder Prozesse in Kleingruppen bei relativ frühen Menschen hervorzuheben (zum Beispiel Cosmides und Tooby, 2004) oder Prozesse in Großgruppen bei Menschen aus der jüngeren Vergangenheit (etwa Richerson und Boyd, 2005). Unsere Ansicht ist, daß man beide Evolutionsschritte für eine vollständige Erklärung braucht (Tomasello et al., 2012). Wir sind jedoch anderer Meinung als Theoretiker beider Typen mit Bezug auf die genaue Eigenart der beteiligten sozialen und psychologischen Prozesse. Das gilt besonders dann, wenn wir hinter die Kooperation, verstanden als allgemeine Muster sozialer Interaktion, und auf die wirklich wirksame Moralpsychologie blicken.

Im Hinblick auf den ersten Schritt glauben wir, daß der entscheidende Punkt nicht nur darin bestand, daß die Gruppen klein waren – obwohl sie es waren und diese Tatsache auch eine Rolle zu spielen hatte –, sondern daß die Frühmenschen eine neue Moralpsychologie für das dyadische Face-to-face-Engagement in gemeinschaftlichen Kontexten entwickelten. Es gibt eine Menge Belege dafür, daß dyadische Interaktionen einzigartige Qualitäten haben, die solche Dinge wie Augenkontakt, Richtung der Stimme und Anpassungen der Körperhaltung während der Kommunikation beinhalten, so daß manche Anthropologen einen menschlichen »Interaktionsmotor«, der an dyadische Face-to-face-Interaktionen angepaßt ist, als Erklärung für nahezu alle Formen der einzigartigen menschlichen Sozialität postuliert haben (Levinson, 2006). Darüber hinaus ist eine Reihe der elementarsten Formen menschlicher sozialer Interaktion grundsätzlich dyadisch, beispielsweise Freundschaft, romantische Liebe und Konversation, und die durch Evolution entstandenen Emotionen, die mit diesen dyadischen Beziehungen verknüpft sind, unterscheiden sich qualitativ von allem, was mit Gruppeninteraktionen verbunden ist (Simmel, 1908; siehe Moreland, 2010, zu einer Übersicht über die jüngere sozialpsychologische Forschung). Und wie wir relativ ausführlich geschildert haben, betonen auch philosophische Analysen aus jüngerer Zeit die vielen besonderen Qualitäten der zweitpersonalen Bindungen des Menschen (zum Beispiel Darwall, 2006, 2013; Thompson, 2008).

Was den zweiten Schritt angeht, so glauben wir, daß es nicht nur entscheidend darauf ankam, daß die Gruppen größer waren – obwohl auch das der Fall war und eine Rolle spielte –, sondern daß die modernen Menschen eine neue, an der Gruppe ausgerichtete Moralpsychologie entwickelten. Nur wenige Phänomene sind in der anthropologischen Forschung besser dokumentiert worden als Prozesse der kulturellen Identifikation, die »ethnische Marker« beinhalten wie beispielsweise besondere Kleidung, Sprache und Rituale, mit denen Kulturgruppen sich von anderen Gruppen absetzen (etwa Boyd und Silk, 2009). In der sozialpsychologischen Forschung wurde, wie wir berichtet haben, durch unzählige Experimentalparadigmen zuverlässig dokumentiert, daß Menschen mit einer sehr starken Eigengruppen/Fremdgruppen-Orientierung operieren und daß große Gruppen (insbesondere Kulturgruppen) für das Identitätsgefühl des Individuums eine größere Rolle spielen als die flüchtigen dyadischen Beziehungen (Fiske, 2010). Und viele philosophische Analysen haben seit Hegel und Mead die Art und Weise hervorgehoben, wie die individuelle menschliche Rationalität und das individuelle Denken durch Prozesse auf der gesellschaftlichen Ebene geformt werden, so daß es sogar eine bestimmte Art von gruppenbezogenem Denken gibt. Empirische Belege dafür stammen aus vielen Forschungsrichtungen, angefangen bei Vygotskij (1978) bis hin zur modernen Kulturpsychologie (Tomasello, 2011).

Der Vorschlag lautet also, daß unsere beiden Evolutionsschritte in der Naturgeschichte der menschlichen Moral zwei grundlegende und verschiedenartige Formen des sozialen Engagements widerspiegeln: die zweitpersonale und die auf die Gruppe gerichtete. Und diese beiden verschiedenen Formen des sozialen Engagements mußten logischerweise in der Reihenfolge auftreten, in der sie es taten. Obwohl die Menschen immer schon in sozialen Gruppen gelebt haben, ist es nahezu unvorstellbar, daß die Gruppenorientierung der modernen Menschen, bei der die Kulturgruppe als ein Gemeinschaftsunternehmen verstanden wird, das Trittbrettfahrer und Konkurrenten ausschließt, vor einem ursprünglichen Schritt kooperativer Dyaden oder etwas Ähnlichem entstanden sein könnte. Jede dieser neuen Formen des sozialen Engagements ging aus einer im allgemeinen ähnlichen Evolutionssequenz hervor: (1) Veränderungen der Ökologie (zuerst das Verschwinden individuell beschaffbarer Nahrungsmittel und dann zunehmende Populationsgrößen und Konkurrenz zwischen Gruppen) führten (2) zu Zunahmen der Interdependenz und Kooperation (zuerst zu obligater gemeinschaftlicher Nahrungssuche und dann zu wachsenden Populationsgrößen), und dann erforderte (3) die Koordination dieser neuen Formen der Kooperation neue kognitive Fertigkeiten der geteilten Intentionalität (zuerst gemeinsame Intentionalität und dann kollektive Intentionalität), neue sozial-interaktive Fertigkeiten kooperativer Kompetenz (zuerst zweitpersonale Kompetenz und dann kulturelle Kompetenz), und neue Prozesse der sozialen Selbstregulation (zuerst gemeinsame Verpflichtungen und dann moralische Selbststeuerung). Jeder Modus des sozialen Engagements stellt somit eine eigenständige Menge biologischer Anpassungen für die Bewältigung einer eigenständigen Form des Soziallebens dar.

Die vollständige Geschichte, wie wir sie erzählt haben, umfaßt natürlich viele detailliertere Wendungen. Wir haben versucht, die vielen verschiedenen Aspekte menschlicher Moral in ihrer Beziehung zu den vielen verschiedenen Aspekten der einzigartigen menschlichen Zusammenarbeit und Kultur über evolutionäre Zeitspannen hinweg so umfassend und genau wie möglich zu beschreiben. Da es so wenige andere evolutionäre Darstellungen mit diesem ausgedehnten Blickfeld gibt, haben wir uns bisher nur spärlich auf andere großangelegte Theorien bezogen. Es gibt jedoch etliche relevante Darstellungen, die sich mit der Evolution menschlicher Kooperation und Moral im allgemeinen befassen, und ein Überblick über diese wird dazu beitragen, die Interdependenzhypothese innerhalb der theoretischen Landschaft besser zu verorten.

## Theorien der Evolution der Moral

Zeitgenössische Theorien der menschlichen Moralentwicklung fallen in eine von drei ziemlich breit angelegten Kategorien: evolutionäre Ethik, Moralpsychologie und die Koevolution von Genen und Kultur. Wir werden diese nacheinander betrachten.

Die Gruppe von Ansätzen, die sich unter die allgemeine Rubrik der evolutionären Ethik einreihen, konzentriert sich auf theoretische Prinzipien der Kooperation in der Evolution und wie sich diese auf den Fall des Menschen anwenden lassen. Das grundlegende Werk aus dieser Perspektive ist Alexanders *The Biology of Moral Systems* (1987), das Prozesse der Reziprozität und insbesondere, mit Blick auf den Menschen, solche der indirekten Reziprozität hervorhebt. Die Evolutionspsychologen Cosmides und Tooby (2004) konzentrieren sich ebenfalls auf Reziprozität und sozialen Austausch, wobei der Schwerpunkt auf der besonderen Bereitschaft von Menschen für die Entdeckung von Betrügern in solchen Austauschprozessen liegt. Sober und Wilson (1998) sowie de Waal (1996) heben zwar ebenfalls die Bedeutung von Reziprozität hervor, betonen aber auch Empathie und Mitgefühl als grundlegend für menschliche Kooperation und Moral. De Waal (2006) findet sowohl Empathie als auch Reziprozität im Verhalten nichtmenschlicher Primaten und glaubt, daß die menschliche Moral hauptsächlich aus den größeren kognitiven und sprachlichen Fähigkeiten der Menschen hervorgeht (obwohl diese nicht weiter spezifiziert werden). Sober und Wilson (1998) glauben, daß die Menschen darüber hinaus einen besonderen Prozeß der Gruppenselektion durchliefen, der es für Individuen vorteilhaft sein ließ, anderen aus ihrer Gruppe gegenüber mitfühlend und hilfsbereit zu sein aufgrund der Vorteile, die ihrer Gruppe in diesem Fall relativ zu anderen Gruppen erwuchsen. Kitcher (2011) betont zwar ebenfalls die Rolle des Altruismus in der Evolution des Menschen, glaubt aber, daß dieser keine echte menschliche Moral unterstützen konnte, solange sich nicht auch noch etwas von der Art einer »normativen Leitung« entwickelt hatte, um die sich entwickelnden Individuen an die normativen Maßstäbe der Gruppe kulturell zu assimilieren.

Zwei weitere Theorien aus jüngerer Zeit, die diese allgemeine Perspektive einnehmen, haben die Rolle der Partnerwahl und der sozialen Selektion betont. Boehm (2012) konzentriert sich auf den Übergang von dominanzbasierten Gesellschaften – also generell Menschenaffen und eventuell auch die frühesten Menschen – zu egalitäreren Gesellschaften (siehe auch Boehm, 1999). Der wichtigste Mechanismus, der vorgeschlagen wurde, ist »Selektion durch Reputation«, die durch von der Gruppe ausgehende Strafen (die die Kosten der Bestrafung für jeden Bestrafenden senken) erzwungen wird, und zwar in Form von Koalitionen gegen Betrüger und Tyrannen aller Art. Die Macht der Reputation wird durch das Aufkommen der Sprache vergrößert, wodurch Tratsch über die Reputationen von Leuten ermöglicht wird, denen man niemals begegnet ist. Boehm spekuliert, daß die Internalisierung dieses Prozesses – wobei das Individuum sich selbst bewertet und sich möglicherweise durch Schuldgefühle bestraft – auf das hinausläuft, was als moralisches Gewissen bezeichnet wird (siehe auch Sterelny, 2012). Baumard et al. (2013) sind nicht so zuversichtlich mit Bezug auf die Macht der Bestrafung (Partnerkontrolle) zur Schaffung moralischer Individuen. Sie konzentrieren sich auf die Partnerwahl (in diesem Fall für mutualistische Unternehmungen) und die Art und Weise, wie sie dazu dient, bei den Individuen eine Prädisposition für Fairneß zu erzeugen, die auf den relativen Beiträgen der Individuen bei der Beschaffung der Beute beruht. Auf einem biologischen Markt, auf dem manche Individuen mehr »Hebelwirkung« als andere haben – indem sie beispielsweise bei einem mutualistischen Unternehmen besondere Talente besitzen –, werden die anderen dieser

Hebelwirkung nur dann stattgeben, wenn sie keine anderen Optionen haben; wenn alle über solche Optionen verfügen, werden diejenigen, die versuchen, ihre Hebelwirkung auszunutzen, ausselektiert. Baumard et al. (2013, S. 65) weisen der Reputation und dem Tratsch eine besondere Bedeutung dafür zu, daß die einzelnen nicht aus der Reihe tanzen: Ihnen zufolge entwickelte sich eine echte Moral, weil »die kosteneffektivste Möglichkeit, eine gute moralische Reputation zu garantieren, durchaus darin bestehen mag, eine wirklich moralische Person zu sein«, insbesondere da jeder Ausschau nach Individuen hält, die versuchen, echte Moral vorzutäuschen – obwohl sie nirgends genau angeben, was es bedeutet, »eine wirklich moralische Person zu sein«.

Aus unserer Perspektive haben all diese Sichtweisen ihre Vorzüge und wahrscheinlich entscheidende Aspekte der Evolution der menschlichen Moral erfaßt. Nahezu alle Theoretiker stimmen darin überein, daß das Mitgefühl ein wichtiger Teil des Gesamtbilds ist. Aber dann besteht die Tendenz, alles andere durch die eine oder andere Form von Reziprozität abzudecken. Unsere eigene Auffassung, wie sie in Kapitel 2 ausgeführt wurde, besagt, daß Reziprozität nur eingeschränkte Erklärungskraft besitzt und daß der Begriff der Interdependenz – die man sich auch als verschiedene Arten von Symbiose vorstellen kann – viel leistungsfähiger ist. Aber darüber hinaus ist der Begriff der Reziprozität nicht dafür ausgelegt, alle die unzähligen Aspekte der menschlichen Moralpsychologie abzudekken, unter anderem solche Dinge wie das Eingehen gemeinsamer oder kollektiver Verpflichtungen und Versprechen, die Schaffung und Durchsetzung sozialer Normen, das Gefühl von Groll und vor allem die Selbstregulation der eigenen Handlungen durch Gefühle von Verantwortung, Pflicht und Schuld. Diese Phänomene können nicht einfach unter den Teppich der Reziprozität gekehrt werden. Diese sozialpsychologischen Phänomene scheinen sich (1) von einem Gefühl abzuleiten, daß ich von anderen abhänge, ebenso wie sie von mir abhängen (Interdependenz), was in evolutionärer Hinsicht den Weg bereitet für (2) ein Gefühl der »Wirheit« (geteilte Intentionalität, insbesondere in Form einer gemeinsamen Verpflichtung) und der Selbst-anderer-Äquivalenz (Unparteilichkeit) bei allen unseren Handlungen. Unsere Auffassung ist daher, daß die Hauptbegrenzung dieser verschiedenen Darstellungen in der evolutionären Ethik darin besteht, daß sie nicht genügend die Art und Weise würdigen, wie die menschliche Moral von den Gefühlen des »wir« und der Äquivalenz von Selbst und anderem abhängt, wenn Individuen mit kooperativen Motiven und Einstellungen auf der proximalen psychologischen Ebene sozial handeln.

Eine zweite Gruppe von Ansätzen kommt aus der Moralpsychologie. Wie der Name schon sagt, konzentrieren sie sich weniger auf Evolutionsprozesse und mehr auf proximale psychologische Mechanismen. Die Sozialpsychologie hat eine lange Tradition der Erforschung prosozialen Verhaltens (zum Beispiel Darley und Latané, 1968; Batson, 1991), und die Entwicklungspsychologie hat eine lange Tradition der Erforschung der Entwicklung des moralischen Urteils bei Kindern (etwa Piaget, 1932/2015; Kohlberg, 1981; Turiel, 1983). Keine dieser Traditionen hatte jedoch viel über die Evolution zu sagen. Was heute als Moralpsychologie bezeichnet wird, begann mit den neuropsychologischen Untersuchungen von Greene et al. (2001; siehe Greene, 2013, zu einer Übersicht) und war enger an die Biologie und Evolution geknüpft. Das Hauptaugenmerk lag in der Moralpsychologie hauptsächlich auf den Urteilen von Menschen mit Bezug auf Schädigungen, und die hauptsächliche Methodologie bestand darin, ihnen explizite Fragen zu stellen, beispielsweise zu verschiedenen Abwandlungen des berühmten Trolley-Problems, bei dem hypothetische Akteure verschiedene Arten und Grade von Kontrolle darüber haben, wann und wie außer Kontrolle geratene Straßenbahnen verschiedene Arten und Grade von Schäden verursachen. Menschen auf der ganzen Erde beantworten diese Fragen zum größten Teil ähnlich, was vielleicht auf eine universale Gesamtheit menschlicher Intuitionen mit Bezug auf Schädigungen hindeutet. Mikhail (2007) faßt diese Intuitionen von einem rechtlichen Standpunkt aus zu zwei Grundprinzipien zusammen: ein Urteil des Tadels, wenn jemand eine andere Person absichtlich schädigt, aber Lossprechung von Schuld, wenn der absichtliche Akt, der den Schaden verursacht, auf etwas Gutes abzielte (und es keine tragfähigen Alternativen gab.) Forscher, die in dieser Tradition stehen, haben gemeinsam mit Philosophen wie Nichols (2004) und Prinz (2007) die Rolle von Emotionen und Intuitionen – im Unterschied zu moralischen Überlegungen – bei moralischen Entscheidungsprozessen des Menschen betont.

Die bei weitem gründlichste und detaillierteste Darstellung in der Tradition der Moralpsychologie ist die von Haidt (2012). Wie andere Moralpsychologen konzentriert sich Haidt auf angeblich angeborene Prädispositionen, die zu schnellen, intuitiven moralischen Urteilen führen und häufig emotionsgeladen sind. Außerdem hat er vorgeschlagen, daß die Art expliziter Überlegungen mit Bezug auf moralische Fragen, welche Menschen regelmäßig vornehmen, tatsächlich post hoc sind und nur Rechtfertigungscharakter besitzen; das heißt, sie rationalisieren und rechtfertigen das bereits gefällte intuitive Urteil. Ihre Funktion ist, andere davon zu überzeugen, daß dieses Urteil das beste ist und sie es daher bei allen möglichen Auseinandersetzungen unterstützen sollten. Außerdem geht Haidt über das Sonderproblem der Schädigung hinaus und behandelt explizit die Vielfalt moralischer Urteile, die Menschen fällen, unter anderem von Personen mit unterschiedlichem kulturellem Hintergrund. Während andere Moralpsychologen nichtwestliche moralische Intuitionen und eine kulturelle Variation festgestellt haben, hat Haidt eine Theorie entwickelt, die auf ihnen aufbaut. Er schlägt vor, daß menschliche Moralurteile universell auf fünf Säulen ruhen: Fürsorge/Schädigung, Fairneß/Betrug, Loyalität/Verrat, Autorität/Subversion und Heiligkeit/Erniedrigung. Außerdem hat Haidt – hauptsächlich unter Verwendung expliziter Fragen – experimentell gezeigt, daß die Vielfalt der Moralurteile von Menschen zum größten Teil durch unterschiedliche Gewichtungen dieser verschiedenen moralischen Säulen in besonderen Situationen erklärt werden kann. Vom Standpunkt der Evolution aus betrachtet, beruft sich Haidt stark auf Prozesse der Gruppen- oder Multilevel-Selektion, bei der die Angepaßtheit von Individuen eng daran gekoppelt ist, wie ihre Gruppe im Wettbewerb mit anderen Gruppen abschneidet, wobei Individuen, die prosoziale oder moralische Neigungen zeigen, effektivere soziale Gruppen hervorbringen.

Rand et al. (2012, siehe auch Greene, 2013) haben alle diese Untersuchungen sowie ihre eigenen Untersuchungen prosozialen Verhaltens kategorisiert, und zwar anhand der bekannten Unterscheidung zwischen kognitiven Prozessen vom Typ I und Typ II. Typ-I-Prozesse sind schnelle, intuitive Urteile, die häufig auf Emotionen beruhen, während Typ-II-Prozesse langsame und überlegte Urteile sind, zu denen man durch explizites Räsonnieren gelangt. Offenkundig vertrauen die meisten Versuchspersonen in den meisten moralpsychologischen Experimenten auf Typ-I-Prozesse. Vom Standpunkt der Evolution sind schnelle, intuitive Urteile, die von starken Emotionen gestützt werden, sehr wahrscheinlich Anpassungen an den Umgang mit biologisch dringlichen Situationen, in denen es keine Zeit zum Nachdenken gibt und/oder in denen zuviel Nachdenken einfach nur Verwirrung stiftet. Ein Großteil der Forschung in der Moralpsychologie geht somit von einer nativistischen Perspektive aus, deren Ziel es ist zu zeigen, daß die Arten bewußten Denkens, von denen Menschen glauben, daß sie sie einsetzen, um eine Entscheidung zu treffen, tatsächlich nicht bestimmend sind; bestimmend sind vielmehr angeborene Prädispositionen, deren wir uns zum größten Teil nicht bewußt sind.

Nur wenige Moralpsychologen haben über die Anpassungsbedingungen spekuliert, die zur einzigartigen Moralpsychologie der Menschen geführt haben, wobei die hauptsächlichen Ausnahmen Haidt (2012) und Greene (2013) sind, die sich beide auf die wichtige Rolle menschlicher Kulturgruppen und die daraus resultierende Ausrichtung der Individuen an der Gruppe konzentrieren. Entscheidend ist, daß nur wenige Moralpsychologen anderen Aspekten der Moral jenseits der emotionsbasierten intuitiven Urteile große Aufmerksamkeit geschenkt haben, insbesondere denen, die rationale Entscheidungsprozesse und das daraus entstehende Pflichtgefühl beinhalten. Wir meinen daher: Obwohl das Gebiet der Moralpsychologie revolutionär bei der Identifikation und Erforschung der Entscheidungsprozesse vom Typ I war, die einen großen Teil der tatsächlichen moralischen Urteile von Menschen erklären, hat es nicht ausreichend auf jene Aspekte der menschlichen Moral geachtet, die sich aus den einzigartigen Weisen ergeben, wie Menschen ihre sozialen Welten rational verstehen und rationale Entscheidungen auf der Grundlage dieses Verständnisses treffen.

Die dritte Gruppe von Ansätzen mit Bezug auf die Evolution der menschlichen Moral konzentriert sich spezifischer auf die bedeutende Rolle der Kultur. Obwohl es nicht offensichtlich ist, daß irgend jemand eine rein kulturelle Sichtweise vertritt, in der die biologische Evolution keine Rolle spielt (siehe dagegen Prinz, 2012), heben doch viele Kulturanthropologen und Kulturtheoretiker die Art und Weise hervor, wie Individuen in eine bestimmte Art von »moralischem Code« enkulturiert werden, und daß sich diese Codes zwischen Kulturen radikal unterscheiden können. Von einem eher moralpsychologischen Standpunkt kritisieren beispielsweise Shweder et al. (1987; siehe auch Miller, 1994) die abendländischen Auffassungen der Moralpsychologie, denen zufolge autonome Individuen ihrem moralischen Code frei zustimmen und beipflichten. Angemessener sei ihrer Argumentation zufolge eine Auffassung, nach der die Kultur die Hauptkraft für die Hervorbringung autonomer Individuen überhaupt ist, bevor irgendwelche Vereinbarungen möglich sind. So stellen Angehörige der Hindu-Kulturen Indiens, die Shweder et al. (1987) am intensivsten untersucht haben, sich selbst nicht als völlig autonome Akteure vor; vielmehr verstehen sie sich selbst so, daß sie in Unterordnung unter das Naturgesetz und die objektive Pflicht handeln, wie sie in den verschiedenen Praktiken und Lehren ihrer Kultur vorgeprägt sind. Die Gesamtschlußfolgerung von Shweder et al. (1987, S. 35) lautet: »Es gibt relativ wenig Belege für eine spontane, universale Kindheitsmoral, die keine Beziehung zu den Einstellungen und Lehren Erwachsener hat.«

Geistesverwandter mit der vorliegenden Sichtweise sind Ansätze, die die Rolle der Kultur in ihrem evolutionären Kontext erforschen. Richerson und Boyd (2005) betonen beispielsweise die kritische Rolle der Selektion von Kulturgruppen in der Evolution menschlicher Kooperation und Moral. Die Grundidee ist, wie oben erwähnt, daß, sobald Kulturen sich zu entwickeln begannen, verschiedene Kulturgruppen miteinander konkurrieren konnten, so daß diejenigen mit den kooperativsten Individuen sehr wahrscheinlich am besten abschneiden würden. Es gab also innerhalb jeder Kulturgruppe Selektionsdrücke in Richtung Imitation und Konformität, insbesondere mit Bezug auf erfolgreiche Individuen, und Einwanderer aus anderen Gruppen imitierten ebenfalls (was die Selektion von Kulturgruppen plausibler erscheinen läßt als die Selektion biologischer Gruppen, bei der die Einwanderung die genetische Integrität der Gruppe untergräbt). Menschen haben also in einem Prozeß der Gen-Kultur-Koevolution sowohl kooperative Neigungen als auch »Stammesinstinkte« für das Leben und das effektive Funktionieren in Kulturgruppen entwickelt. Bowles und Gintis (2012) heben hervor, daß die beteiligte Individualpsychologie eine Tendenz zu »starker Reziprozität« ist, bei der die Individuen sowohl mit anderen kooperieren als auch Nichtkooperierende bestrafen.

In der vorliegenden Darstellung haben wir uns auf Prozesse der Selektion von Kulturgruppen berufen, um die Steigerung des besonderen Sinns der Menschen für die Ausrichtung an der Gruppe am Ende des zweiten Schritts unserer Geschichte zu erklären. Es ist jedoch klar, daß die Selektion von Kulturgruppen nur erklären kann, warum die besonderen sozialen Normen und Institutionen bestimmter Kulturgruppen in den letzten paar zehntausend Jahren der menschlichen Evolution die Oberhand haben; sie kann nicht die speziesuniversalen Fertigkeiten und Motivationen für die Schaffung sozialer Normen und Institutionen überhaupt erklären. Diese speziesuniversalen Fertigkeiten und Motivationen müßten schon vorhanden gewesen sein, bevor solche Prozesse der kulturellen Evolution überhaupt in Gang gekommen sein konnten, und wir haben eine mögliche Erklärung dafür vorgeschlagen, wie dies im Sinne der beteiligten Individualpsychologie geschehen sein könnte. Die Selektion von Kulturgruppen ist somit eindeutig ein wichtiger Teil der Gesamtgeschichte, aber wir behaupten, daß sie erst ganz am Ende eine Rolle spielt.

Im Vergleich zu diesen verschiedenen Ansätzen in der evolutionären Ethik, der Moralpsychologie und der Gen-Kultur-Koevolution hat die vorliegende Darstellung versucht, umfassender zu sein. Das zeigt sich in drei entscheidenden Hinsichten. Die erste ist, daß zwei verschiedene Schritte angenommen werden, die für die Evolution der menschlichen Moral notwendig waren: ein erster Schritt, der dyadische Interaktionen im Kontext von Kleingruppen beinhaltete, und ein zweiter Schritt, bei dem es um gruppenbezogene Interaktionen in kulturellen Kontexten ging. Die zweite Hinsicht ist, daß mit einer gewissen Detailliertheit Veränderungen der menschlichen Sozioökologie angenommen werden, die den Anpassungskontext für jeden der beiden Schritte abgaben: erstens die Entstehung obligater gemeinschaftlicher Nahrungssuche mit Partnerwahl und zweitens die Entstehung von Kulturgruppen mit Stammesorganisation, die mit anderen, ihnen ähnlichen Gruppen um Ressourcen konkurrierten. Die dritte Hinsicht ist, daß die menschliche Moralpsychologie so charakterisiert wird, daß sie für die Individuen die kooperativ rationale Möglichkeit darstellte, sich in diesen neuen sozialen Kontexten zueinander zu verhalten: Im ersten Schritt gingen Individuen mit Fertigkeiten gemeinsamer Intentionalität und zweitpersonalen Handelns gemeinsame Verpflichtungen ein, die auf einer Art kooperativer Rationalität beruhten; im zweiten Schritt gingen Individuen mit Fertigkeiten kollektiver Intentionalität und kulturellen Handelns auf der Grundlage einer Art kultureller Rationalität kollektive Verpflichtungen gegenüber den Normen und Institutionen ihrer sozialen Gruppen ein. All dies hat starke Anleihen bei Begriffen aus der Moralpsychologie und der Sozialtheorie gemacht, und auch das ist vielleicht ein Merkmal, das unseren Ansatz von anderen unterscheidet.

## Geteilte Intentionalität und Moral

In diesem unserem Ansatz haben wir versucht, die menschliche Moral in der menschlichen Kooperation zu verankern, ohne sie darauf zu reduzieren. Empirisch haben wir das dadurch versucht, daß wir die vielen verschiedenen Weisen dokumentiert haben, wie sich die menschliche Kooperation von der Kooperation anderer Primatenarten unterscheidet. In theoretischer Hinsicht bestand unser

Versuch darin, die für die Spezies einzigartigen Merkmale menschlicher Kooperation mit genuin moralischen Entscheidungen zu verknüpfen, die nicht ausschließlich auf strategische Zwecke abzielen. Im Einklang mit diesem naturalistischen Zugang haben wir diese Verknüpfungen über Prozesse der Humanpsychologie hergestellt. Um einen detaillierteren Vergleich mit den vielen anderen, eben aufgezählten Ansichten zu ermöglichen, möchte ich skizzenhaft einige der wichtigsten Punkte dieser spekulativen Evolutionsgeschichte rekapitulieren:

- Menschenaffen sind zweckrationale Wesen, die mehr oder weniger intelligente Entscheidungen treffen. Ihr Sozialleben wird hauptsächlich durch Konkurrenz strukturiert, wobei der größte Teil ihrer Kooperation (etwa in Koalitionen und Allianzen) Konkurrenzzwecken dient. Die stärkste soziale Selektion bezieht sich daher auf gute Konkurrenten. Sie zeigen Mitgefühl für enge Verwandte und »Freunde« wie beispielsweise Bündnispartner (zum Beispiel indem sie sie vorzugsweise lausen) und manchmal auch für andere Freunde in Not, wenn die Kosten für die Hilfe nicht zu hoch sind.
- Schimpansen und Bonobos jagen zwar in Gruppen nach kleinen Säugetieren, aber es gibt nur wenig Anzeichen für eine kooperative Strukturierung dieser Tätigkeit. Sie teilen die Beute nicht großzügig unter den Beteiligten auf (nur als Reaktion auf Drangsalierung oder manchmal unter Bündnispartnern). Und sie bemühen sich auch nicht, Trittbrettfahrer von der Beute auszuschließen. Es scheint keinen Sinn für Fairneß zu geben. Im allgemeinen scheinen Menschenaffen nicht mehr als andere Säugetiere an »kooperative Unternehmungen zu wechselseitigem Vorteil« angepaßt zu sein.
- Die Frühmenschen wurden (vor mindestens 400 000 Jahren) in eine ökologische Nische der obligaten gemeinschaftlichen Nahrungssuche gezwungen, wodurch die Individuen im Hinblick auf ihr Überleben stark wechselseitig voneinander abhängig wurden und daher ein Mitgefühl für das Wohlergehen potentieller Partner entwickelten. Sie erkannten diese Interdependenz ko-

gnitiv, weshalb sie ein integraler Bestandteil ihrer flexiblen und strategischen – und jetzt auch kooperativen – Rationalität war.

- Die gemeinschaftlichen Tätigkeiten der Frühmenschen nahmen somit die Zwei-Ebenen-Struktur der gemeinsamen Intentionalität an: ein gemeinsamer Akteur namens »wir«, der zwei (reziprok definierte) interdependente Partner »ich« und »du« umfaßte. Jeder Partner hatte seine Rolle in der Zusammenarbeit, und beide Partner kannten gemeinsam in ihrem gemeinsamen Hintergrund die ideale Art und Weise, wie diese Rollen für den gemeinsamen Erfolg gespielt werden mußten. Da die Partner einsahen, daß beide von ihnen für den gemeinsamen Erfolg erforderlich waren, und weil sie wußten, daß ihre Rollen akteursunabhängig und austauschbar waren, entstand ein Sinn für Partner-Äquivalenz (zwischen dem Selbst und dem anderen) aus einer »Vogelperspektive«.
- Die gemeinschaftlichen Tätigkeiten der Frühmenschen fanden im Kontext der Partnerwahl statt, bei der potentielle Partner andere nach ihrer Kooperativität beurteilten. Im Unterschied zu Menschenaffen wußten die Frühmenschen, daß sie ebenfalls von anderen beurteilt wurden – und tatsächlich konnten sie die Rollen tauschen und die Bewertungen der anderen simulieren –, und kannten somit ihren Wert für andere als Partner. In Verbindung mit dem Sinn für Partneräquivalenz führte das zu einem Gefühl wechselseitigen Respekts zwischen den Partnern. Durch den Ausschluß von Trittbrettfahrern entwickelten die Partner außerdem – wieder in Verbindung mit dem Sinn für Partneräquivalenz – ein Gefühl für den gleichen Anspruch von Partnern, aber nicht von Trittbrettfahrern, auf die gleiche Aufteilung der Beute. Die Behandlung anderer als gleichermaßen verdienstliche Partner verwandelte die Frühmenschen in zweitpersonale Akteure mit kooperativen Identitäten.
- Die Frühmenschen konnten ihr gemeinsames Akteurs-»Wir« zu gemeinsamen Verpflichtungen verwenden, um die gemeinschaftliche Tätigkeit selbstzuregulieren. Diese gemeinsame Verpflichtung wurde durch die zweitpersonale Ausrichtung der kooperativen Kommunikation erzeugt und stellte sicher, daß beide Part-

ner auch bei Ablenkungen und Versuchungen nicht nachlassen würden, bis sie beide ihre gerechten Verdienste erhalten hatten. Abweichungen von der idealen Rollenausübung wurde mit zweitpersonalem Protest begegnet, der respektvoll verlangte, daß der Abweichende sich selbst korrigierte, was dieser dann auch tun mußte, um seine kooperative Identität als tugendhafter Partner aufrechtzuerhalten. Er korrigierte sich selbst nicht nur aus Angst vor Bestrafung, sondern weil der Protest legitim (verdient) war, da er von »uns« in unserer kooperativen Identität ausging. Die Verinnerlichung dieses Prozesses führte jeden der Partner dazu, ein Gefühl für die zweitpersonale Verantwortung dem anderen gegenüber und zweitpersonale Schuld zu empfinden, wenn sie dieser Verantwortung nicht gerecht wurden. Diese ganze »wir > ich«-Selbstregulation stellte eine radikal neue Form kooperativer Rationalität in dem Sinne dar, daß jeder Partner einen Teil der persönlichen Kontrolle über seine Handlungen an den gemeinsamen Akteur abtrat, dessen konstitutiver Bestandteil er war. Das Ergebnis: zwei zweitpersonale Akteure, die ihre Zusammenarbeit durch wechselseitig vereinbarte und unparteiische normative Ideale selbstregulierten.

- An einem bestimmten Punkt begannen die modernen Menschen in größeren, kohärenteren und nach Stämmen strukturierten Kulturgruppen zu leben, die mit anderen solchen Gruppen um Ressourcen konkurrierten (vor mindestens 100 000 Jahren). Das führte zu einer charakteristischen Ausrichtung an der Gruppe, bei der die Individuen wußten, daß sie mehr von der Gruppe abhingen, als die Gruppe von ihnen abhing, weshalb sie deren Vorgaben befolgten. Die Interdependenz von Mitgliedern der Eigengruppe führte dazu, daß sie gegenüber einander besonders mitfühlend und loyal waren, aber mißtrauisch und nicht hilfsbereit gegenüber allen Barbaren aus Fremdgruppen.
- Alle Interaktionen der modernen Menschen waren durch kollektive Intentionalität strukturiert, der ein Gefühl für den gemeinsamen kulturellen Hintergrund zugrunde lag. Das Resultat waren konventionelle Kulturpraktiken – von der Herstellung eines Speers bis hin zur Kindererziehung –, die von jedem kul-

turell kompetenten Individuum theoretisch auf dieselbe ideale Weise ausgeführt wurden. Die Rollen in diesen Praktiken – analog zu den individuellen Rollen in einer dyadischen Kooperation – waren somit völlig akteursunabhängig, und die Rolle, einfach nur ein beitragendes Gruppenmitglied zu sein, führte zu einem Sinn für Verteilungsgerechtigkeit, der zumindest theoretisch innerhalb der Gruppe völlig unparteiisch war. Dieser neue Operationsmodus schuf die Bedingungen dafür, daß die Individuen eine ganz und gar akteursunabhängige, objektive und unparteiische Weltsicht konstruierten, was unter vielen anderen Dingen eine Objektivierung von Rollenidealen zu den richtigen und falschen Handlungsweisen zur Folge hatte.

- Die Prozesse sozialer Kontrolle der modernen Menschen – als Umwandlungen des zweitpersonalen Protests der Frühmenschen – manifestierten sich in ihren sozialen Normen und Institutionen. Die Menschen wurden in diese präexistierende kulturelle Wirklichkeit hineingeboren, die ihnen gegenüber meistens mit der Stimme einer generischen normativen Sprache auftrat, wie etwa »das muß man so machen« oder »so macht man es richtig«, welche nicht vom Sprecher, sondern von einer objektiven Welt objektiver Tatsachen und Werte auszugehen schien. Diese objektive Welt des Richtigen und des Falschen wurde den Einzelpersonen von ihren ehrwürdigen Vorfahren in der Kultur überliefert. Den positiven Bestrebungen gerecht zu werden, die in diesen Werten verkörpert waren, bedeutete, tugendhaft zu sein, und ihnen nicht gerecht zu werden bedeutete, die kooperative Rationalität unseres Kulturlebens und somit unsere eigene kulturelle und moralische Identität zu untergraben.
- Die modernen Menschen schufen nicht nur gemeinsame Verpflichtungen mit Partnern zur Selbstregulation der Dyade, sie schenkten auch den Gesellschaftsverträgen Glauben, die bereits in ihrer Kultur existierten (ihren Normen und Institutionen) und nutzten sie zur Selbstregulation. Auch hier taten sie das wieder nicht einfach aus Angst vor Bestrafung, sondern aus Respekt vor der Legitimität dieser überindividuellen sozialen Strukturen, mit denen sie sich praktisch als Miturheber identifizierten. Das

Gefühl der Pflicht, im Einklang mit der eigenen Kulturgruppe zu handeln, stellt folglich noch eine weitere, maßstäblich vergrößerte Form kooperativer Rationalität dar: die kulturelle Rationalität nicht nur des gemeinsamen Handelns, sondern des kulturellen Handelns. Die Selbstregulation von »wir > ich« nahm bei den modernen Menschen daher die Form der moralischen Selbststeuerung an: Das Individuum respektierte und verinnerlichte die objektiven Werte der Gruppe – während es sie gleichzeitig in Frage stellte und dort, wo es angemessen war, seine »reflektierte Befürwortung« erteilte – als Teil seiner moralischen Identität. Das Individuum versuchte, seine moralische Identität angesichts diskrepanten Verhaltens durch kreative Interpretationen und Rechtfertigungen dieses Verhaltens aufrechtzuerhalten, die in den geteilten Werten der Kulturgruppe verankert waren, oder indem es Schuldgefühle auf eine Weise zeigte, die mit den Moralurteilen der Gruppe in Einklang stand.

– An einem bestimmten Punkt begannen verschiedene Kulturgruppen etwas andere Konventionen, Normen und Institutionen zu schaffen, und Gruppen mit effektiveren Varianten verdrängten andere Gruppen (die Selektion von Kulturgruppen, wobei die Koevolution von Genen und Kultur kooperative Individuen selektierte) – ein Prozeß, der sich in bürgerlichen Gesellschaften mit kodifizierten Gesetzen und einer organisierten Religion intensivierte.

Die Interdependenzhypothese für die Evolution der menschlichen Moral bezieht sich somit auf die proximalen psychologischen Mechanismen, die zur Stützung der neuerdings interdependenten und kooperativen Lebensweisen entstanden, welche als evolutionären Ausgangspunkt natürlich die bereits äußerst sozialen Lebensweisen der Menschenaffen hatten. Eine stark schematische grafische Zusammenfassung des gesamten Erklärungsansatzes ist in Abbildung 5.1 dargestellt. Die Pfeile sollen echte qualitative Transformationen widerspiegeln, in denen eine bestimmte Art von Handlungsweisen durch Prozesse der natürlichen und sozialen Selektion – und eventuell in manchen Fällen durch kulturelle Schöpfungen und kultu-

| |  | |  | |  |
|---|---|---|---|---|---|
| | **KOOPERATION**<br>– im Kontext von Konkurrenz | | **ZWEITPERSONALE MORAL**<br>– obligate gemeinschaftliche Nahrungssuche mit Partnerwahl<br>– vor ca. 400000 Jahren | | **»OBJEKTIVE« MORAL**<br>– Leben in einer Kultur<br>– vor ca. 100000 Jahren |
| **Prosozialität** | Mitgefühl | → | Anteilnahme | → | Loyalität gegenüber der Gruppe |
| **Kognition** | Individuelle Intentionalität | → | Gemeinsame Intentionalität<br>– Partneräquivalenz<br>– rollenspezifische Ideale | → | Kollektive Intentionalität<br>– Akteursunabhängigkeit<br>– objektives Richtig und Falsch |
| **Soziale Interaktion** | Dominanz | → | Zweitpersonales Handeln<br>– wechselseitiger Respekt und Verdienstlichkeit<br>– zweitpersonaler (legitimer) Protest | → | Kulturelles Handeln<br>– Gerechtigkeit und Verdienst<br>– Drittpersonale Durchsetzung von Normen |
| **Selbstregulation** | Selbstregulation des Verhaltens | → | Gemeinsame Verpflichtung<br>– kooperative Identität<br>– zweitpersonale Verantwortung | → | Moralische Selbststeuerung<br>– moralische Identität<br>– Pflicht und Schuldgefühl |
| **Rationalität** | Individuelle Rationalität | → | Kooperative Rationalität | → | Kulturelle Rationalität |

*Abbildung 5.1:* Zusammenfassung der Interdependenzhypothese für die Evolution der menschlichen Moral.

relles Lernen – in eine andere Art von Handlungsweisen umgewandelt wird.

Aber über diese detaillierte Beschreibung hinaus besteht das ehrgeizigere Ziel des vorliegenden Ansatzes darin, eine Erklärung, und zwar eine evolutionäre Erklärung, dafür zu liefern, wie die menschliche Spezies die strategische Kooperation der Menschenaffen in echte menschliche Moral transformierte. Da evolutionäre Erklärungen voraussetzen, daß Individuen im allgemeinen handeln, um ihre eigene reproduktive Fitness zu steigern, könnte die Idee, daß die natürliche Selektion genuin moralische Individuen hervorbringt – die sich um das Wohlergehen anderer sorgen, die die Anliegen anderer als gleichberechtigt gegenüber ihren eigenen ansehen und die die Kontrolle über ihre individuellen Handlungen an einen selbstregulierenden pluralen »Wir«-Akteur abtreten –, wie das Hervorzaubern eines Kaninchens aus einem Zylinder erscheinen (wie ein Gutachter es ausdrückte). Aber die Evolution zaubert ständig Kaninchen aus Zylindern hervor – in dem Sinne, daß sie ständig evolutionär Neues hervorbringt –, so daß die Herausforderung darin besteht anzugeben, wie sie es in diesem Fall gemacht hat.

Der grundlegendste theoretische Begriff ist natürlich der Begriff der Interdependenz. Wir haben dargelegt, daß Reziprozität keine große Hilfe bei der Erklärung der menschlichen Moralpsychologie ist, wohingegen sie (in direkter und/oder indirekter Form) eine angemessene Beschreibung bestimmter Verhaltensmuster in Begriffen einer Kosten-Nutzen-Analyse sein mag. Anstatt sich auf soziale Interaktionen im Hinblick auf die objektiven Kosten und den Nutzen für die Beteiligten zu konzentrieren, ist es viel hilfreicher, so würden wir geltend machen, sich auf die Abhängigkeiten unter den Beteiligten zu konzentrieren und zumindest für den gegenwärtigen Zweck darauf, wie die Handelnden diese Abhängigkeiten verstehen. Abhängigkeit ist die gängige Weise, wie Evolutionsbiologen Interaktionen zwischen verschiedenen Spezies im Sinne verschiedener Arten von Symbiosen charakterisieren (Parasiten und Kommensualisten hängen beispielsweise asymmetrisch von ihren Wirten ab, wohingegen Symbionten voneinander symmetrisch abhängen), und der Begriff der Interdependenz übernimmt einfach diese

Art der Konzeptualisierung für Individuen derselben Art innerhalb einer sozialen Gruppe. Diese Konzeptualisierung von Abhängigkeit vermeidet die vielen wohlbekannten Probleme des reziproken Altruismus (insbesondere die unterminierende Wirkung des Betrugs) und, so würden wir geltend machen, sie stellt auch einen kongenialen Rahmen für die Erklärung der evolutionären Ursprünge der menschlichen Moralpsychologie bereit.

Das tut sie in zwei wesentlichen Hinsichten. Erstens macht die Abhängigkeitskonzeptualisierung die Tatsache, daß sich Individuen um das Wohlergehen anderer kümmern, zu einem natürlichen Teil des Soziallebens. Aus dieser Perspektive ist der psychologische Prozeß keiner, bei dem das kooperierende Individuum etwas in dem Sinne vergilt, daß es einem anderen Individuum für eine vergangene Handlung etwas zurückzahlt; vielmehr investiert es mit Blick auf die Zukunft in das Wohlergehen eines Individuums, von dem es abhängt. Wie in Kapitel 2 erläutert wurde, ist hier offenkundig eine gewisse Mathematik am Werk, der zufolge die Individuen das Selbstopfer nicht übertreiben können – ebenso wie sie das Selbstopfer bei der Hilfe von Verwandten nicht übertreiben können –, und natürlich ist es eine Tatsache, daß das Individuum schließlich langfristig davon profitiert. Manche Theoretiker könnten daher den Schluß ziehen, daß wir uns das Hilfeverhalten nicht so vorstellen sollten, daß ihm überhaupt eine Interdependenz, verstanden als Sorge um das Wohlergehen anderer, zugrunde liegt. Aber das bedeutet, die evolutionäre mit der psychologischen Analyseebene zu verwechseln; auf der psychologischen Ebene ist die Fürsorge in vielen Fällen vollkommen echt.

Versuchen wir also, die evolutionäre und psychologische Ebene deutlich auseinanderzuhalten. Wenn wir uns auf den Fall des Menschen konzentrieren, so gibt es hier viele Situationen, in denen Individuen die Logik der Interdependenz hinreichend gut verstehen und deshalb anderen aus strategischen Gründen helfen (und das wäre auf der evolutionären Ebene ebenfalls adaptiv). Beispielsweise könnte eine Person ihrem Kooperationspartner helfen, weil sie weiß, daß das den Fortschritt mit Blick auf ihr gemeinsames Ziel fördert, oder sie könnte einer Person helfen, von der sie weiß, daß sie für ihre Fitness wichtig ist (einem Paarungspartner zum Beispiel), oder im Hinblick auf die es wichtig für sie ist, einen guten Ruf zu bewahren. Wenn wir die psychologische und die evolutionäre Ebene terminologisch nebeneinanderstellen, können wir solche Verhaltensweisen *strategisch-adaptiv* nennen, da sie auf beiden Ebenen selbstdienlich und damit nicht moralisch sind. Aber wir haben geltend gemacht und Belege dafür angeführt, daß in vielen Fällen sogar Kleinkinder anderen auf der Grundlage einer echten Sorge um deren Wohlergehen helfen, ohne daß es auf der psychologischen Ebene irgendwelche strategischen Berechnungen gibt. Das sind die Fälle, bei denen die meisten Menschen der Ansicht wären, daß sie so etwas wie eine Moral des Mitgefühls verkörpern. Wenn der evolutionäre Ursprung solcher Fürsorge und Hilfe tatsächlich die Interdependenz ist, dann zahlen sich diese Verhaltensweisen de facto auch evolutionär für das Individuum aus, obwohl es vielleicht nichts davon weiß. Wenn wir die psychologische und evolutionäre Terminologie in diesem Fall nebeneinanderstellen, können wir solche Handlungen insofern *moralisch-adaptiv* nennen, als das Individuum auf der Grundlage eines echten Gefühls mitfühlender Anteilnahme hilft, auch wenn sich dieses Verhalten adaptiv auszahlt, ohne daß es darum weiß. Die erste Hinsicht, in der die Interdependenz die evolutionären Ursprünge der menschlichen Moralpsychologie zu erklären hilft, kann daher als eine Variante davon angesehen werden, was manche Leute als »Irrtum« in dem Sinne bezeichnet haben, daß das Individuum glaubt, daß es aus einer echten Anteilnahme gegenüber dem anderen handelt, obwohl es – ohne es zu wissen – auf der evolutionären Ebene selbst profitiert. Jedenfalls stellen wir uns hier Handlungen vor, bei denen die Psychologie genuin moralisch ist, und zwar unabhängig von irgendwelchen evolutionären Vorteilen.

Die zweite Hinsicht, in der die Interdependenz die evolutionären Ursprünge der menschlichen Moralpsychologie zu erklären hilft, ist indirekter, und sie beruht nicht auf einem Irrtum, sondern vielmehr auf einer rationalen Einschätzung der Beschaffenheit der Dinge. Der ursprüngliche Schritt war, daß die Frühmenschen ein neues Set kognitiver Fertigkeiten für die Koordination ihrer gemeinschaftlichen und danach ihrer kulturellen Tätigkeiten entwickelten: geteilte Intentionalität. Aufgrund der Zwei-Ebenen-Struktur geteilter intentionaler Tätigkeiten – das »wir« auf der oberen Ebene hat Kontrolle über »dich« und »mich« (perspektivisch bestimmt) auf der unteren Ebene – entwickelten die Beteiligten ein auf einen gemeinsamen Hintergrund bezogenes Verständnis davon, wie jede Rolle in einer gemeinsamen intentionalen Tätigkeit gespielt werden mußte, um einen gemeinsamen Erfolg zu erzielen, wobei es gleichgültig war, wer diese Rolle spielte. Die Beteiligung an gemeinsamen intentionalen Aktivitäten implizierte außerdem, daß die Beteiligten die Perspektive des jeweils anderen einnahmen und in der Tat auch versuchten, die Perspektive des anderen durch Akte kooperativer Kommunikation zu beeinflussen. Als integraler Bestandteil ihrer Operation mit personunabhängigen Rollenidealen entwickelten die Individuen folglich ein Gefühl für die Äquivalenz der Beteiligten oder des Selbst und des anderen in der gemeinschaftlichen oder kulturellen Tätigkeit aus der Vogelperspektive. Der Rollentausch, den diese Konzeptualisierung einer gemeinschaftlichen oder kulturellen Aktivität beinhaltet, bedeutete, daß die Beteiligten ihre eigene Rollenausübung genau so überwachen und bewerten konnten – und vielleicht auch gar keine Alternative dazu hatten –, wie sie die der anderen überwachten und bewerteten.

Der entscheidende Punkt ist, daß kognitive Fertigkeiten der geteilten Intentionalität (einschließlich der kooperativen Kommunikation) durch die Evolution entstandene Anpassungen sind, die Individuen in die Lage versetzen, ihre gemeinschaftlichen und kulturellen Tätigkeiten besser zu koordinieren (Tomasello, 2014). Sie betreffen die Moral nicht direkt; vielmehr strukturieren sie die Art und Weise, wie Individuen ihre gemeinschaftlichen Interaktionen und die daran Beteiligten verstehen. Unsere These ist, daß die Frühmenschen, als sie im Kontext der Partnerwahl mit anderen interagierten, an einem bestimmten Punkt bereits mit einem neuen Verständnis der Äquivalenz zwischen dem Selbst und dem anderen ausgestattet waren, und das führte zu etwas radikal Neuem in der Welt der Natur. Sobald sie auf einem relativ egalitären biologischen Markt interagierten, lag es im Interesse der Individuen, weder zu tolerieren, daß andere sie ausnutzten, noch ihrerseits andere übermäßig auszunutzen. Für sich genommen, würde das einfach nur ein Machtgleichgewicht erzeugen. Aber in Verbindung mit einer bereits entwickelten Konzeptualisierung der Partneräquivalenz – Kooperationspartner (aber nicht Trittbrettfahrer) sind gleich wichtig für den instrumentellen Erfolg und gleichermaßen bewertbar anhand derselben idealen Maßstäbe – bezog sich der Respekt nicht auf Macht, sondern auf so etwas wie »Verdienstlichkeit«: Wenn wir in dem gemeinschaftlichen Prozeß äquivalent sind, dann *verdienen* wir auch gleiche Behandlung und Vorteile.

Und so wurde das erste Bein des Kaninchens aus dem Zylinder gezogen. Eine Situation, die andere Primaten als durch Macht konstituiert wahrnehmen würden, nahmen die Frühmenschen als durch eine bestimmte Art von Status – ja als durch den gleichen Status – konstituiert wahr, nämlich im Sinne von Respekt und Verdienstlichkeit (Darwalls [1997] Anerkennungsrespekt). Verantwortlich für diese begriffliche Transformation war ein Verständnis der Äquivalenz zwischen dem Selbst und dem anderen, das sich als ein rein kognitives Urteil im Kontext von Versuchen entwickelte, gemeinschaftliche Tätigkeiten zu koordinieren. Andere mit Respekt als gleichermaßen verdienstliche zweitpersonale Akteure wahrzunehmen und zu behandeln war daher ein gemeinsames Ergebnis sowohl besonderer sozial-interaktiver Bedingungen – insbesondere der Partnerwahl mit bestimmten Parametern – als auch besonderer kognitiver Fähigkeiten, die sich zuvor für andere Funktionen entwickelt hatten. Wenn der grundlegende moralische Begriff hier »Verdienstlichkeit« ist – wobei ein Individuum Groll darüber empfindet, daß es nicht mit dem ihm gebührenden Respekt behandelt wird –, dann wurde dies durch früheste Ahnungen einer unparteiischen Perspektive seitens der Frühmenschen ermöglicht, einer Perspektive, die, um es zu wiederholen, sich rein zu Koordinationszwecken entwickelt hatte. Wenn wir unsere Konvention der Bezeichnung beibehalten und gleichzeitig die evolutionäre und die psychologische Ebene angeben, können wir folglich die Entstehung gleichverdienstlicher, zweitpersonaler Akteure als *moralisch-strukturell* bezeichnen. Der Begriff *strukturell* deutet darauf hin, daß diese Dimension der menschlichen Moral ursprünglich nicht selektiert wurde, um in dieser Funktion zu dienen; sie entstand im Dienste anderer Funktionen. Natürlich würde das nicht funktionieren, wenn die Anerkennung der Partneräquivalenz in den sozial-interaktiven Kontexten, die wir betrachten, fehlangepaßt wäre, aber sie könnte leicht eine kostenneutrale »Spandrille« sein, die solche Kontexte kognitiv strukturierte.

Ebenso können wir die evolutionären Ursprünge der menschlichen Sinne für Verpflichtung, Verantwortlichkeit, Pflicht und Legitimität als zur moralisch-strukturellen Spielart gehörig charakterisieren. Der sozial-interaktive Kontext für das Eingehen einer gemeinsamen oder einer kollektiven Verpflichtung besteht darin, das Risiko einer gemeinschaftlichen Unternehmung zu reduzieren, und deshalb »vereinbaren« die Partner, daß ihr gemeinsam konstruierter pluraler Akteur ihr gemeinsames oder kollektives Handeln selbstregulieren wird (»wir« > »ich«). Die Zustimmung zu dieser Art von Selbstregulation hat natürlich eine strategische Dimension – nicht zuzustimmen würde bedeuten, den eigenen Status als ein attraktiver Kooperationspartner aufs Spiel zu setzen –, aber gleichzeitig hat sie auch eine moralische Dimension. Diese besteht darin, daß die Beteiligten die Selbstregulation durch den pluralen Akteur, einschließlich aller Strafen, die er austeilen mag, als legitim (verdient) ansehen, so daß sie Teil der kooperativen oder moralischen Identität der Beteiligten ist. Dieses Gefühl für Legitimität beruht also sowohl auf der Unparteilichkeit ihrer Funktionsweise – wir haben vereinbart, jeden zu sanktionieren, der unseren Rollenidealen nicht gerecht wird (unter einer Art von »Schleier des Nichtwissens«) – als auch auf der gleichzeitigen Möglichkeit von Bewertungen durch Rollentausch, so daß die Einzelpersonen nicht anders können, als sich selbst unparteiisch auf dieselbe Weise zu bewerten, wie sie andere bewerten. Sowohl die Unparteilichkeit der gemeinsamen Verpflichtung als auch diese Bewertung durch Rollentausch beruhen letztlich noch einmal in einem gewissen Sinne auf der Äquivalenz zwischen dem Selbst und dem anderen. Dieser Denk- und Operationsmodus stellt somit eine neue Art von kooperativer Rationalität dar, die nicht nur auf instrumentellem Erfolg beruht, sondern auch auf einem Sinn für Fairneß im eigenen Umgang mit anderen;

und er geht einher mit einem normativen Pflichtgefühl gegenüber dem eigenen Partner oder Gruppengenossen, unseren geteilten Idealen gerecht zu werden – weil er immer noch eine Form der Rationalität und der Entscheidungsfindung ist. Somit haben wir abermals einen sozial-interaktiven Schauplatz, der durch eine bestimmte präexistierende Konzeptualisierung von sowohl Selbst als auch anderen aus einer Art von unparteiischer »Vogelperspektive« strukturiert wird, so daß wir all dies erneut als moralisch-strukturell bezeichnen können.

Und schließlich können wir auch die meisten Elemente in der Bewegung moderner Menschen von einer natürlichen, zweitpersonalen Moral zu einer kulturellen, »objektiven« Moral als moralisch-strukturell charakterisieren. Am wichtigsten ist folgendes: Die Objektivierung der Werte, die sozialen Normen zugrunde liegen, zu Werten des Richtigen und Falschen – das hervorstechendste Merkmal der Moralpsychologie moderner Menschen – war das Ergebnis von Prozessen kollektiver Intentionalität, in denen die Partneräquivalenz und die Bewertung durch Rollentausch, die für die Frühmenschen charakteristisch waren, hochskaliert wurden zu einem völlig akteursunabhängigen Denken und unparteiischen moralischen Urteilen, wie von einem perspektivenlosen »Nirgendwo« aus betrachtet. Die kollektive Intentionalität der modernen Menschen umfaßte kognitive Anpassungen, die die Fähigkeit der Individuen unterstützte, in einer gruppenbezogenen Welt konventioneller Kulturpraktiken, Normen und Institutionen effektiv zu funktionieren, und deshalb war sie an sich keinerlei moralische Motivation oder moralisches Urteil. Und ohne kognitive Fertigkeiten kollektiver Intentionalität konnte es keine Prozesse moralischer Selbstregulation geben, wie zum Beispiel die reflektierte Befürwortung moralischer Entscheidungen und ein voll ausgebildetes Schuldgefühl. Daher können wir noch einmal sagen, daß die Objektivierung der instrumentellen Werte, die den Kulturpraktiken und sozialen Normen zugrunde liegen, zu moralischen Urteilen mit Bezug auf das Richtige und das Falsche moralisch-strukturell war.

Eine wichtige Implikation dieser Sichtweise ist, daß die Moral kein Tätigkeitsbereich mit einer isolierten Evolutionsgeschichte ist

– sie ist kein Modul (was auch immer das bedeutet); vielmehr ist sie ein komplexes Ergebnis vieler verschiedener Prozesse, von denen jeder seine eigene Evolutionsgeschichte hat. Die menschliche Moral ist die Art und Weise, wie Menschen miteinander im Kontext bestimmter kognitiver Einsichten in die Funktionsweise der Welt, einschließlich des pluralen Handelns, zu interagieren begonnen haben. Andere als ebenso verdienstlich beim fairen Aufteilen der Ressourcen zu behandeln, wie man selbst es ist, oder sich selbst zu bestrafen, wie man andere für die Verletzung einer sozialen Norm bestrafen würde, spiegelt eine genuine Moral wider, die von der Selbstwahrnehmung des Individuums ausgeht, daß es in relevanten Hinsichten äquivalent zu anderen ist, das heißt von einem unparteiischen Standpunkt aus. Auf diese Weise umgeht der vorliegende Erklärungsansatz das Gespenst der natürlichen Selektion, die Individuen begünstigt, welche motiviert sind, ihre eigenen Interessen evolutionär denen von anderen unterzuordnen oder gleichzustellen. Statt dessen handeln die Individuen mit einer Art kooperativer Rationalität, die auf einer korrekten Erkenntnis der sozialen Wirklichkeit beruht, und das ist auf der evolutionären Ebene wegen der interdependenten Sozialität menschlicher Individuen zumindest tragfähig. Die theoretische Gesamtstruktur der Interdependenzhypothese können wir wie in Abbildung 5.2 zusammenfassen.

Und jetzt ist das Kaninchen ganz aus dem Zylinder gezogen worden, und der Eindruck von Magie ist nachgerade mit Händen zu greifen. Wir haben keine der Komponenten in dieser Darstellung ausführlich erklärt, und es gibt eine ganze Reihe offener Fragen, wenn wir zu den evolutionären Details kommen – und in einigen Fällen nehmen wir im Grunde einfach bestimmte Bedingungen an (beispielsweise einen biologischen Markt einer bestimmten Art), damit alles funktioniert.

Aber vor dem Hintergrund, daß wir hier eine phantasievolle Rekonstruktion historischer Ereignisse versuchen, die Tausende von Jahren in der Vergangenheit liegen – wobei wir nur über wenige Artefakte oder andere paläoanthropologische Daten verfügen, die uns helfen könnten –, muß das für den Augenblick genügen. In dieser

*Abbildung 5.2:* Theoretische Gesamtstruktur der Interdependenzhypothese. Es wird der Versuch unternommen, eine Terminologie zu verwenden, die gegenüber den beiden Evolutionsschritten neutral ist, aber in vielen Fällen wurde kein übergreifender Begriff für diese Funktion eingeführt. So schließt *zweitpersonales Handeln* für den vorliegenden Zweck kulturelles Handeln ein, *gemeinsame Verpflichtung* schließt kollektive Verpflichtung ein, *kooperative Rationalität* schließt kulturelle Rationalität ein, und *Pflicht* schließt zweitpersonale Verantwortung ein. *Interdependenz* und *geteilte Intentionalität* sind keine moralischen Phänomene, aber wenn bestimmte Arten kooperativer Interaktionen stattfinden, nachdem sie sich einmal entwickelt hatten, besteht das Ergebnis in Individuen, die einander mit gleichem Respekt und gleicher Verdienstlichkeit betrachten und die die Pflicht empfinden, den sozialen Verpflichtungen, die sie miteinander eingegangen sind (oder bekräftigt haben), gerecht zu werden.

abschließenden Erörterung ging es schlicht darum, einen ganz allgemeinen Erklärungsansatz zu liefern, um zu zeigen, daß genuin moralische Wesen, die ein genuines Interesse am Wohlergehen anderer haben und die wirklich empfinden, daß die Interessen anderer in einem gewissen Sinne ihren eigenen gleich sind, plausiblerweise im Lauf der menschlichen Naturgeschichte entstanden sein könnten, ohne irgendeines der Grundprinzipien der Evolution durch natürliche Selektion zu verletzen.

## Die Rolle der Ontogenese

Bei beiden unserer Evolutionsschritte wurden menschliche Kinder nur allmählich und innerhalb eines sozialen Kontexts zu moralischen Wesen. Biologische Anpassungen können sich in der Ontogenese jedoch auf unzählige Weisen ausdrücken, die auf unzählige Weisen den sozialen Kontext ins Spiel bringen (einschließlich dessen, daß er überhaupt keine Rolle spielt), weshalb immer noch Fragen mit Bezug auf den ontogenetischen Prozeß offen sind.

Als nur eine der Weisen, sich diesen Fragen zu nähern, können wir die Moralentwicklung zeitgenössischer Kinder betrachten, über die es eine Fülle empirischer Forschung gibt (von denen einige ausgewählte hier zitiert werden). Zuallererst steht es trotz der evolutionären Perspektive des vorliegenden Ansatzes absolut außer Frage, daß heutige Kinder einen Großteil ihres moralischen Verhaltens kulturell von Erwachsenen erlernen und daß viele ihrer moralischen Einstellungen und Urteile aufgrund von Interaktionen verinnerlichen, in denen Erwachsene soziale Normen artikulieren und durchsetzen. Als Beleg dafür gibt es viele gut dokumentierte kulturelle Unterschiede im Moralverhalten und in moralischen Urteilen von Kindern, die in verschiedenen Kulturen aufwachsen, von denen einige hier besprochen wurden. Außerdem haben die Forschungen von Shweder et al. (1987), Haidt (2012) und anderen gezeigt, wie stark sich die moralischen Sensibilitäten von Menschen unterscheiden, die in unterschiedlichen kulturellen und religiösen Kontexten heranreifen.

Aber die Haustiere, die in ebendiesen kulturellen und religiösen Kontexten aufwachsen, werden dadurch nicht zu moralischen Wesen. Und deshalb steht es zweitens ebenfalls völlig außer Frage, daß Kinder auch biologisch auf den Prozeß vorbereitet sind. In seiner Analyse der Evolution menschlicher Moral hebt Joyce (2006, S. 137) diese Tatsache hervor, indem er die potentielle Rolle der sozialen Umwelt problematisiert: »Es ist rätselhaft, was überhaupt in der Umwelt *sein könnte* – selbst in einer reichhaltigen und verschiedenartigen Umwelt –, worauf sich ein allgemeiner Lernmechanismus beziehen kann, um die Idee eines moralischen Verstoßes zu entwickeln. [...] Man mag eine universelle Intelligenz so oft bestrafen, wie man will; an welchem Punkt wird dies allein sie die Idee eines *moralischen Verstoßes* lehren?« Wie immer in Entwicklungsanalysen lautet die Frage, wie biologische Anpassungen sich in bestimmten Umweltkontexten über die ontogenetische Zeitspanne hinweg ausdrücken.

Unser Versuch bestand hier hauptsächlich darin, die Schlüsselaspekte dessen zu spezifizieren, was die Menschen biologisch darauf vorbereitet, im Laufe eines ausgedehnten ontogenetischen Prozesses zu moralischen Wesen zu werden. Speziell auf die Ontogenese bezogen lautet der Vorschlag von Tomasello und Vaish (2013), daß trotz bestimmter wichtiger Unterschiede heutige Kinder tatsächlich zwei Entwicklungsstadien durchlaufen, die denen nicht unähnlich sind, die wir für die Phylogenese postuliert haben. Kapitel 3 führte eine Reihe von Studien an, die zeigen, daß Kleinkinder im Alter von einem bis drei Jahren sich in einer Vielfalt von Situationen anderen gegenüber moralisch verhalten. Sie helfen ihnen spontan, und diese Hilfsbereitschaft ist intrinsisch motiviert (Hepach et al., 2012). Sie teilen mit anderen, und wenn sie mit anderen kooperieren, teilen sie mit ihren Partnern gleichmäßig, auch wenn das bedeutet, daß sie eine Ressource für sich aufgeben müssen (Hamann et al., 2011). Sie zeigen bestimmte Anzeichen dafür, daß sie von anderen erwarten und sie dafür anerkennen, gemeinsame Verpflichtungen einzuhalten, sogar bis hin dazu, daß sie offen zugeben, wenn sie eine solche brechen (Hamann et al., 2012; Gräfenhain et al., 2009). Ein- bis dreijährige Kinder zeigen somit anderen gegenüber zumindest manchmal Mitgefühl und einen Sinn für Fairneß. Sie besitzen eine natürliche, zweitpersonale Moral. Diese entsteht, wenn sie mit anderen in den ersten drei Lebensjahren interagieren.

Natürlich unterscheiden sich heutige ein- bis dreijährige Kinder bedeutend von den Frühmenschen im ersten Schritt unserer Evolutionsgeschichte. Sie werden in eine Kulturwelt hineingeboren, und sie besitzen Fertigkeiten und Motivationen moderner Menschen für Imitation und kulturelles Lernen; unter anderem richten sie sich nach den Handlungen und Befehlen anderer. Trotzdem lautet unsere Behauptung, daß Kleinkinder unter drei Jahren soziale Normen noch nicht als die geteilten Erwartungen »unserer« sozialen Gruppe verstehen. Das heißt, Kleinkinder verstehen erst ab einem Alter von drei Jahren soziale Normen an sich und dies trotz ihrer Neigung, die Befehle anderer zu befolgen (welche diese anderen als soziale Normen verstehen mögen). Als Beleg dient uns die Tatsache, daß Kinder erst in diesem Alter zum ersten Mal aktiv damit beginnen, soziale Normen gegenüber anderen durchzusetzen. Es ist diese Durchsetzung von Normen durch Dritte, die das Gefühl des Kindes für kulturelle Identität ausdrückt, daß »wir« alle die Dinge auf die richtige Weise tun sollen (und sicherstellen, daß andere das auch tun; Schmidt und Tomasello, 2012). Ein zusätzlicher Beleg ist die Tatsache, daß Kinder sich selbst als Mitglieder einer Gruppe schlechthin verstehen – auf der Grundlage von so etwas wie körperlicher und Verhaltensähnlichkeit (und im Gegensatz dazu, lediglich vertraute von fremden Leuten zu unterscheiden) – und erst ab einem Alter von drei Jahren Loyalität gegenüber der Gruppe zeigen (Dunham et al., 2008). Daher würden wir geltend machen, daß Kleinkinder erst irgendwann ab diesem Alter damit beginnen, Teil einer an der Gruppe ausgerichteten, kulturellen Moral auf der Grundlage einer kulturellen Identität zu werden.

Daher werden bei diesem zweiten Entwicklungsschritt, der wie gesagt im Alter von drei Jahren beginnt, spezifische Typen sozialer und kultureller Interaktionen mit Erwachsenen und Instruktionen von ihnen entscheidend. Zuerst müssen Kinder natürlich von Erwachsenen die besonderen konventionellen und moralischen Normen ihrer Kultur lernen; das ist klar. Zusätzlich gibt es jedoch eine reichhaltige Geschichte der entwicklungspsychologischen Erforschung jener Sozialisationspraktiken, die Kinder dazu ermuntern, diese Normen zu verinnerlichen und somit anzufangen, für sich selbst kooperative und moralische Entscheidungen zu treffen, die auf diesen Normen beruhen (siehe Turiel, 2006, zu einem umfassenden Überblick). Ein Schlüsselbefund ist, daß autoritärere Erziehungsstile zu weniger Verinnerlichung von Werten führen und damit zu mehr strategischem Befolgen von Normen, während induktivere Erziehungsstile, die sich darauf konzentrieren, Kinder mit Gründen für Handlungen zu versorgen, zu einer stärkeren Verinnerlichung von Werten und somit zu moralischer Selbstregulation führen (Hoffman, 2000).

Aber Piaget (1932/2015) zufolge ist es vielleicht noch wichtiger, was Kinder durch ihre Interaktionen mit Gleichaltrigen lernen. Im Einklang mit der vorliegenden Analyse, wonach es bei der Befolgung sozialer Normen ausschließlich um Konformität geht, behauptet Piaget, daß das Befolgen von Normen, das allein auf der Autorität von Erwachsenen und auf der Furcht vor Strafe beruht, sich nur auf Klugheitsgesichtspunkte bezieht. Um eine echte Moral zu entwickeln, braucht man etwas anderes. Piaget behauptet, daß Kinder durch ihre Interaktionen mit Gleichaltrigen – Individuen mit gleicher Macht, mit denen auf Augenhöhe gestritten und verhandelt werden muß – genuin moralische Begriffe und Einstellungen entwickeln. In den Begriffen des vorliegenden Ansatzes ausgedrückt, können Kinder nur durch die Interaktion mit anderen, die tatsächlich gleich sind, lernen, mit anderen als gleichermaßen verdienstlichen zweitpersonalen Akteuren in Beziehung zu treten. Und deshalb können Kinder durch ihre Interaktionen mit Gleichaltrigen, aber nicht durch die Anweisungen Erwachsener lernen, wie sich moralische Konflikte durch die kreative Anwendung ihrer sich natürlich entwickelnden moralischen Einstellungen von Mitgefühl und Fairneß auflösen lassen. Und sie können durch ihre Interaktionen mit Gleichaltrigen, aber nicht durch Anweisungen von Erwachsenen lernen, wie sich Konflikte zwischen verschiedenen sozialen Normen auflösen lassen und wie sie dadurch für sich selbst eine persönliche moralische Identität schaffen können. Aus Piagets Perspektive und unserer eigenen ist es eine Sache, der Autorität zu gehorchen, aber eine andere, an den anderen Anteil zu nehmen und zu lernen, sie fair und mit Respekt zu behandeln, und das kann nur aus Interaktionen mit Gleichaltrigen hervorgehen. Moralität besteht darin, wie wir mit anderen Dinge klären, und zwar mit *anderen* Mitteln als Macht und Gewalt; und obwohl wir auch einige Hinweise von früheren Generationen erhalten mögen, sind es am Ende doch wir als Angehörige der gegenwärtigen Generation, die unsere eigenen moralischen Beziehungen aushandeln müssen.

Im allgemeinen wäre unsere Prognose, daß Kleinkinder vor dem Alter von drei Jahren über alle menschlichen Kulturen hinweg sehr ähnlich sowohl im Hinblick auf die Kooperation als auch auf die Moral sind und erst danach anfangen werden, sich mit den besonderen sozialen Normen ihrer Kulturgruppe zu identifizieren und so eine kulturelle Moral zu konstruieren. Das Problem ist, daß es nur sehr wenige kulturübergreifende Untersuchungen des Sozialverhaltens von Kindern dieser Altersklasse gibt. Die nennenswerte Ausnahme ist die Untersuchung von Callaghan et al. (2011), die eine Reihe von Experimenten mit Kindern aus einer westlichen industrialisierten Kultur und zwei kleineren traditionellen Kulturen (in Indien und Peru) durchführten. Bei Aufgaben, die Hilfe und Zusammenarbeit erforderten, fanden sie über die drei Kulturen hinweg ähnliche Verhaltensweisen in ähnlichen Altersgruppen. Dieses Muster ist zumindest konsistent mit unseren Vorhersagen. Zusätzlich stützen diese hypothetische Entwicklungsbahn kulturübergreifende Forschungen zur Verteilungsgerechtigkeit beim Teilen von Ressourcen (siehe die Besprechung und die Zitate in Kapitel 4), bei denen Kinder aus verschiedenen Kulturen am Anfang einander eher ähnlich sind und sich dann im Laufe ihrer Entwicklung allmählich an die Fersen der Normen ihrer Kultur heften. Daneben vermuten wir, daß es auch zunehmende Unterschiede zwischen den Kulturen gibt, die im Laufe der Entwicklung zum Tragen kommen und nicht nur auf dem unterschiedlichen Inhalt verschiedener kultureller Normen beruhen, sondern auch auf der Art und Weise, wie verschiedene Erziehungsstile oder Interaktionen mit Gleichaltrigen die Verinnerlichung moralischer Werte in unterschiedlichen Graden unterstützen.

Menschen entwickeln also während ihrer Ontogenese eine Vielfalt von Fertigkeiten, Emotionen, Motiven, Werten und Einstellungen – von denen einige biologisch geerbt, einige kulturell tradiert und einige individuell konstruiert sind –, die ihre moralischen Entscheidungen maßgeblich beeinflussen. Aber dennoch sind die Einzelpersonen weder durch ihre Biologie noch durch ihre Kultur dazu determiniert, bei einer bestimmten Gelegenheit auf eine ganz bestimmte Weise zu handeln; tatsächlich gibt es in vielen komplexen Situationen keine optimale Lösung, die entweder die Biologie oder die Kultur möglicherweise hätten vorwegnehmen können. Nein, menschliche Individuen – wie auch immer sie biologisch und kulturell ausgestattet sein mögen – müssen ihre moralischen Entscheidungen wohl oder übel selbst treffen.

# Schluß

Ethische Ideen entwickeln sich innerhalb der jeweiligen menschlichen Gesellschaft im Bewußtsein der einzelnen Mitglieder dieser Gesellschaft aus dem Umstand der gemeinsamen gesellschaftlichen Abhängigkeit aller dieser Mitglieder untereinander.

GEORGE HERBERT MEAD, *Geist, Identität und Gesellschaft*

In den Sozialwissenschaften wird das menschliche Individuum recht häufig als ein rationaler Maximierer, *homo oeconomicus*, dargestellt, der ausschließlich von der Möglichkeit konkreten persönlichen Gewinns angetrieben wird. Dieses psychologische Modell beruht explizit auf den unterstellten Motivationen und dem Verhalten von Individuen, die innerhalb eines kapitalistischen Markts handeln. Im weiter gespannten Bogen der menschlichen Evolution und Geschichte – beginnend mit den egalitären und gemeinschaftlichen Jäger- und Sammlergesellschaften, die die Spezies während der ersten 95 Prozent ihrer Existenz kennzeichneten – ist jedoch klar, daß kapitalistische Märkte kooperative kulturelle Institutionen sind. Sie werden durch ein Bündel kooperativer Konventionen und Normen geschaffen, bei denen die Individuen darin übereinkommen, einem Satz von Regeln zu folgen, die sie in diesem Fall auf etwas paradoxe Weise in bestimmten Kontexten dazu befähigen, unter Ausschluß von allem anderen nach persönlichem Gewinn zu streben. Die Regeln, die das individuelle Eigeninteresse in kapitalistischen Märkten ermächtigen, sind somit wie die Regeln, die das Eigeninteresse eines Tennisspielers beim Sieg über einen Gegner ermächtigen, das heißt, sie wirken innerhalb des Kontexts der kooperativen Regeln, die das Spiel überhaupt erst konstituieren.

Nur wenn man den kulturell-institutionellen Kontext des menschlichen Verhaltens vernachlässigt, kann man glauben, daß der Karren des Wettbewerbs das kooperative Pferd zieht.

Aber muß nicht eine Erklärung menschlichen Verhaltens, die in der Evolution verankert ist, wie beispielsweise der vorliegende Ansatz, das individuelle Eigeninteresse als primär, viel früher und viel fundamentaler als die kooperative soziale Interaktion betrachten? Nun, ja und nein. Die Logik der natürlichen Auslese setzt natürlich fest, daß Organismen Dinge tun, die ihre reproduktive Fitness erhöhen oder zumindest nicht senken. Das könnte man Eigeninteresse nennen. Aber was wir normalerweise als Eigeninteresse bezeichnen, ist die aktive Entscheidung einer Person, sich gegenüber anderen zu begünstigen. Die überwältigende Mehrheit von Lebensformen auf dem Planeten Erde trifft keine solche Entscheidung. Sie handeln einfach instrumentell auf ihre Ziele hin, und für erfolgreiche Tiere bedeutet das, daß diese Ziele mit ihrem weiteren Überleben und ihrer Fortpflanzung kompatibel sind. Sie haben jedoch keine psychologischen Mechanismen, die festlegen, daß sie sich gegenüber anderen bevorzugen sollten; die Frage stellt sich einfach nicht. Zu sagen, daß sie aus Eigeninteresse handeln, bedeutet, ultimate Verursachung mit proximalen Mechanismen zu verwechseln.

Für einige sozial komplexe Tiere, darunter Primaten und vielleicht auch andere Säugetiere, stellt sich die Frage des Eigeninteresses aber durchaus. So haben wir geltend gemacht und Belege dafür angeführt, daß Menschenaffen bei bestimmten Gelegenheiten andere gegenüber sich selbst bevorzugen. Für dieses Verhalten mag es eine evolutionäre Erklärung im Sinne irgendeiner Rückzahlung geben, aber der handelnde Organismus weiß nichts von dieser Rückzahlung; er hilft zum Beispiel einfach seinem Freund, indem er ihn laust oder sich bei einem Kampf auf seine Seite stellt, weil er sein Freund ist. Aber wir haben auch dargelegt und Belege dafür geliefert, daß Menschenaffen bei anderen Gelegenheiten sich selbst gegenüber anderen bevorzugen können, indem sie sich eine Ressource schnappen, auch wenn sie wissen, daß das andere Individuum sie ebenfalls will. Nur so etwas sollte aus Sicht unseres Ansatzes, der das Augenmerk auf proximale Mechanismen legt, Eigeninteresse genannt werden. Da es gute experimentelle Belege dafür gibt, daß Menschenaffen häufig Dinge tun, um sich selbst gegenüber anderen zu begünstigen (auch wenn sie wissen, daß sie dadurch die Zielverfolgung des anderen vereiteln), können wir generell sagen, daß Menschenaffen häufig, vielleicht meistens, aus Eigeninteresse handeln.

Offensichtlich besitzen auch Menschen die Fähigkeit, aus Eigeninteresse zu handeln, und tun das auch recht häufig. Aber wir haben dafür argumentiert und Belege dafür geliefert, daß ebenfalls recht häufig sogar Kleinkinder echten Anteil am Wohlergehen anderer nehmen, und zwar ohne strategische Hintergedanken: Sie helfen anderen beim Erreichen ihrer Ziele, sie teilen fair mit ihnen Ressourcen, sie gehen gemeinsame Verpflichtungen ein und bitten um Erlaubnis, sie aufzulösen, sie handeln auf ein »Wir«- oder Gruppeninteresse hin, sie setzen soziale Normen gegenüber Dritten auf der Grundlage vermutlich gruppenbezogener Motive durch und sie haben echte moralische Gefühle – vom Mitgefühl über den Groll bis hin zu Loyalität und Schuldgefühlen –, die überhaupt keinen irgendwie eigeninteressierten Berechnungen entspringen. Diese empirischen Befunde – und viele andere aus anderen Disziplinen (siehe Bowles und Gintis, 2012) – deuten darauf hin, daß Menschen sich biologisch entwickelt haben, um andere wertzuschätzen und in ihr Wohlergehen zu investieren. Wir haben dargelegt, daß die Erklärung dieser Tatsache darin besteht, daß Menschen ihre wechselseitige Abhängigkeit von anderen sowie die Implikationen, die das für ihre sozialen Entscheidungen hat, erkennen. Sie sind *kooperativ* rational geworden, insofern sie in ihre Entscheidungen folgendes einfließen lassen: (1) daß es richtig ist, Partnern und Gruppengenossen immer zu helfen, (2) daß andere genauso wirklich und verdienstlich sind wie sie selbst (und dieselbe Erkenntnis mag auch als Gegenleistung erwartet werden), und (3), daß ein »wir«, das durch soziale Verpflichtung erzeugt wurde, legitime Entscheidungen für das Selbst und wertgeschätzte andere trifft, was legitime Verpflichtungen zwischen Personen mit einer moralischen Identität in moralischen Gemeinschaften erzeugt.

Aus der Perspektive des Individuums ist das alles ganz echt: Die moralischen Urteile des Selbst und anderer in der moralischen Gemeinschaft sind aufs Ganze gesehen legitim und verdient. Daher würden wir vermuten, daß sich die meisten heutigen Erwachsenen auch dann noch die meiste Zeit moralisch verhielten, wenn man ihnen Platons Gyges-Ring gäbe, der ihre Handlungen für andere unsichtbar machen würde. Unsichtbare Menschen würden zweifellos viele soziale Normen verletzen, die keine Verbindung mit ihrer zweitpersonalen Moral haben. Und sie würden sich auch zweifellos unmoralisch verhalten, wenn ihre eigensüchtigen Motive stark genug wären. Aber wenn solche übermächtigen eigensüchtigen Wünsche fehlten, würden unsichtbare Menschen anderen meistens helfen und sie fair behandeln; und sie würden sich sogar schuldig fühlen, wenn sie das nicht täten – vorausgesetzt natürlich, daß sie sie als Teil ihrer moralischen Gemeinschaft sähen. Und das würde unserer Hypothese zufolge für alle Individuen in allen moralischen Gemeinschaften über alle Kulturen hinweg gelten. Unterscheiden würde sich einfach nur die Art und Weise, wie Menschen verschiedener Kulturen vor dem Hintergrund der unterschiedlichen sozialen und institutionellen Umstände, in denen sie ihr Leben fristen, verstehen, was in bestimmten Kontexten die richtigen und falschen Handlungsweisen sind und wer als Teil der moralischen Gemeinschaft gilt.

Unser Erklärungsansatz ist also in Individuen und einer natürlichen zweitpersonalen Moral verankert. Aber diese natürliche Moral ist in eine kulturelle Moral sozialer Normen eingebettet, und diese wurden zu verschiedenen historischen Zeiten für unterschiedliche wiederkehrende Situationen gestaltet, so daß sie manchmal miteinander im Konflikt stehen. Angesichts einer neuen Situation muß das Individuum folglich seine eigenen moralischen Prinzipien schaffen, um zwischen diesen Normen auszuwählen und somit Entscheidungen zu treffen, die es ihm ermöglichen, seine moralische Identität zu bewahren. Das Problem ist, daß es echte moralische Dilemmata zu geben scheint, die wie ein Necker-Würfel aussehen: Sie sind auf eine bestimmte Weise moralisch, wenn man sie aus einem Blickwinkel betrachtet, aber aus einem anderen Blickwinkel sind sie auf eine andere Weise moralisch oder gar unmoralisch. Es gibt keine allgemeine Lösung für sie; sie stellen einfach eine Kollision moralischer Kräfte dar, und das Individuum muß eine Möglichkeit finden, sie in Einklang zu bringen, und dies geschieht fast immer dadurch, daß es etwas unterdrückt oder sich über etwas hinwegsetzt (Nagel, 1986, 1991). Welche Alternative gibt es also zu einer Erklärung menschlicher Moral im Sinne einer bunten Geschichte biologischer Anpassungen und kultureller Schöpfungen, die in ihrem jeweiligen »eigentlichen Bereich« gut funktionieren, aber in neuen Situationen, die weder die Natur noch die Kultur vorhersehen konnte, kollidieren?

Es ist klar, daß viele Leute denken werden, daß das, was wir hier gezeichnet haben, ein unrealistisch rosiges Bild menschlicher Kooperation und Moral ist. Wo wir Mitgefühl und einen Sinn für Gleichheit sehen, würden sie clevere Strategien zur Erfüllung von Eigeninteresse vorschlagen. Wenn ich einem Bettler auf der Straße Geld gebe, würden sie behaupten, daß das, was ich *wirklich* tue, der Versuch ist, meinen Ruf in den Augen anderer zu verbessern. Aber warum der Zusatz *wirklich*? Warum kann ich nicht beides tun? Es gibt keine bessere Verhaltensentscheidung als eine, mit der zwei Ziele zugleich erreicht werden: Ich helfe der armen Person, für die ich eine echte Anteilnahme empfinde, und ich verbessere zugleich meinen Ruf – eine Win-win-Situation. Die Tatsache, daß ich strategische Motive habe, wird zwar nicht bezweifelt, aber ich habe ebenso großzügige und egalitäre Motive, und wann immer möglich, handle ich so, daß sie alle gleichzeitig erfüllt werden. Und wenn sie in Konflikt miteinander stehen, bestimmen viele Erwägungen, welches letztlich siegt, aber in jeder gegebenen Situation können meine großzügigen oder egalitären Motive im Prinzip die Oberhand gewinnen, was Menschen jeden Tag demonstrieren, wenn sie sich für andere aufopfern.

Manche Leute werden auch meinen, daß unser Bild der menschlichen Moral zu rosig ist, weil die menschliche Unmoral täglich von morgens bis abends in der Weltpresse dargestellt wird. Rund um die Uhr lügen, betrügen und stehlen Menschen, um ihre eigenen egoistischen Ziele zu erreichen, und jederzeit finden mehrere Kriege gleichzeitig statt. Aber Menschen, die lügen, betrügen und stehlen, sind einfach nur Beispiele dafür, daß die egoistischen Motive des Individuums gesiegt haben – aus welchen Gründen auch immer. Der Lügner-Betrüger-Dieb fühlte sich wahrscheinlich schuldig, als er es tat, und er versuchte, es durch kreative Interpretationen des zugefügten Schadens (oder dessen Mangel) zu rechtfertigen. Darüber hinaus hat er zweifellos in anderen Situationen bei anderen Gelegenheiten häufig moralisch gehandelt und mag sich sogar fast hundertprozentig moralisch gegenüber Familie und Freunden verhalten. Und was Kriege betrifft, so finden nahezu alle großen Konflikte in der Welt heute zwischen Gruppen von Menschen statt, die die Situation als »wir« gegen »sie« auffassen, zum Beispiel ein Land gegen ein anderes. Außerdem gibt es viele andere Konflikte zwischen ethnischen Gruppen, die aus verschiedenen Gründen (welche ziemlich oft äußere Einflüsse beinhalten, etwa Kolonialismus) gezwungen wurden, unter demselben politischen Schirm zu koexistieren. Das sind abermals Beispiele für Konflikte zwischen Eigen- und Fremdgruppe, und auch hier ist wieder so gut wie sicher, daß die Beteiligten mit ihren Artgenossen täglich viel Moralisches tun. Und trotz allem ist immer noch richtig, daß kriegerische Konflikte sowie viele andere Arten von Gewalt historisch gesehen im Schwinden begriffen sind (Pinker, 2011).

Eine letzte Kritik an zuviel Rosarot lautet, daß wir einen Sinn für Äquivalenz oder Gleichheit von Personen als grundlegend für die menschliche Moral postuliert haben. Diejenigen, die daran gewöhnt sind, in Begriffen der aufgezeichneten Menschheitsgeschichte zu denken, werden darauf hinweisen, daß erst mit der Aufklärung Gesellschaftstheoretiker in westlichen Gesellschaften die Idee vorantrieben, daß alle Menschen in einem gewissen Sinne gleich sind und gleiche Rechte haben. Gemeint als explizites politisches Nachdenken über den Gesellschaftsvertrag nach dem Aufstieg der bürgerlichen Gesellschaften in den vergangenen zehntausend Jahren stimmt das natürlich auch. Aber die Jäger- und Sammlergesellschaften, die in der unmittelbar vorangehenden Zeit existierten – und zwar mehr als zehnmal so lange –, waren allem Anschein nach äußerst egalitär (Boehm, 1999). Das bedeutet nicht, daß diese Individuen keine egoistischen Motive hatten, sondern nur, daß sie sich regelmäßig miteinander auf eine wechselseitig befriedigende Weise einigten, und zwar auf der Grundlage eines gleichen Respekts für alle Mitglieder der Kulturgruppe. Und man erinnere sich auch daran, daß unsere Hypothese an die Analyse von Nagel (1970) anschließt, der zufolge die Erkenntnis anderer als gleicher Wesen keine Präferenz oder Motivation ist (wie es in politischen Abhandlungen der Aufklärung der Fall ist), sondern bloß eine Erkenntnis, vielleicht sogar eine unwillkommene Erkenntnis, welche die persönlichen Entscheidungen, die Individuen treffen, oder die sozialen Normen, die Kulturen erzeugen, beeinflussen mag oder nicht. Tatsächlich bezieht sich die hauptsächliche Art und Weise, wie Menschen die inhumane Behandlung anderer rechtfertigen, nicht auf Motive, sondern vielmehr auf Begriffe: Sie sehen sie nicht wirklich als Menschen an. Insgesamt scheint es einfach nicht möglich zu sein, sich so etwas wie die menschliche Moral ohne Individuen vorzustellen, die andere anerkennen und mit ihnen interagieren und im Hinblick auf die sie einfach nicht anders können, als sie als welche wahrzunehmen, die ihnen ebenbürtig sind.

Moral ist schwierig, keine Frage. Menschen haben natürliche Neigungen des Mitgefühls und der Fairneß gegenüber anderen, aber dennoch sind wir manchmal auch egoistisch. Andere mögen uns für unseren Egoismus zurechtweisen, uns mit der Peitsche sozialer Normen züchtigen und hinter unserem Rücken tratschen, um unseren Ruf zu ruinieren, und trotzdem sind wir manchmal egoistisch. Verstöße gegen unsere eigene Moral lassen uns Schuldgefühle empfinden und höhlen unser Identitätsgefühl aus, und trotzdem sind wir manchmal egoistisch. Religiöse Prinzipien, die von einem allwissenden Gott ausgegeben werden, versprechen ewige Verdammnis für moralische Verstöße, und Regierungsgesetze geben direktere und konkretere Formen der Verdammung in dieser körperlichen Welt aus vor, und trotzdem sind wir manchmal noch egoistisch. Nein, es ist ein Wunder, daß wir moralisch sind, und es hätte nicht so kommen müssen. Es ist einfach nur so, daß aufs Ganze gesehen diejenigen von uns, die überwiegend moralische Entscheidungen trafen, auch mehr Babys hatten. Und deshalb sollten wir – wie gesagt – einfach staunen und die Tatsache feiern, daß, mirabile dictu (und ungeachtet Nietzsche), die Moral irgendwie gut für unsere Spezies, unsere Kultur und uns selbst zu sein scheint – zumindest bis jetzt.

# Anmerkungen

## 1 Die Interdependenzhypothese

1 Im Original steht hier *deservingness* (in Anführungszeichen) – ein Ausdruck, den Tomasello häufig verwendet, für den es im Deutschen aber keine geläufige Entsprechung gibt. Er wird hier häufig mit »Verdienstlichkeit« übersetzt oder mit inhaltlich und kontextuell angemessenen Konstruktionen unter Verwendung anderer Wörter, die deutlich machen, daß es darum geht, was jemand verdient, im Sinne von was ihm gebührt, und nicht um seine Verdienste, das heißt Handlungen, durch die er sich besonders hervorgetan hat. *A. d. Ü.*

## 2 Die Evolution der Kooperation

1 Das mag vertraut klingen, denn es wurde tatsächlich vorgeschlagen, daß die Evolution der Kooperation bei sozialen Insekten nicht auf die Verwandtschafts-, sondern auf die Gruppenselektion zurückgeht (Die Homogenitätsbedingung der Gruppenselektion bedeutet, daß man Individuen hilft, die dem eigenen Organismus genetisch sehr ähnlich sind) – wobei Bienen- und Ameisenkolonien als »Superorganismen« betrachtet werden (Nowak et al., 2010). Andere behaupten, daß die beiden Prozesse sich auf positive Auswahl beziehen – Kooperatoren interagieren nur mit Kooperatoren –, und deshalb seien die beiden Ansätze einfach mathematische Varianten voneinander.

2 Manche Theoretiker behaupten, daß das folgendermaßen funktioniert: Ich sehe, daß du etwas Altruistisches tust und schließe, daß du jemand sein mußt, der zur Kooperation prädisponiert ist – und deshalb interagiere ich mit dir und nicht mit anderen. Auf dieser Grundlage ziehst du dieselben Schlüsse über mich. Aber aus einer psychologischen Perspektive ist das überhaupt keine Reziprozität. Wir wählen einander einfach aus und zahlen uns nichts zurück.

3 Wenn der Gegner Taube spielt, kann ich Taube spielen und die Hälfte der Nahrung bekommen oder, besser noch, Falke spielen und alles bekommen. Falke ist besser. Wenn der Gegner Falke spielt, kann ich Taube spielen und nichts von der Nahrung bekommen oder aber, was besser ist, Falke spielen und vielleicht etwas oder gar alles bekommen (je nachdem, wie

der Kampf ausgeht). Wieder ist Falke besser. Also spielen beide Individuen am Ende Falke, wie immer in Gefangendilemmata.

4 Obwohl es bedeutende Unterschiede in den Dominanzbeziehungen gibt, die die Gesellschaften von Schimpansen und Bonobos strukturieren – Schimpansen sind männlich-dominant und Bonobos aufgrund ihrer Koalitionen weiblich-dominant–, sind diese Unterschiede für den vorliegenden Zweck nicht entscheidend.

5 Dieses Muster ist nicht nur bei Menschenaffen gut dokumentiert worden, sondern auch bei Savannen-Pavianen, für die solche Freundschaften viele Fitness-Vorteile bieten (Silk et al., 2010; Seyfarth und Cheney, 2012).

6 Horner et al. (2011) verwendeten die Logik dieses Modells in einer anderen experimentellen Anordnung und berichteten über einige prosoziale Tendenzen bei Schimpansen. Aber die Untersuchung ist uninterpretierbar, weil die Experimentalbedingung für alle Versuchstiere vor der Kontrollbedingung durchgeführt wurde; vielleicht waren die Versuchstiere zum Zeitpunkt der Kontrollbedingung der prosozialen Option einfach überdrüssig.

7 Die bekanntere Untersuchung mit dieser Anordnung wurde von Brosnan und de Waal (2003) an Kapuzineräffchen durchgeführt (ebenfalls ohne die Reihenfolge der Experimentalbedingungen auszugleichen). Auch dieser Untersuchung mangelte es an geeigneten Kontrollbedingungen, und Fehlschläge bei deren Reproduktion unter geeigneten Kontrollbedingungen werden von vier anderen Labors berichtet: Roma et al. (2006), Dubreuil et al. (2006), Fontenot et al. (2007) und Sheskin et al. (2013).

## 3 Zweitpersonale Moral

1 Der Prozeß hat sich wahrscheinlich bedeutend von demjenigen unterschieden, der von zeitgenössischen Wildbeutern praktiziert wird, da moderne Wildbeuter über leistungsfähige Waffen verfügen, die ihnen ermöglichen, einzeln zu jagen, wenn sie das wollen. Darüber hinaus sind heutige Wildbeuter schlechte Vorbilder, weil sie den zweiten Schritt unserer Evolutionsgeschichte durchlaufen haben und in Kulturen leben, die an der Gruppe ausgerichtet sind; so bringen sie beispielsweise die Beute zur Gruppe zurück, um sie mit ihr zu teilen, auch wenn sie alleine auf Nahrungssuche waren.

2 Im allgemeinen zitieren wir in diesem Kapitel nur Untersuchungen an dreijährigen oder jüngeren Kindern. In diesem Fall sind wir jedoch von dieser Regel abgewichen, weil mit Kindern unter fünf Jahren keine Untersuchungen zum Impression-Management durchgeführt worden sind.

Aber selbst einjährige Babys wissen eindeutig, wann sie beobachtet werden, und benehmen sich dann anders; typischerweise agieren sie zurückhaltender und schüchterner – im Gegensatz zu anderen Menschenaffen (Rochat, 2009).

3 Das Wort *Versprechen* wird hier vermieden (und das ist Scanlons [1990] wirkliche Zielscheibe), da Versprechen öffentlichere Verpflichtungen sind, die in einer öffentlichen Sprache formuliert werden – und deshalb werden wir sie in Kapitel 4 behandeln.

## 4 »Objektive« Moral

1 Eine Untersuchung deutet darauf hin, daß Schimpansen sich ebenfalls nach anderen richten, auch wenn sie bereits über eine effektive Methode verfügen (Whiten et al., 2005), aber eine genauere Analyse der Daten zeigt, daß nur ein Individuum seine Methode des Werkzeuggebrauchs zuverlässig wechselte, um sie der Methode der anderen anzugleichen.

2 Vor dem Hintergrund des Mangels an terminologischer Konsistenz in der Literatur werden wir Bicchieri (2006) folgen und *soziale Norm* oder gar *moralische Norm* verwenden, um Dinge zu bezeichnen, die nicht einfach nur konventionelle oder traditionelle Handlungsweisen sind (wie im letzten Abschnitt besprochen), sondern vielmehr Handlungsweisen, die die Gruppenmitglieder als notwendig für die Kooperation betrachten, wobei Abweichungen Tadel verdienen.

3 So werden konventionelle Verhaltensweisen entweder moralisiert, wenn Personen, die jeweils für sich ähnliche bewertende Einstellungen haben, erfahren, daß das der Fall ist (epistemische Konvergenz) oder wenn Personen, die diese Einstellung nicht haben, anderen – Anführern – folgen, die sie haben (Einstellungskonvergenz).

4 Rakoczy und Tomasello (2007) argumentieren dafür, daß diese Fähigkeit, kollektiv neue Wirklichkeiten mit neuen deontischen Kräften zu schaffen, sich bereits beim gemeinsamen Als-ob-Spiel von Kleinkindern erkennen läßt, bei dem wir uns beispielsweise darauf einigen, daß dieser Stock ein Pferd ist. Wyman et al. (2009) stellten tatsächlich fest, daß, wenn ein neuer Akteur den Stock jetzt als bloßen Stock behandelte, Vorschulkinder normativ Widerspruch einlegten, indem sie Dinge sagten wie »Nein, es ist ein Pferd« – »wir« haben uns auf einen neuen Status oder eine neue Identität des Stocks geeinigt.

5 Moralische Rechtfertigungen dieser Art leiten sich vermutlich davon ab, wie die Frühmenschen das Verhalten anderer als Kooperatoren bewerteten, indem sie ihre Absichten, mildernde Umstände und dergleichen in

Rechnung stellten. Das heißt: Während die Frühmenschen diese Erwägungen benutzten, um zu einem gültigen Urteil nur über einen ganz bestimmten Akt zu gelangen, begannen die modernen Menschen sie zu artikulieren, um die Urteile der anderen über Akte fragwürdiger Moral zu beeinflussen.

6 Der zeitgenössische Wohlfahrtsstaat und sein Sicherheitsnetz der lebensnotwendigen Güter könnte so verstanden werden, daß er derselben grundsätzlichen Philosophie anhängt: Jeder verdient einen Mindestbetrag einfach nur dafür, daß er oder sie ein Mitglied dieser einen großen gemeinschaftlichen Tätigkeit ist, die unsere Kultur darstellt.

# Literatur

Alexander, R. D. (1987). *The biology of moral systems.* New York: Aldine De Gruyter.

Alvard, M. (2012). Human social ecology. In: J. Mitani, Hg., *The evolution of primate societies.* Chicago: University of Chicago Press.

Bartal, I., Decety, J. und Mason, P. (2011). Empathy and pro-social behavior in rats. *Science*, 334 (6061), S. 1427-1430.

Batson, C. D. (1991). *The altruism question: Toward a social-psychological answer.* Hillsdale, NJ: Erlbaum.

Baumard, N., André, J. B. und Sperber, D. (2013). A mutualistic approach to morality. *Behavioral and Brain Sciences*, 36 (1), S. 59-122.

Bergson, H. (1935). *Die beiden Quellen der Moral und der Religion.* übers. von E. Lerch, Frankfurt/M.: Fischer, 1992.

Bicchieri, C. (2006). *The grammar of society: The nature and dynamics of social norms.* New York: Cambridge University Press.

Bickerton, D. und Szathmáry, E. (2011). Confrontational scavenging as a possible source for language and cooperation. *BMC Evolutionary Biology*, II, S. 261.

Blake, P. R. und McAuliffe, K. (2011). ›I had so much it didn't seem fair‹: Eight-year-olds reject two forms of inequity. *Cognition*, 120 (2), S. 215-224.

Blasi, A. (1984). Moral identity: Its role in moral functioning. In: W. M. Kurtines und J. J. Gewirtz, Hg., *Morality, moral behavior and moral development* (S. 128-139). New York: Wiley.

Boehm, C. (1999). *Hierarchy in the forest: The evolution of egalitarian behavior.* Cambridge, MA: Harvard University Press.

– (2012). *Moral origins: The evolution of virtue, altruism, and shame.* New York: Basic Books.

Boesch, C. (1994). Cooperative hunting in wild chimpanzees. *Animal Behaviour*, 48 (3), S. 653-667.

Boesch, C. und Boesch, H. (1989). Hunting behavior of wild chimpanzees in the Taï National Park. *American Journal of Physical Anthropology*, 78 (4), S. 547-573.

Bonnie, K. E., Horner, V., Whiten, A. und de Waal, F. B. M. (2007). Spread of arbitrary conventions among chimpanzees: A controlled experiment. *Proceedings of the Royal Society of London, Series B: Biological Sciences*, 274 (1608), S. 367-372.

Bowies, S. und Gintis, H. (2012). *A cooperative species: Human reciprocity and its evolution*. Princeton, NJ: Princeton University Press.
Boyd, R. und Silk, J. (2009). *How humans evolved*. New York: Norton.
Bratman, M. (1992). Shared co-operative activity. *Philosophical Review*, 101 (2), S. 327-341.
– (2014). *Shared agency: A planning theory of acting together*. New York: Oxford University Press.
Bräuer, J., Call, J. und Tomasello, M. (2006). Are apes really inequity averse? *Proceedings of the Royal Society of London, Series B: Biological Sciences*, 273 (1605), S. 3123-3128.
– (2009). Are apes inequity averse? New data on the token-exchange paradigm. *American Journal of Primatology*, 71 (2), S. 175-181.
Brosnan, S. F. und de Waal, F. B. M. (2003). Monkeys reject unequal pay. *Nature*, 425, S. 297-299.
Brosnan, S. F., Flemming, T., Talbot, C. F., Mayo, L. and Stoinski, T. (2011). Responses to inequity in orangutans. *Folia Primatologica*, 82, S. 56-70.
Brosnan, S. F., Schiff, H. C. und de Waal, F. B. M. (2005). Tolerance for inequity may increase with social closeness in chimpanzees. *Proceedings of the Royal Society of London, Series B: Biological Sciences*, 272 (1560), S. 253-285.
Brosnan, S. F., Talbot, C., Ahlgren, M., Lambeth, S. P. und Schapiro, S. J. (2010). Mechanisms underlying the response to inequity in chimpanzees. *Pan troglodytes. Animal Behaviour*, 79 (6), S. 1229-1237.
Brown, P. und Levinson, S. C. (1987). *Politeness: Some universals in language usage*. Cambridge: Cambridge University Press.
Bshary, R. und Bergmueller, R. (2008). Distinguishing four fundamental approaches to the evolution of helping. *Journal of Evolutionary Biology*, 21 (2), S. 405-420.
Bullinger, A. F., Melis, A. P. und Tomasello, M. (2011a). Chimpanzees *(Pan troglodytes)* prefer individual over collaborative strategies toward goals. *Animal Behaviour*, 82 (5), S. 1135-1141.
Bullinger, A. F., Wyman, E., Melis, A. P. und Tomasello, M. (2011b). Coordination of chimpanzees *(Pan troglodytes)* in a stag hunt game. *International Journal of Primatology*, 32 (6), S. 1296-1310.
Burkart, J. M. und van Schaik, C. P. (2010). Cognitive consequences of cooperative breeding in primates? *Animal Cognition*, 13 (19), S. 1-19.
Buttelmann, D., Call, J. und Tomasello, M. (2009). Do great apes use emotional expressions to infer desires? *Developmental Science*, 12 (5), S. 688-699.
Buttelmann, D., Zmyj, N., Daum, M. M. und Carpenter, M. (2013). Selec-

tive imitation of in-group over out-group members in 14-month-old infants. *Child Development*, 84 (2), S. 422-428.

Call, J. und Tomasello, M. (2007). *The gestural communication of apes and monkeys.* Mahwah, NJ: Erlbaum.

– (2008). Does the chimpanzee have a theory of mind? 30 years later. *Trends in Cognitive Science*, 12 (5), S. 187-192.

Callaghan, T., Moll, H., Rakoczy, H., Warneken, F., Liszkowski, U., Behne, T. und Tomasello, M. (2011). Early social cognition in three cultural contexts. *Monographs of the Society for Research in Child Development*, 76 (2), S. 1-142.

Carpenter, M. (2006). Instrumental, social, and shared goals and intentions in imitation. In: S. J. Rogers und J. Williams, Hg., *Imitation and the social mind: Autism and typical development* (S. 48-70). New York: Guilford Press.

Carpenter, M., Tomasello, M. und Striano, T. (2005). Role reversal imitation in 12 and 18 month olds and children with autism. *Infancy*, 8 (3), S. 253-278.

Carpenter, M., Uebel, J. und Tomasello, M. (2013). Being mimicked increases prosocial behavior in 18-month-old infants. *Child Development*, 84 (5), S. 1511-1518.

Chapais, B. (2008). *Primeval kinship: How pair-bonding gave birth to human society.* Cambridge, MA: Harvard University Press.

Chwe, M. S. Y. (2003). *Rational ritual: Culture, coordination and common knowledge.* Princeton, NJ: Princeton University Press.

Clark, H. (1996). *Using language.* Cambridge: Cambridge University Press.

Clutton-Brock, T. 2002. Breeding together: Kin selection and mutualism in cooperative vertebrates. *Science*, 296 (5565), S. 69-72.

Cosmides, L. und Tooby, J. (2004). Knowing thyself: The evolutionary psychology of moral reasoning and moral sentiments. *Business, Science, and Ethics*, 4, S. 93-128.

Crockford, C. und Boesch, C. (2003). Context specific calls in wild chimpanzees, *Pan troglodytes verus:* Analysis of barks. *Animal Behaviour*, 66 (1), S. 115-125.

Crockford, C., Wittig, R. M., Langergraber, K., Ziegler, T. E., Zuberbühler, K. und Deschner, T. (2013). Urinary oxytocin and social bonding in related and unrelated wild chimpanzees. *Proceedings of the Royal Society of London, Series B: Biological Sciences*, 280 (1755), S. 2012-2765.

Csibra, G. und Gergely, G. (2009). Natural pedagogy. *Trends in Cognitive Sciences*, 13 (4), S. 148-153.

Darley, J. M. und Latané, B. (1968). Bystander intervention in emergencies: Diffusion of responsibility. *Journal of Personality and Social Psychology*, 8 (4), S. 377-383.

Darwall, S. (1997). Two kinds of respect. *Ethics*, 88, S. 36-49.
– (2006). *The second-person standpoint: Respect, morality, and accountability.* Cambridge, MA: Harvard University Press.
– (2013). *Essays in second-personal ethics.* Bd. 1: *Morality, authority, and law.* Oxford: Oxford University Press.
Darwin, Ch. (1871). *The descent of man, and selection in relation to sex.* London: John Murray; dt.: *Die Abstammung des Menschen*, übers. v. H. Schmidt, Bremen: Salzwasser-Verlag, 2009.
Dawkins, R. (1976). *The selfish gene.* New York: Oxford University Press; dt.: *Das egoistische Gen*, übers. v. K. de Sousa Ferreira, Berlin, Heidelberg: Springer, 2014.
de Waal, F. B. M. (1982). *Chimpanzee politics: Power and sex among apes.* London: Cape.
– (1989a). *Peacemaking among primates.* Cambridge, MA: Harvard University Press.
– (1989b). Food sharing and reciprocal obligations among chimpanzees. *Journal of Human Evolution*, 18 (5), S. 433-459.
– (1996). *Good natured: The origins of right and wrong in humans and other animals.* Cambridge, MA: Harvard University Press.
– (2000). Attitudinal reciprocity in food sharing among brown capuchin monkeys. *Animal Behaviour*, 60 (2), S. 253-261.
– (2006). *Primates and philosophers: How morality evolved.* Princeton, NJ: Princeton University Press.
de Waal, F. B. M. und Luttrell, L. M. (1988). Mechanisms of social reciprocity in three primate species: Symmetrical relationship characteristics or cognition? *Ethology and Sociobiology*, 9 (2-4), S. 101-118.
Diesendruck, G., Carmel, N. und Markson, L. (2010). Children's sensitivity to the conventionality of sources. *Child Development*, 81 (2), S. 652-668.
Dubreuil, D., Gentile, M. S. und Visalberghi, E. (2006). Are capuchin monkeys *(Cebus apella)* inequality averse? *Proceedings of the Royal Society of London, Series B: Biological Sciences*, 273 (1591), S. 1223-1228.
Duguid, S., Wyman, E., Bullinger, A. und Tomasello, M. (2014). Coordination strategies of chimpanzees and human children in a stag hunt game. *Proceedings of the Royal Society of London, Series B: Biological Sciences*, 281: 20141973.
Dunbar, R. (1998). The social brain hypothesis. *Evolutionary Anthropology*, 6 (5), S. 178-190.
Dunham, Y., Baron, A. S. und Banaji, M. R. (2008). The development of implicit intergroup cognition. *Trends in Cognitive Sciences*, 12 (7), S. 248-253.
Durkheim, E. (1893/1996). *Über soziale Arbeitsteilung*, übers. v. L. Schmidts, Frankfurt/M.: Suhrkamp.

– (1912/1994). *Die elementaren Formen des religiösen Lebens*, übers. v. L. Schmidts, Frankfurt/M.: Suhrkamp.
– (1976). *Soziologie und Philosophie*, übers. v. E. Moldenhauer, Frankfurt/M.: Suhrkamp.
Engelmann, J. M., Herrmann, E. und Tomasello, M. (2012). Five-year olds, but not chimpanzees, attempt to manage their reputations. *PLoS ONE*, 7 (10), e48433.
Engelmann, J. M., Herrmann, E. und Tomasello, M. (2015). Chimpanzees trust conspecifics to engage in low-cost reciprocity. *Proceedings of the Royal Society B: Biological Sciences*, 282 (1801), S. 1-6.
– (eingereicht). Young children overcome peer pressure to do the right thing.
Engelmann, J. M., Over, H., Herrmann, E. und Tomasello, M. (2013). Young children care more about their reputation with ingroup members and potential reciprocators. *Developmental Science*, 16 (6), S. 952-958.
Fehr, E., Bernhard, H. und Rockenbach, B. (2008). Egalitarianism in young children. *Nature*, 454, S. 1079-1083.
Fiske, S. T. (2010). *Social beings: Core motives in social psychology*. 2. Aufl. Hoboken, NJ: Wiley.
Fletcher, G., Warneken, F. und Tomasello, M. (2012). Differences in cognitive processes underlying the collaborative activities of children and chimpanzees. *Cognitive Development*, 27 (2), S. 136-153.
Foley, R. A. und Gamble, C. (2009). The ecology of social transitions in human evolution. *Philosophical Transactions of the Royal Society of London, Series B: Biological Sciences*, 364 (1442), S. 3267-3279.
Fontenot, M. B., Watson, S. L., Roberts, K. A. und Miller, R. W. (2007). Effects of food preferences on token exchange and behavioural responses to inequality in tufted capuchin monkeys, *Cebus apella. Animal Behaviour*, 74 (3), S. 487-496.
Friedrich, D. und Southwood, N. (2011). Promises and trust. In: H. Sheinman, Hg., *Promises and agreement: Philosophical essays* (S. 275-292). New York: Oxford University Press.
Gibbard. A. (1990). *Wise choices, apt feelings: A theory of normative judgment.* Cambridge, MA: Harvard University Press.
Gilbert, M. (1990). Walking together: A paradigmatic social phenomenon. *Midwest Studies in Philosophy*, 15 (l), S. 1-14.
– (2003). The structure of the social atom: Joint commitment as the foundation of human social behavior. In: F. Schmitt, Hg., *Socializing metaphysics* (S. 39-64). Lanham, MD: Rowman and Littlefield.
– (2006). *A theory of political obligation: Membership, commitment, and the bonds of society.* Oxford: Oxford University Press.

– (2011). Three dogmas about promising. In: H. Sheinman, Hg., *Promises and agreements* (S. 80-109). New York: Oxford University Press.
– (2014). *Joint commitment: How we make the social world.* New York: Oxford University Press.
Gilby, I.C. (2006). Meat sharing among the Gombe chimpanzees: Harassment and reciprocal exchange. *Animal Behaviour*, 71 (4), S. 953-963.
Göckeritz, S., Schmidt, M.F.H. und Tomasello, M. (2014). Young children's creation and transmission of social norms. *Cognitive Development*, 30 (April-Juni), S. 81-95.
– (eingereicht). Young children understand norms as socially constructed – if they have done the constructing.
Goffman, E. (1959), *The presentation of self in everyday life.* New York: Anchor; dt.: *Wir alle spielen Theater*, übers. v. P. Weber-Schäfer, München: Pieper, 1988.
Gomes, C., Boesch, C. und Mundry, R. (2009). Long-term reciprocation of grooming in wild West African chimpanzees. *Proceedings of the Royal Society of London, Series B: Biological Sciences*, 276, S. 699-706.
Goodall, J. (1986). *The chimpanzees of Gombe: Patterns of behavior.* Cambridge, MA: Belknap Press.
Gräfenhain, M., Behne, T., Carpenter, M. und Tomasello, M. (2009). Young children's understanding of joint commitments. *Developmental Psychology*, 45 (5), S. 1430-1443.
Gräfenhain, M., Carpenter, M. und Tomasello, M. (2013). Three-year-olds' understanding of the consequences of joint commitments. *PLoS ONE*, 8 (9), e73039.
Greenberg, J.R., Hamann, K., Warneken, F. und Tomasello, M. (2010). Chimpanzee helping in collaborative and noncollaborative contexts. *Animal Behaviour*, 80 (5), S. 873-880.
Greene, J. (2013). *Moral tribes: Emotion, reason, and the gap between us and them.* New York: Penguin Press.
Greene, J.D., Sommerville, R.B., Nystrom, L.E., Darley, J.M. und Cohen, J.D. (2001). An fMRI investigation of emotional engagement in moral judgment. *Science*, 293 (5537), S. 2105-2108.
Grocke, P., Rossano, F. und Tomasello, M. (2015). Procedural justice in children: Preschoolers accept unequal resource distributions if the procedure provides equal opportunities. *Journal of Experimental Child Psychology*, 140, S. 197-210.
Grüneisen, S., Wyman, S. und Tomasello, M. (2015). Conforming to coordinate: Children use majority information for peer coordination. *British Journal of Developmental Psychology*, 55 (1), S. 136-147.
Guererk, O., Irlenbusch, B. und Rockenbach, B. (2006). The compet-

itive advantage of sanctioning institutions. *Science*, 312 (5770), S. 108-111.

Gurven, M. (2004). To give or not to give: An evolutionary ecology of human food transfers. *Behavioral and Brain Sciences*, 27 (4), S. 543-583.

Haidt, J. (2012). *The righteous mind: Why good people are divided by politics and religion.* New York: Pantheon.

Haley, K.J. und Fessler, D.M.T. (2005). Nobody's watching? Subtle cues affect generosity in an anonymous economic game. *Evolution and Human Behavior*, 26 (3), S. 245-256.

Hamann, K., Bender, J. und Tomasello, M. (2014). Meritocratic sharing is based on collaboration in 3-year-olds. *Developmental Psychology*, 50 (1), S. 121-128.

Hamann, K., Warneken, F., Greenberg, J. und Tomasello, M. (2011). Collaboration encourages equal sharing in children but not chimpanzees. *Nature*, 476, S. 328-331.

Hamann, K., Warneken, F. und Tomasello, M. (2012). Children's developing commitments to joint goals. *Child Development*, 83 (1), S. 137-145.

Hamlin, J.K., Wynn, K. und Bloom, P. (2007). Social evaluation by preverbal infants. *Nature*, 450, S. 557-559.

Harcourt, A.H. und de Waal, F.B.M., Hg. (1992). *Coalitions and alliances in humans and other animals.* Oxford: Oxford University Press.

Hardy, S.A. und Carlo, G. (2005). Identity as a source of moral motivation. *Human Development*, 48 (4), S. 232-256.

Hare, B. (2001). Can competitive paradigms increase the validity of social cognitive experiments in primates? *Animal Cognition*, 4 (3-4), S. 269-280.

Hare, B., Call, J., Agnetta, B. und Tomasello, M. (2000). Chimpanzees know what conspecifics do and do not see. *Animal Behaviour*, 59 (4), S. 771-785.

Hare, B., Call, J. und Tomasello, M. (2001). Do chimpanzees know what conspecifics know and do not know? *Animal Behaviour*, 61 (1), S. 139-151.

Hare, B. und Tomasello, M. (2004). Chimpanzees are more skillful in competitive than in cooperative cognitive tasks. *Animal Behaviour*, 68 (3), S. 571-581.

Hare, B., Wobber, T. und Wrangham, R. (2012). The self-domestication hypothesis: Bonobo psychology evolved due to selection against male aggression. *Animal Behavior*, 84, S. 573-585.

Haun, D. und Over, H. (2014). Like me: A homophily-based account of human culture. In: P.J. Richerson und M. Christiansen, Hg., *Cultural evolution* (S. 75-85). Cambridge, MA: MIT Press.

Haun, D.B.M. und Tomasello, M. (2011). Conformity to peer pressure in preschool children. *Child Development*, 82 (6), S. 1759-1767.

– (2014). Great apes stick with what they know; children conform to others. *Psychological Science*, 25 (12), S. 2160-2167.

Hegel, G. W. F. (1831/1993). *Phänomenologie des Geistes*. Frankfurt/M.: Suhrkamp.

Henrich, J., Boyd, R., Bowles, S., Camerer, C., Gintis, H., McElreath, R. und Fehr, E. (2001). In search of *Homo economicus:* Experiments in 15 small-scale societies. *American Economic Review*, 91 (2), S. 73-79.

Hepach, R., Vaish, A. und Tomasello, M. (2012). Young children are intrinsically motivated to see others helped. *Psychological Science*, 23 (9), S. 967-972.

– (2013). Young children sympathize less in response to unjustified emotional distress. *Developmental Psychology*, 49 (6), S. 1132-1138.

Herrmann, E., Keupp, S., Hare, B., Vaish, A. und Tomasello, M. (2013). Direct and indirect reputation formation in non-human great apes and human children. *Journal of Comparative Psychology*, 127 (1), S. 63-75.

Herrmann, E., Misch, A. und Tomasello, M. (2014). Uniquely human self-control begins at school age. *Developmental Science*, 18 (6), S. 1-15.

Hill, K. (2002). Altruistic cooperation during foraging by the Ache, and the evolved human predisposition to cooperate. *Human Nature*, 13 (1), S. 105-128.

– (2009). The emergence of human uniqueness: Characteristics underlying behavioural modernity. *Evolutionary Anthropology*, 18, S. 187-200.

Hill, K., Barton, M. und Hurtado, A. M. (2009). The emergence of human uniqueness: Characters underlying behavioral modernity. *Evolutionary Anthropology*, 18 (5), S. 187-200.

Hoffman, M. L. (2000). *Empathy and moral development: Implications for caring and justice.* Cambridge: Cambridge University Press.

Honneth, A. (2014). *Kampf um Anerkennung. Zur moralischen Grammatik sozialer Konflikte*. 8. Aufl., Frankfurt/M.: Suhrkamp.

Hopper, L. M., Lambeth, S. P., Schapiro, S. J. und Brosnan, S. F. (2013). When given the opportunity, chimpanzees maximize personal gain rather than ›level the playing field‹. *PeerJ*, 1, el65.

Horner, V., Carter, J. D., Suchak, M. und de Waal, F. B. M. (2011). Spontaneous prosocial choice by chimpanzees. *Proceedings of the National Academy of Sciences of the United States of America*, 108 (33), S. 13847-13851.

Horner, V. und Whiten, A. K. (2005). Causal knowledge and imitation/emulation switching in chimpanzees *(Pan troglodytes)* and children. *Animal Cognition*, 8 (3), S. 164-181.

House, B. R., Silk, J. B., Henrich, J. Barrett, H. C., Scelza, B. A., Boyette, A. H., Hewlett, B. S., McElreath, R. und Laurence, S. (2013). Ontogeny of prosocial behavior across diverse societies. *Proceedings of the National*

*Academy of Sciences of the United States of America*, 110 (36), S. 4586-4591.
Hrdy, S. (2009). *Mothers and others: The evolutionary origins of mutual understanding.* Cambridge, MA: Belknap Press.
Hruschka, D. J. (2010). *Friendship: Development, ecology and evolution of a social relationship*. Berkeley, CA: University of California Press.
Hume, D. (1751/1957). *An enquiry concerning the principles of morals.* New York: Bobbs-Merrill; dt.: *Eine Untersuchung der Grundlagen der Moral*, übers. v. K. Hepfer, Göttingen: Vandenhoek & Ruprecht, 2002.
Jensen, K., Call., J. und Tomasello, M. (2007). Chimpanzees are rational maximizers in an ultimatum game. *Science*, 318 (5847), S. 107-109.
Jensen, K., Hare, B., Call, J. und Tomasello, M. (2006). What's in it for me? Self-regard precludes altruism and spite in chimpanzees. *Proceedings of the Royal Society of London, Series B: Biological Sciences*, 273 (1589), S. 1013-1021.
Jensen, K. und Silk, J. B. (2014). Searching for the evolutionary roots of human morality. In: M. Killen und J. G. Smetana, Hg., *Handbook of moral development* (2. Aufl., S. 475-494). New York: Psychology Press.
Joyce, R. (2006). *The evolution of morality.* Cambridge, MA: MIT Press.
Kaiser, I., Jensen, K., Call, J. und Tomasello, M. (2012). Theft in an ultimatum game: Chimpanzees and bonobos are insensitive to unfairness. *Biology Letters*, 8 (6), S. 942-945.
Kanngiesser, P. und Warneken, F. (2012). Young children take merit into account when sharing rewards *PLoS ONE*, 7 (8), e43979.
Kant, I. (1785/2013). *Grundlegung zur Metaphysik der Sitten*. Frankfurt/M.: Suhrkamp.
Killen, M., Mulvey, K. L. und Hitti, A. (2013). Social exclusion in childhood: A developmental intergroup perspective. *Child Development*, 84 (3), S. 772-790.
Kinzler, K. D., Corriveau, K. H. und Harris, P. L. (2011). Children's selective trust in native-accented speakers. *Developmental Science, 14 (1)*, S. 106-111.
Kinzler, K. D., Shutts, K., DeJesus, J. und Spelke, E. (2009). Accent trumps race in guiding children's social preferences. *Social Cognition*, 27 (4), S. 623-634.
Kirschner, S. und Tomasello, M. (2010). Joint music making promotes prosocial behavior in 4-year-old children. *Evolution and Human Behavior*, 31 (5), S. 354-364.
Kitcher, P. (2011). *The ethical project.* Cambridge, MA: Harvard University Press.
Klein, R. (2009). *The human career: Human biological and cultural origins.* 3. Aufl., Chicago: University of Chicago Press.

Knight, J. (1992). *Institutions and social conflict.* Cambridge, MA: Cambridge University Press.

Kohlberg, L. (1981). *Essays on moral development*, Bd. 1: *The philosophy of moral development.* San Francisco, CA: Harper and Row.

Kojève, A. (1982/2000). *Outline of a phenomenology of right.* New York: Roman and Littlefield.

Korsgaard, C. (1996a). *The sources of normativity.* Cambridge: Cambridge University Press.

– (1996b). *Creating the kingdom of ends.* Cambridge: Cambridge University Press.

Koski, S. E., de Vries, H., van den Tweel, H. und Sterck, E. H. M. (2007). What to do after a fight? The determinants and inter-dependency of post-conflict interactions in chimpanzees. *Behaviour*, 744 (5), S. 529-555.

Köymen, B., Lieven, E., Engemann, D. A., Rakoczy, H., Warneken, F. und Tomasello, M. (2014). Children's norm enforcement in their interactions with peers. *Child Development*, 85 (3), S. 1108-1122.

Köymen, B., Schmidt, M. F. H. und Tomasello, M. (2015). Teaching versus enforcing norms in preschoolers' peer interactions. *Journal of Experimental Child Psychology*, 135, S. 93-101.

Kropotkin, P. A. (1989). *Gegenseitige Hilfe in der Tier- und Menschenwelt*, übers. v. G. Landauer, Wien: Trotzdem-Verlag.

Kruger, A. und Tomasello, M. (1996). Cultural learning and learning culture. In: D. Olson, Hg., *Handbook of education and human development: New models of learning, teaching, and schooling* (S. 369-387). Cambridge, MA: Blackwell.

Kuhlmeier, V., Wynn, K. und Bloom, P. (2003). Attribution of dispositional states by 12-month-olds. *Psychological Science*, 74 (5), S. 402-408.

Kummer, H. (1979). On the value of social relationships to nonhuman primates: A heuristic scheme. In: M. von Cranach, K. Foppa, W. Lepenies und D. Ploog, Hg., *Human ethology: Claims and limits of a new discipline* (S. 381-395). Cambridge: Cambridge University Press.

Lakatos, I. und Musgrave, A., Hg. (1970). *Criticism and the growth of knowledge.* Cambridge: Cambridge University Press; dt.: *Kritik und Erkenntnisfortschritt*, übers. v. P. K. Feyerabend und A. Szabo, Braunschweig: Viehweg, 1974.

Langergraber, K. E., Mitani, J. C. und Vigilant, L. (2007). The limited impact of kinship on cooperation in wild chimpanzees. *Proceedings of the National Academy of Sciences of the United States of America*, 704 (19), S. 7786-7790.

Leach, H. M. (2003). Human domestication reconsidered. *Current Anthropology*, 44 (3), S. 349- 368.

Levinson, S. (2006). On the human interactional engine. In: N. Enfield und S. Levinson, Hg., *Roots of human sociality* (S. 39-69). New York: Berg.

Lewis, D. (1969). *Convention: A philosophical study.* Cambridge, MA: Harvard University Press; dt.: *Konventionen: Eine sprachphilosophische Abhandlung*, übers. v. R. Posner und D. Wenzel, Berlin, New York: de Gruyter, 1975.

Lickel, B., Schmader, T. und Spanovic, M. (2007). Group-conscious emotions: The implications of others' wrongdoings for identity and relationships. In: J. L. Tracy, R. W. Robins und J. P. Tangney, Hg., *The self-conscious emotions: Theory and research* (S. 351-369). New York: Guilford Press.

Liebal, K., Carpenter, M. und Tomasello, M. (2013). Young children's understanding of cultural common ground. *British Journal of Developmental Psychology*, 31 (1), S. 88-96.

Liebal, K., Vaish, A., Haun, D. und Tomasello, M. (2014). Does sympathy motivate prosocial behavior in great apes? *PLoS ONE*, 9 (1), e84299.

List, C. und Pettit, P. (2011). *Group agency.* Oxford: Oxford University Press.

Mameli, M. (2013). Meat made us moral: A hypothesis on the nature and evolution of moral judgment. *Biological Philosophy, 28*, S. 903-931.

Marlowe, F. W. und Berbesque, J. C. (2008). More ›altruistic‹ punishment in larger societies. *Proceedings of the Royal Society of London, Series B: Biological Sciences*, 275 (1634), S. 587-590.

Martin, A. und Olson, K. R. (2013). When kids know better: Paternalistic helping in 3-year-old children. *Developmental Psychology*, 49 (11), S. 2071-2081.

Marx, K. (1867/1989). *Das Kapital: Kritik der politischen Ökonomie.* Bd. 1, Berlin: Dietz, 1989.

Maynard Smith, J. (1982). *Evolution and the theory of games.* Cambridge: Cambridge University Press.

McAuliffe, K., Jordan, J. und Warneken, F. (2015). Costly third-party punishment in young children. *Cognition, 154, S.* 1-10.

Mead, G. H. (1934). *Mind, self and society. From the standpoint of a social behaviorist.* Chicago: University of Chicago Press; dt.: *Geist, Identität und Gesellschaft*, übers. v. U. Pacher, 10. Aufl., Frankfurt/M.: Suhrkamp, 1995.

Melis, A. P., Altricher K. und Tomasello, M. (2013). Allocation of resources to collaborators and free-riders by 3-year-olds. *Journal of Experimental Child Psychology*, 114 (2), S. 364-370.

Melis, A., Hare, B. und Tomasello, M. (2006a). Chimpanzees recruit the best collaborators. *Science*, 311 (5765), S. 1297-1300.

– (2006b). Engineering cooperation in chimpanzees: Tolerance constraints on cooperation. *Animal Behaviour*, 72 (2), S. 275-286.

– (2008). Do chimpanzees reciprocate received favors? *Animal Behaviour*, 76 (3), S. 951-962.
– (2009). Chimpanzees coordinate in a negotiation game. *Evolution and Human Behavior*, 50 (6), S. 381-392.
Melis, A. P., Schneider, A.-C. und Tomasello, M. (2011a). Chimpanzees share food in the same way after collaborative and individual food acquisition. *Animal Behaviour*, 82 (3), S. 485-493.
Melis, A. P. und Tomasello, M. (2013). Chimpanzees' strategic helping in a collaborative task. *Biology Letters*, 9, 20130009.
Melis, A. P., Warneken, F., Jensen, K., Schneider, A.-C., Call, J. und Tomasello, M. (2011b). Chimpanzees help conspecifics to obtain food and non-food items. *Proceedings of the Royal Society of London, Series B: Biological Sciences*, 278 (1710), S. 1405-1413.
Mikhail, J. (2007). Universal moral grammar: Theory, evidence and the future. *Trends in Cognitive Sciences*, 11 (4), S. 143-152.
Milinski, M., Semmann, D. und Krambeck, H.-J. (2002). Reputation helps solve the ›tragedy of the commons‹. *Nature*, 415, S. 424-426.
Miller, J. G. (1994). Cultural diversity in the morality of caring: Individually oriented versus duty-based interpersonal moral codes. *Cross Cultural Research*, 28 (1), S. 3-39.
Millikan, R. G. (2005). *Language: A biological model.* Oxford: Oxford University Press.
Misch, A., Over, H. und Carpenter, M. (2014). Stick with your group: Young children's attitudes about group loyalty. *Journal of Experimental Child Psychology*, 126, S. 19-36.
Mitani, J. C. und Watts, D. (2001). Why do chimpanzees hunt and share meat? *Animal Behaviour*, 61 (5), S. 915-924.
Moll, H., Richter, N., Carpenter, M. und Tomasello, M. (2008). Fourteen-month-olds know what ›we‹ have shared in a special way. *Infancy*, 13, S. 90-101.
Moll, H. und Tomasello, M. (2007a). Co-operation and human cognition: The Vygotskian intelligence hypothesis. *Philosophical Transactions of the Royal Society of London, Series B: Biological Sciences*, 362 (1480), S. 639-648.
– (2007b). How 14- and 18-month-olds know what others have experienced. *Developmental Psychology*, 43 (2), S. 309-317.
Moreland, R. L. (2010). Are dyads really groups? *Small Group Research*, 41 (2), S. 251-267.
Mueller, M. N. und Mitani, J. C. (2005). Conflict and cooperation in wild chimpanzees. *Advances in the Study of Behavior*, 35, S. 275-331.
Mussweiler, T. (2003). Comparison processes in social judgment: Mechanisms and consequences. *Psychological Review*, 110 (3), S. 472-489.

Nagel, T. (1970). *The possibility of altruism. Princeton*, NJ: Princeton University Press; dt.: *Die Möglichkeit des Altruismus*, übers. v. M. Gebauer, Bodenheim: Philo, 1998.
– (1986). *The view from nowhere.* New York: Oxford University Press; dt.: *Der Blick von nirgendwo*, übers. v. M. Gebauer, Frankfurt/M.: Suhrkamp, 2012.
– (1991). *Equality and partiality.* New York: Oxford University Press; dt.: *Eine Abhandlung über Gleichheit und Parteilichkeit und andere Schriften zur politischen Philosophie*, übers. v. M. Gebauer, Frankfurt/M.: Suhrkamp, 2016.
Nichols, S. (2004). *Sentimental rules: On the natural foundations of moral judgment.* Oxford: Oxford University Press.
Nichols, S., Svetlova, M. und Brownell, C. (2009). The role of social understanding and empathic disposition in young children's responsiveness to distress in parents and peers. *Cognition, Brain, Behavior*, 4, S. 449-478.
Nietzsche, F. (1887/2013) *Zur Genealogie der Moral*, Berlin: Holzinger.
Noe, R. und Hammerstein, P. (1994). Biological markets: Supply and demand determine the effect of partner choice in cooperation, mutualism and mating. *Behavioral Ecology and Sociobiology*, 35 (1), S. 1-11.
Norenzayan, A. (2013). *Big gods: How religion transformed cooperation and conflict.* Princeton, NJ: Princeton University Press.
Nowak, M. und Highfield, R. (2011). *Supercooperators: The mathematics of evolution, altruism and human behaviour.* Edinburgh: Canongate.
Nowak, M., Tarnita, C. und Wilson, E. (2010). The evolution of eusociality. *Nature*, 466, S. 1057-1062.
Olson, K. R. und Spelke, E. S. (2008). Foundations of cooperation in young children. *Cognition*, 108 (1), S. 222-231.
Olson, M. (1965). *The logic of collective action.* Cambridge, MA: Harvard University Press.
Over, H. und Carpenter, M. (2013). The social side of imitation. *Child Development Perspectives*, 7 (1), S. 6-11.
Over, H., Carpenter, M., Spears, R. und Gattis, M. (2013). Children selectively trust individuals who have imitated them. *Social Development*, 22 (2), S. 215-425.
Over, H., Vaish, A. und Tomasello, M. (eingereicht). Young children accept responsibility for the negative actions of in-group members.
Piaget, J. (1932/2015). *Das moralische Urteil des Kindes*, übers. v. L. Goldman und H. Aebli, Stuttgart: Klett-Cotta.
Pinker, S. (2011). *The better angels of our nature: Why violence has declined.* New York: Viking; dt.: *Gewalt: eine neue Geschichte der Menschheit*, übers. v. S. Vogel, Frankfurt/M.: Fischer, 2013.

Prinz, J. (2007). *The emotional construction of morals.* Oxford: Oxford University Press.
– (2012). *Beyond human nature*. London: Allen Lane.
Proctor, D., Williamson, R. A., de Waal, F. B. M. und Brosnan, S. F. (2013). Chimpanzees play the ultimatum game. *Proceedings of the National Academy of Sciences of the United States of America*, 110 (6), S. 2070-2075.
Rakoczy, H., Hamann, K., Warneken, F. und Tomasello, M. (2010). Bigger knows better? Young children selectively learn rule games from adults rather than from peers. *British Journal of Developmental Psychology*, 28 (4), S. 785-798.
Rakoczy, H. und Tomasello, M. (2007). The ontogeny of social ontology: Steps to shared intentionality and status functions. In: S. Tsohatzidis, Hg., *Intentional acts and institutional facts: Essays on John Searle's social ontology* (S. 113-137). Dordrecht: Springer.
Rakoczy, H., Warneken, F. und Tomasello, M. (2008). The sources of normativity: Young children's awareness of the normative structure of games. *Developmental Psychology*, 44 (3), S. 875-881.
Rand, D., Greene, J. und Nowak, M. A. (2012). Spontaneous giving and calculated greed. *Nature*, 489, S. 427-430.
Rawls, J. (1971). *A theory of justice*. Cambridge, MA: Harvard University Press; dt.: *Eine Theorie der Gerechtigkeit*, 18. Aufl., übers. v. H. Vetter, Frankfurt/M.: Suhrkamp, 2012.
Rekers, Y., Haun, D. B. M. und Tomasello, M. (2011). Children, but not chimpanzees, prefer to collaborate. *Current Biology*, 21 (20), S. 1756-1758.
Resnick, P., Zeckhauser, R., Swanson, J. und Lockwood, K. (2006). The value of reputation on eBay: A controlled experiment. *Experimental Economy*, 9 (2), S. 79-101.
Rhodes, M. und Chalik, L. (2013). Social categories as markers of intrinsic interpersonal obligations. *Psychological Science*, 24 (6), S. 999-1006.
Richerson, P. und Boyd, R. (2005). *Not by genes alone: How culture transformed human evolution*. Chicago: University of Chicago Press.
Riedl, K., Jensen, K., Call, J. und Tomasello, M. (2012). No third-party punishment in chimpanzees. *Proceedings of the National Academy of Sciences of the United States of America*, 109, S. 14824-14829.
Roberts, G. (2005). Cooperation through interdependence. *Animal Behaviour*, 70 (4), S. 901-908.
Rochat, P. (2009). *Others in mind: Social origins of self consciousness.* Cambridge: Cambridge University Press.
Rochat, P., Dias, M. D. G., Guo, L., Broesch, T., Passos-Ferreira, C., Winning, A. und Berg, B. (2009). Fairness in distributive justice by 3- and 5-year-olds across 7 cultures. *Journal of Cross-Cultural Psychology*, 40 (3), S. 416-442.

Rockenbach, B. und Milinski, M. (2006). The efficient interaction of indirect reciprocity and costly punishment. *Nature*, 444, S. 718-723.
Roma, P. G., Silberberg, A., Ruggiero, A. M. und Suomi, S. J. (2006). Capuchin monkeys, inequity aversion, and the frustration effect. *Journal of Comparative Psychology*, 120 (1), S. 67-73.
Rose, L. M., Perry, S., Panger, M., Jack, K., Manson, J., Gros-Luis, J., Makkinnon, K. C. und Vogel, E. (2003). Interspecific interactions between *Cebus capuchinus* and other species in Costa Rican sites. *International Journal of Primatology*, 24 (4), S. 759-796.
Rossano, R., Rakoczy, H. und Tomasello, M. (2011). Young children's understanding of violations of property rights. *Cognition*, 123 (2), S. 219-227.
Roughley, N. (2015). Resentment, empathy and moral normativity. In: N. Roughley und T. Schramme, Hg., *Forms of fellow feeling: Sympathy, empathy, concern and moral agency*. Cambridge: Cambridge University Press.
Rousseau, J. J. (1762/1977). *Vom Gesellschaftsvertrag*, übers. v. L. Schmidts, In: J.-J. Rousseau, Politische Schriften, Bd. 1, Paderborn: Schöningh.
Scanlon, T. M., (1990). Promises and practices. *Philosophy and Public Affairs*, 19 (3), S. 199-226.
– (1998). *What we owe to each other.* Cambridge, MA: Belknap Press.
Schäfer, M., Haun, D. und Tomasello, M. (2015). Fair is not fair everywhere. *Psychological Science*, 26 (8), S. 1252-1260.
Schino, G. und Aureli, F. (2009). Reciprocal altruism in primates: Partner choice, cognition and emotions. *Advances in the Study of Behavior*, 39, S. 45-69.
Schmidt, M. F. H., Rakoczy, H. und Tomasello, M. (2012). Young children enforce social norms selectively depending on the violator's group affiliation. *Cognition*, 124 (3), S. 325-333.
– (2013). Young children understand and defend the entitlements of others. *Journal of Experimental Child Psychology*, 116 (4), S. 930-944.
Schmidt, M. F. H. und Tomasello, M. (2012). Young children enforce social norms. *Current Directions in Psychological Science*, 21 (4), S. 232-236.
Searle, J. (1995). *The construction of social reality*, New York: Free Press; dt.: *Die Konstruktion der gesellschaftlichen Wirklichkeit*, übers. v. M. Suhr, Frankfurt/M.: Suhrkamp 2011.
– (2010). *Making the social world: The structure of human civilization*, New York: Oxford University Press; dt.: *Wie wir die soziale Welt machen: Die Struktur der menschlichen Zivilisation*, übers. v. J. Schulte, Berlin: Suhrkamp, 2012.
Sellars, W. (1963). *Science, perception and reality.* New York: Humanities Press.

Seyfarth, R.M. und Cheney, D.L. (2012). The evolutionary origins of friendship. *Annual Review of Psychology*, 63, S. 153-177.

Shapiro, S. (2011). *Legality.* Cambridge, MA: Harvard University Press.

Shaw, A. und Olson, K.R. (2012). Children discard a resource to avoid inequality. *Journal of Experimental Psychology: General*, 141 (2), S. 382-395.

– (2014). Fairness as partiality aversion: The development of procedural justice. *Journal of Experimental Child Psychology*, 199, S. 40-53.

Sheskin, M., Ashayeri, K., Skerry, A. und Santos, L.R. (2013). Capuchin monkeys *(Cebus apella)* fail to show inequality aversion in a no-cost situation. *Evolution and Human Behavior*, 33 (2), S. 80-88.

Shweder, R.A., Mahapatra, M. und Miller, J.G. (1987). Culture and moral development. In: J. Kagan und S. Lamb, Hg., *The emergence of morality in young children* (S. 1-83), Chicago: University of Chicago Press.

Silk, J.B. (2009). Nepotistic cooperation in nonhuman primate groups. *Philosophical Transactions of the Royal Society of London, Series B: Biological Sciences*, 364 (1533), S. 3243-3234.

Silk, J.B., Beehner, J.C., Berman, T.J., Crockford, C., Engh, A.L., Moscovice, L.R., Wittig, R.M., Seyfarth, R.M. und Cheney, D.L. (2010). Strong and consistent social bonds enhance the longevity of female baboons. *Current Biology*, 20 (15), S. 1359-1361.

Silk, J.B., Brosnan, S.F., Vonk, J., Henrich, J., Povinelli, D.J., Richardson, A.F., Lambeth, S.P., Mascaro, J. und Schapiro, S.J. (2005). Chimpanzees are indifferent to the welfare of other group members. *Nature*, 435, S. 1357-1359.

Simmel, G. (1908/2013). *Soziologie: Untersuchungen über die Formen der Vergesellschaftung.* Leipzig: Duncker und Humblot.

Sinnott-Armstrong, W. und Wheatley. T. (2012). The disunity of morality and why it matters to philosophy. *The Monist*, 95, S. 335-377.

Skyrms, B. (2004). *The stag hunt and the evolution of sociality.* Cambridge: Cambridge University Press.

Smith, A. (1759/1982). *The theory of moral sentiments.* Indianapolis, IN: Liberty Classics; dt.: *Theorie der ethischen Gefühle*, übers. v. W. Eckstein, Hamburg: Meiner, 2004.

Smith, A.M. (2013). Moral blame and moral protest. In. D.J. Coates und N.A. Tognazzini, Hg., *Blame: Its nature and norms* (S. 27-48). New York: Oxford University Press.

Smith, C., Blake, P.R. und Harris, P.L. (2013). I should but I won't: Why young children endorse norms of fair sharing but do not follow them. *PloS ONE*, 8 (8), e59510.

Sober, E. und Wilson, D.S. (1998). *Unto others: The evolution and psychology of unselfish behavior.* Cambridge, MA: Harvard University Press.

Steadman, L. R. Palmer, C. T. und Tilley, C. (1996). The universality of ancestor worship. *Ethnology*, 35 (1), S. 63-76.

Sterelny, K. (2012). *The evolved apprentice.* Cambridge, MA: MIT Press.

Stiner, M. (2013). An unshakable Middle Paleolithic? Trends versus conservatism in the predatory niche and their social ramification. *Current Anthropology*, 54 (Suppl. 8), 288-304.

Strawson, P. F. (1962). Freedom and *resentment. Proceedings of the British Academy*, 48, S. 1-25; dt.: Freiheit und Übelnehmen, in: U. Pothast, Hg. (1978), *Seminar: Freies Handeln und Determinismus*, (S. 201-233), Frankfurt/M.: Suhrkamp.

Sutbeck, M. und Hohmann, G. (2008). Primate hunting by bonobo at LuiKotale, Salonga National Park. *Current Biology*, 18 (19), R906-R907.

Svetlova, M., Nichols, S. und Brownell, C. (2010). Toddlers' prosocial behavior: From instrumental to empathic to altruistic helping. *Child Development*, 81 (6), S. 1814-1827. Sylwester, K. und Roberts, G. (2010). Cooperators benefit through reputation-based partner choice in economic games. *Biological Letters*, 6, S. 659-662.

Tangney, J. P. und R. L. Dearing. (2004). *Shame and guilt.* New York: Guilford Press.

Tennie, C., Call, J. und Tomasello, M. (2009). Ratcheting up the ratchet: On the evolution of cumulative culture. *Philosophical Transactions of the Royal Society of London, Series B: Biological Sciences*, 364 (1528), S. 2405-2415.

Thompson, M. (2008). *Life and action: Elementary structures of practice and practical thought.* Cambridge, MA: Harvard University Press.

Thornton, A. und Raihani, N. J. (2008). The evolution of teaching. *Animal Behaviour*, 73 (6), S. 1823-1836.

Tomasello, M. (1995). Joint attention as social cognition. In: C. Moore und P. V. Dunham, Hg., *Joint attention: Its origins and role in development* (S. 103-130). Hillsdale, NJ: Erlbaum.

– (2006). Conventions are shared. (commentary on Millikan, Language: *A biological model). Philosophy of Mind Review*, 5, S. 29-36.

– (2008). *Origins of human communication.* Cambridge, MA: MIT Press; dt: *Die Ursprünge der menschlichen Kommunikation*, übers. v. J. Schröder, Frankfurt: Suhrkamp, 2009.

– (2009). *Why we co-operate.* Cambridge, MA: MIT Press; dt.: *Warum wir kooperieren*, übers. v. H. Zeidler, Berlin: Suhrkamp, 2012.

– (2011). Human culture in evolutionary perspective. In: M. Gelfand, Hg., *Advances in culture and psychology*. Oxford: Oxford University Press.

– (2014). *A natural history of human thinking.* Cambridge, MA: Harvard University Press; dt.: *Eine Naturgeschichte des menschlichen Denkens,* übers. v. J. Schröder, Berlin: Suhrkamp, 2014.

Tomasello, M. und Carpenter, M. (2005). The emergence of social cognition in three young chimpanzees. *Monographs of the Society for Research in Child Development,* 70 (1), S. 1-152.

Tomasello, M., Carpenter, M., Call, J., Behne, T. und Moll, H. (2005). Understanding and sharing intentions: The origins of cultural cognition. *Behavioral and Brain Sciences,* 28 (5), S. 675-691.

Tomasello, M., Melis, A. P., Tennie, C., Wyman, E. und Herrmann, E. (2012). Two key steps in the evolution of cooperation: The interdependence hypothesis. *Current Anthropology,* 53 (6), S. 673-692.

Tomasello, M. und Vaish, A. (2013). Origins of human cooperation and morality. *Annual Review of Psychology,* 64, S. 231-255.

Trivers, R. (1971). The evolution of reciprocal altruism. *Quarterly Review of Biology,* 46 (1), S. 35-57.

Tuomela, R. (2007). *The philosophy of sociality: The shared point of view.* Oxford: Oxford University Press.

Turiel, E. (1983). *The development of social knowledge: Morality and convention.* Cambridge, MA: Cambridge University Press.

– (2006). The development of morality In: W. Damon und R. M. Lerner, Hg., *Handbook of child psychology,* Bd. 3: Social, *emotional, and personality development.* New York: Wiley.

Ulber, J., Hamann, K. und Tomasello, M. (2015). How 18- and 24-month-old peers divide resources among themselves. *Journal of Experimental Child Psychology,* 140, S. 228-244.

Vaish, A., Carpenter, M. und Tomasello, M. (2009). Sympathy through affective perspective-taking and its relation to prosocial behavior in toddlers. *Developmental Psychology,* 45 (2), S. 534-543.

– (2010). Young children selectively avoid helping people with harmful intentions. *Child Development,* 81 (6), S. 1661-1669.

– (2011a). Young children's responses to guilt displays. *Developmental Psychology,* 47 (5), S. 1248-1262.

– (im Druck). Three-year-olds feel guilt only when appropriate. *Child Development.*

Vaish, A., Herrmann, E., Markmann, C. und Tomasello, M. (eingereicht). Three-year-olds prefer norm enforcers.

Vaish, A., Missana, M. und Tomasello, M. (2011b). Three-year-old children intervene in third-party moral transgressions. *British Journal of Developmental Psychology,* 29 (1), S. 124-130.

von Rohr, C., Burkart, J. und van Schaik, C. (2011). Evolutionary precursors of social norms in chimpanzees: A new approach. *Biology and Philosophy*, 26, S. 1-30.

Vygotskij, L. (1978). *Mind in society: The development of higher psychological processes.* Cambridge, MA: Harvard University Press.

Warneken, F. (2013). Young children proactively remedy unnoticed accidents. *Cognition*, 126 (1), S. 101-108.

Warneken, F., Chen, F. und Tomasello, M. (2006). Cooperative activities in young children and chimpanzees. *Child Development*, 77 (3), S. 640-663.

Warneken, F., Hare, B., Melis, A. Hanus, D. und Tomasello, M. (2007). Spontaneous altruism by chimpanzees and young children. *PLoS Biology*, 5 (7), e184.

Warneken, F., Lohse, K., Melis, A. P. und Tomasello, M. (2011). Young children share the spoils after collaboration. *Psychological Science*, 22 (2), S. 267-273.

Warneken, F. und Tomasello, M. (2006). Altruistic helping in human infants and young chimpanzees. *Science*, 311 (5765), S. 1301-1303.

– (2007). Helping and cooperation at 14 months of age. *Infancy*, 11 (3), S. 271-294.

– (2008). Extrinsic rewards undermine altruistic tendencies in 20-month-olds. *Developmental Psychology*, 44 (6), S. 1785-1788.

– (2009). Varieties of altruism in children and chimpanzees. *Trends in Cognitive Science*, 15 (9), S. 397-402.

– (2013). The emergence of contingent reciprocity in young children. *Journal of Experimental Child Psychology*, 116 (2), S. 338-350.

Watts, D. und Mitani J. C. (2002). Hunting behavior of chimpanzees at Ngogo, Kibale National Park, Uganda. *International Journal of Primatology*, 23 (1), S. 1-28.

West-Eberhardt, M. J. (1979). Sexual selection, social competition, and evolution, *Proceedings of the American Philosophical Society*, 51 (4), S. 222-234.

Westermarck, E. (1891). *The history of human marriage*, London: Macmillan.

Whiten, A. und Byrne, R. W. (1988). *Machiavellian intelligence: Social expertise and the evolution of intellect in monkeys, apes and humans.* New York: Oxford University Press.

Whiten, A., Horner, V. und de Waal, F. B. M. (2005). Conformity to cultural norms of tool use in chimpanzees. *Nature*, 447, S. 737-740.

Williams, J., Liu, H. und Pusey, A. (2002). Costs and benefits of grouping for female chimpanzees at Gombe. In: C. Boesch, G. Hohmann und L. Marchant, Hg., *Behavioural diversity in chimpanzees and bonobos* (S. 192-203), Cambridge, MA: Cambridge University Press.

Wilson, D. S. (2002). *Darwin's cathedral: Evolution, religion and the nature of society.* Chicago: University of Chicago Press.

Wilson, D.S. und Wilson, E.O. (2008). Evolution ›for the good of the group‹. *American Scientist*, 96 (5), S. 380-389.

Wittig, M., Jensen, K. und Tomasello, M. (2013). Five-year-olds understand fair as equal in a mini-ultimatum game. *Journal of Experimental Child Psychology*, 116 (2), S. 324-337.

Wittig, R.M., Crockford, C., Deschner, T., Langergraber, K.E., Ziegler, T.E. und Zuberbühler, K. (2014). Food sharing is linked to urinary oxytocin levels and bonding in related and unrelated wild chimpanzees. *Proceedings of the Royal Society of London, Series B: Biological Sciences*, 281: 20133096.

Wrangham, R.W. und Peterson, D. (1996). *Demonic males: Apes and the origins of human violence.* Boston: Houghton Mifflin.

Wyman, E., Rakoczy, H. und Tomasello, M. (2009). Normativity and context in young children's pretend play. *Cognitive Development*, 24 (2), S. 146-155.

Yamamoto, S. und Tanaka, M. (2009). Do chimpanzees *(Pan troglodytes)* spontaneously take turns in a reciprocal cooperation task? *Journal of Comparative Psychology*, 225 (3), S. 242-249.

Zahavi, A. (2003). Indirect selection and individual selection in sociobiology: My personal views on theories of social behaviour. *Animal Behaviour*, 65 (5), S. 859-863.

Zeidler, H., Herrmann, E., Haun, D. und Tomasello, M. (eingereicht). Taking turns or not? Children' s approach to limited resource problems in three different cultures.

# Register

## Geschichte und Theorie der Naturwissenschaften

**Bakteriologie und Moderne.** Studien zur Biopolitik des Unsichtbaren 1870 – 1920. Herausgegeben von Philipp Sarasin. Silvia Berger, Marianne Hänseler und Myriam Spörri. stw 1807. 544 Seiten

**Susan Blackmore.** Gespräche über Bewußtsein. Gebunden. 380 Seiten

**Lorraine Daston/Peter Galison.** Objektivität. Aus dem Amerikanischen von Christa Krüger. Mit zahlreichen Abbildungen und farbigem Bildteil. Gebunden. 530 Seiten

**John Dupré.** Darwins Vermächtnis. Die Bedeutung der Evolution für die Gegenwart des Menschen. Aus dem Englischen von Eva Gilmer. 144 Seiten. Gebunden

**Michael Esfeld.** Naturphilosophie als Metaphysik der Natur. stw 1863 218 Seiten

**Gene, Meme und Gehirne.** Geist und Gesellschaft als Natur. Eine Debatte. Herausgegeben von A. Becker, C. Mehr, H. H. Nau, G. Reuter und D. Stegmüller. stw 1643. 330 Seiten

**Geschichte, Theorie und Ethik der Medizin.** Eine Einführung. Herausgegeben von Stefan Schulz u.a. stw 1791. 511 Seiten

**Das Geschlecht der Natur.** Feministische Beiträge zur Geschichte und Theorie der Naturwissenschaften. Herausgegeben von Barbara Orland und Elvira Scheich. Texte aus dem Amerikanischen von Xenia Rajewsky. Gender Studies. es 1727. 290 Seiten

NF 152/1/11.08

NF 152/2/11.08

Herausgegeben von Philipp Sarasin und Jakob Tanner.
stw 1343. 529 Seiten

**Die Transformation des Humanen.** Beiträge zur Kulturgeschichte der Kybernetik. Herausgegben von Michael Hagner und Erich Hörl. stw 1848. 464 Seiten

**Hans-Jörg Rheinberger.**

- Epistemologie des Konkreten. Studien zur Geschichte der modernen Biologie. stw 1771. 415 Seiten
- Experimentalsysteme und epistemische Dinge. Eine Geschichte der Proteinsynthese im Reagenzglas.
  stw 1806. 383 Seiten

**Lothar Schäfer.** Das Bacon-Projekt. Von der Erkenntnis, Nutzung und Schonung der Natur. stw 1401. 279 Seiten

NF 152/3/11.08